国家社会科学基金教育学一般课题"农村幼儿教师专业生活的田野研究"
（课题批准号：BHA170124）

农村幼儿教师专业生活的田野研究

周燕 等◎著

北京师范大学出版集团
北京师范大学出版社

图书在版编目(CIP)数据

农村幼儿教师专业生活的田野研究 / 周燕等著. — 北京：北京师范大学出版社，2024.11
ISBN 978-7-303-29444-2

Ⅰ.①农… Ⅱ.①周… Ⅲ.①乡村教育－幼教人员－师资培养－研究 Ⅳ.①G615

中国国家版本馆 CIP 数据核字(2023)第 211558 号

营 销 中 心 电 话　010-58808083　58807662
图 书 意 见 反 馈　gaozhifk@bnupg.com　010-58805079

NONGCUN YOU'ER JIAOSHI ZHUANYE SHENGHUO DE TIANYE YANJIU

出版发行：	北京师范大学出版社 www.bnupg.com
	北京市西城区新街口外大街12-3号
	邮政编码：100088
印　　刷：	唐山玺诚印务有限公司
经　　销：	全国新华书店
开　　本：	787 mm×1092 mm　1/16
印　　张：	11.5
字　　数：	225千字
版　　次：	2024年11月第1版
印　　次：	2024年11月第1次印刷
定　　价：	42.00元

策划编辑：张丽娟	责任编辑：齐文媛
美术编辑：焦　丽　李向昕	装帧设计：李尘工作室
责任校对：陈　荟	责任印制：赵　龙

版权所有　侵权必究
反盗版、侵权举报电话：010-58800697
北京读者服务部电话：010-58808104
外埠邮购电话：010-58808083
本书如有印装质量问题，请与印制管理部联系调换。
印制管理部电话：010-58808284

前 言
FOREWORD

在我国，研究者对教师专业化问题的关注，应该是从20世纪90年代开始的。2003年，我给研究生开设了"学前教育社会学专题研究"这门课程，"幼儿教师专业化"就是其中的一个专题。记得我们在查找相关文献的时候发现，国内文献寥寥无几。事实上，在那个时候谈教师专业化，主要指的是中小学教师的专业化。中小学教师是不是专业人员？中小学教师职业是不是一门专业？当时学界大致形成了以下共识：中小学教师应该是专业人员，中小学教师职业应该是一门专业；鉴于现实的情况，中小学教师还不是专业人员，中小学教师职业还不能称为一门专业；中小学教师正在迈向专业化。中小学教师的专业化状况尚且如此，更遑论许多年来深受市场化影响的幼儿教师！换句话说，当时，幼儿教师尚未有条件触及专业化问题，相关文献寥寥无几也就不足为奇了。但是，自2003年以来，我和我的团队一直都非常关注"幼儿教师专业化"这个专题：我们申请了中国学前教育研究会的课题，对民办幼儿园师资队伍建设问题进行了研究；申请了广州市教育科学规划课题，对广州市幼儿教师专业化制约因素与制度保障问题进行了研究；申请了广东省哲学社会科学规划课题，对珠江三角洲地区非在编幼儿教师专业化制度保障问题进行了研究。

自2010年《国家中长期教育改革和发展规划纲要（2010—2020年）》和《国务院关于当前发展学前教育的若干意见》两个文件颁布实施以来，我国的学前教育获得了长足的发展。国家高度重视幼儿教师的专业化发展，连续开展了多期国家级层面的培训（以下简称"国培计划"），投入了大量的经费用于幼儿教师尤其是中西部农村地区幼儿教师的培训。作为教育部"国培计划"专家库成员，我也曾受邀到一些省份给国培项目的学员讲课。记得有一次，培训单位给我的讲课题目是"教师专业发展理论"和《幼儿园教师专业标准（试行）》解读"，培训对象是幼儿教师的培训者。我做了认真充分的准备，但在走进教室面对几百名学员的时候傻眼了，因为我发现听课的学员大部分都是二十岁出头的在一线带班的年轻教师，他们根本不是之前培训单位跟我说的"培训者"。他们喜欢授课教师放放视频，讲讲实操性的内容。因为这次授课理论性比较强，跟他们的实际工作没有什么直接的关系，我明显地感觉到他们听得昏昏欲睡，培训效果可想而知。还好第二个讲课题目很受学员的欢迎，培训效果还不错。这次经历带给我许多思考：一线幼儿教师究竟需要什么？他们为什么不喜欢理论知识的学习？

2012年，教育部颁布了《幼儿园教师专业标准（试行）》，这对于幼儿教师的专业化而言，是一个具有里程碑意义的文件。因为它明确了幼儿教师的专业人员地位。每次在培训的时候，我都会问幼儿教师一个问题：你们认为自己是专业人员吗？如果我的培训对象是园长、名教师，或者公办幼儿园的骨干教师，我一般都能听到肯定而自信的回答。但是当我的培训对象是欠发达地区农村的幼儿教师，或者是民办幼儿园的幼儿教师的时候，我常常看到的是他们犹疑的表情，听到的是他们不太确定或者否定的回答。我还注意到，每个培训项目都有严格的考勤制度。政府提供的免费的培训，难道还有人不愿意来学习吗？为什么有的教师在培训期间不能坚持学习？我们可能会恨铁不成钢，认为他们不懂得珍惜学习机会。但真的是这样吗？

对于幼儿教师专业化发展的关注一直推动着我想去弄清楚一些问题：农村幼儿教师究竟需要什么？他们关心的是什么？在培训中我们需要给予他们一些什么？他们的真实的工作环境、工作条件和工作状态是怎样的？而这些问题是我之前以量化研究为主的课题研究没有办法给出答案的。非常感谢国家社会科学基金给予我这样一个机会，让我能深入一些欠发达地区农村幼儿教师工作和生活的地方，去亲身地感受他们的一切：他们的专业生活、他们的生活状态、他们的工作状态、他们的感受、他们的体验、他们的所思、他们的所想、他们遇到的问题、他们的困惑……例如，在田野调查过程中，我们了解到这样一个情况：我们的一个田野点没有开通高铁，其与省城、与地级市的交通主要靠大巴车或者火车。我们询问乡镇以下一些村级幼儿教学点的教师："为什么不去参加培训呢？"原因有很多。一是脱不开身，一个班只配一个教师，班里的孩子没有人管。二是参加培训的成本太高。虽然培训是免费的，但是，他们去参加一天的培训，前后要花三天的时间。另外，还有食宿费、交通费等，这些都是他们所不能承受的。在广州举办一些公益性培训的时候，我常常会告知这些田野点的幼教干部，给他们预留一些培训的名额，但是十有八九不会有教师过来参加培训。如果在以前，我可能不太能理解，在经历过田野研究之后，我开始理解他们了。他们可能不是不想，而是不能和不可以。我想，这也许就是这个研究的意义所在吧。田野研究让我们去思考和论述农村幼儿教师该如何专业化。如果对他们有更加深入的了解，我们就能够采取更加有效的行动，提供更加适切的帮助。

　　本书是我主持完成的国家社会科学基金教育学一般课题"农村幼儿教师专业生活的田野研究"（课题批准号：BHA170124）的成果。樊立群、陈嘉钰、刘巧云、曹燕华、袁晓雯参与了田野调查，胡雯、耿世恺、袁源参与了文献搜集整理，樊立群、刘巧云、陈嘉钰参与了第三章、第四章、第六章的撰写，前言、第一章、第二章、第五章、结语由我撰写，全书也是由我来负责统稿的。历时3年多的田野研究，其间的辛苦只有我们自己清楚，但若能借此唤起人们对农村幼儿教师更多的关注与关怀，那一切就都是值得的！

　　这是我们初次尝试做田野研究，因为经验不足，理论功底有限，肯定有诸多不当之处，敬请各位同道批评指正。

周燕
2024年8月18日于广州

目 录
CONTENTS

第一章 绪 论 ··· 1
　第一节 研究问题的提出 ·· 1
　第二节 概念的界定 ·· 3
　第三节 研究的方法 ·· 11
　第四节 资料的收集、整理与分析 ·· 14
　第五节 本书的主要内容 ·· 19

第二章 研究背景 ··· 21
　第一节 教师专业生活研究的历程 ·· 21
　第二节 理论基础 ·· 32

第三章 农村幼儿教师的专业生活——对粤北地区 R 园的个案调查 ········ 51
　第一节 田野概况 ·· 51
　第二节 "儿童的花园"？单调贫乏的专业生活空间 ························· 53
　第三节 "列车时刻表"：机械刻板的专业生活流程 ························· 55
　第四节 "外出培训的机会很少"：匮乏迷茫的学习生活 ··················· 60
　第五节 "傻瓜式教学"：教育资源匮乏的保教生活 ························· 67
　第六节 "知足与坚守"：朴素而不凡的专业情感 ···························· 71

第四章 城市幼儿教师的专业生活——对珠三角地区 Y 园的个案调查 ······ 75
　第一节 田野概况 ·· 75

第二节　"儿童的花园"！丰富生动的专业生活空间 ················ 77
　　第三节　"常有惊喜"：灵动多样的专业生活事件 ···················· 77
　　第四节　"痛并快乐着"：压力与成就感并存的保教生活 ············ 81
　　第五节　"学习与反思"：Y园教师的专业生活方式 ·················· 89
　　第六节　"快乐与压力"：追求卓越的专业情感 ······················ 94

第五章　生态系统理论视角下的农村幼儿教师专业生活 ············ 100
　　第一节　宏系统对农村幼儿教师专业生活的影响 ·················· 100
　　第二节　外系统对农村幼儿教师专业生活的影响 ·················· 104
　　第三节　中间系统对农村幼儿教师专业生活的影响 ················ 111
　　第四节　微系统对农村幼儿教师专业生活的影响 ·················· 114

第六章　日常生活批判理论视角下的农村幼儿教师专业生活 ········ 120
　　第一节　田野概况 ··· 120
　　第二节　日常生活气息浓厚——农村幼儿教师专业生活的异化状态 ··· 122
　　第三节　日常时空塑造——农村幼儿教师专业生活异化的原因 ······ 137

结　语　迈向有质量的专业生活 ·· 153

参考资料 ··· 161

附　录 ··· 170
　　访谈提纲 ··· 170
　　农村幼儿教师专业生活调查问卷 ··································· 172

第一章 绪 论

第一节 研究问题的提出

一、教师专业发展研究的转向

幼儿教师是决定学前教育质量的关键因素。十多年来，国家颁布实施了《国家中长期教育改革和发展规划纲要（2010—2020年）》《国务院关于当前发展学前教育的若干意见》《幼儿园教师专业标准（试行）》《中共中央 国务院关于全面深化新时代教师队伍建设改革的意见》等一系列政策措施，促进了幼儿教师队伍的建设与学前教育事业的发展。然而，城乡幼儿园师资水平差异比较显著，这成为我国幼儿教师队伍建设的突出问题，严重制约着我国学前教育的均衡与公平发展。

教师专业发展研究在国外始于20世纪60年代末，盛行于20世纪七八十年代。我国于20世纪90年代开始关注教师专业发展。目前关于教师专业发展的研究取向主要有三种：一是基于心理学和教育学的理智取向，关注专业知识的获得；二是基于实践哲学的反思取向，强调在实践中通过反思促进专业发展；三是基于现代哲学的回归生活世界取向，关注教师的生活情境。前两种研究取向已有翔实的理论研究或实证研究，第三种研究取向是21世纪教师专业发展研究的新范式、新维度，强调教师专业发展研究应逐渐向生活世界回归。古德森（Goodson）和哈格里夫斯（Hargreaves）曾提出教师研究要从"制定教师专业标准，重新界定教师的专业性"层面向"实践中的教师专业生活"层面转型。

近些年来，我和我的团队一直关注幼儿教师专业化问题。我们前期的研究主要集中在探讨幼儿教师专业化的宏观和中观影响因素（社会因素与组织因素）、幼儿教师专业化政策制度保障等方面，多为量化研究，这类研究容易忽视幼儿教师的态度、体验和主体性。教师的专业发展蕴含在个人的生命成长中，在具体的生活场域中探究教师专业发展更加贴近实际。专业理论知识在个人情感、学识、价值观的基础上被吸收应用后会促进教师专业发展。在福柯（Foucault）看来，任何人都没有资格代表别人说话，真实的社会充满了碎片，对个案的考察可以帮助我们有效了解教师的真实生活。[①]

农村幼儿教师专业生活的质量不仅关乎农村地区学前教育的质量，也影响着我国学前教育发展的总体水平。《国务院关于当前发展学前教育的若干意见》明确提出"努力扩大农村学前教育资源。各地要把发展学前教育作为社会主义新农村建设的重要内容"。陶行知曾对乡村教育提出美好的愿景：我们深信乡村学校应当作改造乡村生活的中心，乡村教师应当作改造乡村生活的灵魂。[②] 然而，农村幼儿教师的生存状态并不乐观，他们所处的环境条件艰苦，教育资源匮乏。面对农村的幼儿群体与家长，农村幼儿教师缺乏有针对性的理论知识。农村幼儿教师专业生活的异化逐渐显现出来。他们拥有幼儿教师与农村教师的双重身份，却又同时被孤立隔绝在两种身份之外。农村幼儿教师的真实状况常常受到幼儿教师和农村教师二者的遮蔽。他们沉默无声，不被大众知晓。那么，农村幼儿教师专业生活的真实样态是什么？为何会呈现出这样的状态？探究这些问题有助于我们关注幼儿教师的主体性地位，了解真实教育情境中幼儿教师的感受和需求，为提升农村幼儿教师专业水平、促进农村学前教育发展提供新的启示和路径。

二、研究问题与研究目标

本研究的核心问题是"农村幼儿教师专业生活的真实样态是什么"，由此衍生出了其他问题：农村幼儿教师的生存环境如何？农村幼儿教师如何开展教育工作？农村幼儿教师的专业发展路径有哪些？是什么在影响农村幼儿教师的专业发展？农村幼儿教师需要哪些方面的帮助？本研究重视农村幼儿教师的话语权，尊重农村幼儿教师对农村学前教育的观察、感悟、理解与实践，意在了解农村幼儿教师专业生活的真实状态，感知其真实的专业生活体验，进而从生命关怀的视角理解农村幼儿教师的实然境遇。本研究的重点是对农村幼儿教师专业生活进行整体性描述，难点是对农村幼儿教师专业生活品质制约因素进行深入剖析。

本研究期望完成以下主要目标。

第一，通过对农村幼儿教师专业生活进行整体性描述，探析农村幼儿教师专业生活的存在类型与缺失，揭示农村幼儿教师专业生活对农村幼儿教师自身专业发展和生活质量的影响以及对农村幼儿、农村居民和农村学前教育的价值与意义。

---

① 熊和平：《课程与生活——基于西方课程思想史的考古学判读》，156页，哈尔滨，黑龙江教育出版社，2011。

② 《陶行知全集》第11卷，150页，成都，四川教育出版社，2005。

第二，从专业生活的角度揭示农村幼儿教师发展的基本内涵和标准，寻找促进其发展的内在动力和外部机制，把农村幼儿教师专业生活品质提升的过程转变成农村幼儿教师专业发展的过程，从而形成农村幼儿教师专业生活与农村幼儿教师专业发展双向转化的过程机制。

第三，通过对农村基层一线幼儿教师专业生活的描述，加深人们对地方性知识的认识，进一步呈现当前我国农村学前教育的实际情况。

第二节　概念的界定

一、农村幼儿教师

在人口普查统计上，农村指城镇以外的区域。也有学者从我国县制历史的角度出发，认为县从古代起以处理农村事务为职责，因此县级市也应当属于农村地区。[①] 本研究中的农村是指包括县在内的集镇和行政村。

本研究中的农村幼儿教师是指在粤北、粤西、粤东地区的县及乡镇和村落生活和工作的，以农村幼儿为教育对象并为农村经济社会发展服务的教育工作者。

二、幼儿教师专业发展

《现代汉语词典》对"专业"的解释如下：①高等学校的一个系里或中等专业学校里，根据科学分工或生产部门的分工把学业分成的门类；②产业部门中根据产品生产的不同过程而分成的各业务部分；③专门从事某种工作或职业的；④具有专业水平和知识。[②] "profession"由拉丁文"profess"衍生而来，最初指大声地说出，即公开承认自己的专业。专业是指一群人从事一种需要专门技术的职业。这种职业需要特殊的智力来胜任，其目的在于提供专门性的社会服务。[③]

国内外关于教师专业发展的概念已形成两种分析路径。一种是"教师的专业发展"，强调教师个人的专业成长。例如，富兰（Fullan）认为教师专业发展是一个持续、互动、累积学习的过程，教师在这个过程中需要发展新的概念、技能和行为。[④] 布拉德利

---

① 于鸣超：《现代国家制度下的中国县制改革》，载《战略与管理》，2002(1)。
② 《现代汉语词典》，1719 页，北京，商务印书馆，2020。
③ 王卫东主编：《教师专业发展探新——若干理论的阐释与辨析》，143 页，广州，暨南大学出版社，2007。
④ M. Fullan, *The Meaning of Educational Change*, New York, Teachers College Press, 1982.

(Bradley)等人认为教师专业发展是持续性、系统性的过程，这种持续性、系统性可以影响学校教师朝着共同目标发展的专业信念。① 博克(Borko)和普特南(Putnam)从认知心理学的观点指出教师专业发展主要在于改变教师的认知结构，其目的是丰富、深化教师的知识。② 霍伊尔(Hoyle)认为教师专业发展是指在教学职业生涯的每一个阶段，教师掌握良好专业实践所必备的知识与技能的过程。哈格里夫斯指出，教师专业发展既指通过在职教师教育或教师培训而获得的特定方面的发展，也指教师在目标意识、教学技能和合作能力等方面的全面进步。③ 王卫东认为教师专业发展是指教师个体在专业上由不熟练、不成熟逐渐成长为成熟的、专业性强的专家型教师的过程，强调教师个体的、内在的、专业性的提升，即教师的专业理想和道德持续发展，专业理论和一般文化知识进一步完善，专业技能不断提升。④ 另一种是"教师专业的发展"，强调教师群体的专业化。例如，哈格里夫斯总结出英语国家教师专业化的四个阶段：20 世纪 60 年代以前的前专业发展阶段，20 世纪 70 年代的自主专业阶段，20 世纪 80 年代的学院专业阶段，20 世纪 90 年代开始的后专业发展或后现代专业阶段。⑤

传统的教师教育认为教师发展是孤立的，重视的是知识、技能的掌握，主要借助外部培训机构和专家的帮助。这种教师教育模式不仅使教师出现理论与实践脱节的现象，也减弱了教师自主发展的可能性。近年来，国际上出现了一些教师专业发展的新模式：教育日志、成长史分析、行动研究、传记研究、故事与叙事研究等。⑥

本研究中的教师专业发展是教师个体在专业领域内以自我发展为核心，以经验反思为媒介，不断习得教育专业知识、技能，实现专业自主，表现专业道德，并逐步提高自身从教素质，成为良好的教育专业工作者的过程。

美国幼儿教育协会于1993年发表的《早期教育专业化发展的概念体系》指出，幼儿教师的专业化应体现在：对儿童发展有着深刻的理解和体悟，将心理学、教育学知识

---

① M. K. Bradley, B. Kallick & H. B. Regan, *The Staff Development Manager: A Guide to Professional Growth*, Boston, Allyn & Bacon, 1991.

② H. Borko & R. T. Putnam, "Expanding a Teacher's Knowledge Base: A Cognitive Psychological Perspective on Professional Development," in A. Anning, *A National Curriculum for the Early Years*, Philadelphia, Open University Press, 1995, pp. 35-36.

③ 叶澜、白益民、王枬等：《教师角色与教师发展新探》，223 页，北京，教育科学出版社，2001。

④ 王卫东主编：《教师专业发展探新——若干理论的阐释与辨析》，143～144 页，广州，暨南大学出版社，2007。

⑤ [丹]马丁·贝尔、[丹]乌尔夫·布瑞克：《教育现场的专业学习》，郭华、郑玉飞、宋国才译，45 页，北京，人民教育出版社，2010。

⑥ 姜勇、严婧、徐利智编著：《国际学前教师教育政策研究》，8 页，上海，华东师范大学出版社，2012。

运用于实践；善于观察和评价儿童的行为表现，以此作为制订课程计划和设计个性化课程的依据；善于为儿童营造和保持安全、健康的环境；实施适合儿童发展的课程，全面促进儿童的社会性、情感、智力和身体的发展；与儿童建立积极互动关系，成为儿童发展的支持力量；与儿童家庭建立积极有效的关系；支持儿童的个体学习，使儿童在家庭、文化、社会背景下得到充分发展。有美国幼儿教育专家认为，专业幼儿教师与非专业幼儿教师的差异在于：专业幼儿教师的反应是运用可靠的专业知识与见解做出的，其着眼于儿童长期发展的利益；非专业幼儿教师的反应多视当时的情况而定，以能在最短时间内解决事情为标准。[1]

近年来，随着幼儿教育越来越受到重视，人们对幼儿教师的专业化有了新的思考和认识：重视幼儿教师的自主发展和自我更新，关注幼儿教师的工作现场，提升幼儿教师的实践智慧，注重幼儿教师的人文关怀。20世纪70年代，国外在探讨幼儿教师发展时常将其等同于教师培训、在职教育。[2] 自主性是教师发展的本质，具体表现为专业发展的自主意识与能力，即教师能自觉地对自己的专业发展负责，自觉地对过去、现在和未来的状态进行反思并做好规划，自主地遵循自己专业发展的目标、计划、途径，成为专业发展的主人。[3] 工作现场是最适宜教师成长的场所。真实的教学情境有助于教师不断积累富有成果的教学经验。很多国家的幼儿教师教育改革不仅重视教师的知识与技能，而且关注教师在教育现场的教育智慧。幼儿教师要掌握的不仅仅是教学的知识与技能，更是教学的艺术与智慧。这种智慧不像理论知识那样将某些普遍的、固定的原理、规则运用于对象，而是要在具体的实践活动过程中完善自己、实现自己。[4] 因此，近年来国外关于幼儿教师专业发展的研究主要围绕工作满意度、职业承诺、自主发展、反思监控等展开。

三、幼儿教师专业生活

西方哲学史上一直存在两种不同的哲学范式：一种是追求普遍性知识的理论哲学范式，另一种是关注生命价值和意义的实践哲学范式。前者主要指向严密的理性逻辑、普遍的真理和知识体系，后者主要指向人的天职与使命、生活的价值和意义。目前教

---

[1] 刘启艳、瓦韵青编著：《幼儿教师专业能力发展策论》，26页，北京，中国财富出版社，2016。

[2] D. Sparks & S. Hirsh, *A New Vision for Staff Development*, Washington, D. C., Association for Supervision and Curriculum Development, 1997, p. 31.

[3] 姜勇、严婧、徐利智编著：《国际学前教师教育政策研究》，3～5页，上海，华东师范大学出版社，2012。

[4] M. Foster, *Gadamer and Practical Philosophy*, Atlanta, Scholars Press, 1991, p. 9.

师专业发展进程中的种种状况都在向我们传递着一个十分重要的信息：有效推进教师专业发展，必须关注并深入研究教师专业生活。教师专业生活成为教师研究一个新的焦点。在生活世界话语的基础上，"教育是一种特殊的生活过程，教育不是生活的准备。教育应该关怀人的生活"①。关怀人的生活，首先应该关怀人此时此刻此地的生活。"教育还直接启发、拓展个体全面的生活视野和价值视野，并引导、尊重个体独特的生活价值取向和追求生活价值的方式，尊重并关怀个体日常生活的价值。"②

《辞海》对"生活"大体有如下解释。①人的各种活动。②生存；活着。③生涯；生计。④指工作、手艺或成品。③ 有学者从哲学、社会学、教育学、人类学等不同视角概括出"生活"的三种内涵：一是"生活指人的日常生活"，包括人的衣、食、住、行、闲聊杂谈、休闲娱乐等方面；二是"生活指人的高级的精神生活"，即人的社会再生产和精神生产领域的各种活动，是非日常的；三是"生活指人的一切生命活动"。④ 在英语中，名词"life"意为"人生，人的生存状态"，动词"life"意为"生存，活着；以某种方式生活；享受人生"。杜威(Dewey)认为生活包括习俗、制度、信仰、成功和失败、休闲和工作，我们使用"生活"这个词来表示个体的和种族的全部经验。⑤ 在杜威看来，生活是在一定环境中人们的经验。在《经验与自然》中，杜威指出："生活是指一种机能，一种无所不包的活动，其中既包括机体，也包括环境。"⑥杜威经常将"经验"与"生活"等同使用，他认为经验与生活一样，"既包括人们所做的、所遭遇的事情，人们所追求的、所爱的、所相信的、所忍受的事情，也包括人们怎样活动和接受活动，人们行动和遭受、意欲和享受、观察、信仰、想像的方式"⑦。

综上所述，生活包含在生命过程之中，包括人的一切经验，既可以是流动的，又可以是静态的。生活的存在形式多种多样，是人生过程和体验。生活与个体意识、自我意识息息相关，是一个积极主动的过程。本研究将"生活"定义为一定环境中人们为生计和生涯发展而有意识地选取各种活动的过程。

我们可以根据不同的标准把生活分成不同类型，如日常生活和非日常生活。从生活内容来看，人的生活可分为专业生活、职业生活和业余生活。我国学者郭元祥认为专业生活和职业生活都是在某种特定的专业和职业领域中进行的生活，需要特定的专

---

① 刘铁芳：《教学：一个可能的价值世界——教育的价值关怀》，载《教育理论与实践》，2000(4)。
② 刘铁芳：《教学：一个可能的价值世界——教育的价值关怀》，载《教育理论与实践》，2000(4)。
③ 《辞海》，3881页，上海，上海辞书出版社，2020。
④ 张妮妮：《在耕耘中守望——乡村幼儿教师专业生活的叙事研究》，博士学位论文，东北师范大学，2012。
⑤ [美]约翰·杜威：《民主主义与教育》，王承绪译，3页，北京，人民教育出版社，1990。
⑥ 《杜威教育论著选》，赵祥麟、王承绪编译，273页，上海，华东师范大学出版社，1981。
⑦ 《杜威教育论著选》，赵祥麟、王承绪编译，272页，上海，华东师范大学出版社，1981。

业和职业知识与技能、特定的专业和职业情境，并受到特定的专业和职业精神的支配。专业生活和职业生活具有明确的指向性，在专业人和职业人的生活中占据着核心地位。[①] 专业是指专门的职业，包含于职业之中。职业是指人赖以谋生的社会劳动岗位和必须承担的社会角色及其社会责任。专业生活不同于职业生活，它既具有职业生活的一般特性，又具有专业生活的特性，在知识与技能、专业操守方面对从业人员有更高的要求。

国内已有的研究对"教师专业生活"并无清晰的界定，常常出现"教师专业生活""教师专业发展""教师职业生活"等概念混用的情况。有的研究者甚至认为教师是专业人员，教师的生活就是专业生活，没有严格区分专业生活与日常生活的界限。例如，魏艳利认为，专业生活指"教师在他的教育教学实践当中所有的生活经历"[②]。教育教学中的生活经历涵盖内容颇为广泛，上述表述未指明教师所处的环境特点。刘玲认为，教师专业生活是"在一定的社会、文化和历史情景里，教师在她的教育教学实践当中的生活经历"[③]。这一概念对教师专业生活的背景进行了限定。徐鸿指出，专业生活包括"个体在职业生涯中一切与专业发展有关的实践活动，包括个体在实践活动中的认识与情感，以及行为与行为倾向"[④]。这一界定将教师专业生活与专业发展联系了起来，强调教师职业生涯中的实践活动。周勇认为，教师专业生活是指教师围绕求知、教学等可以显示其专业身份的工作而可能展开的一切行为总和，并指出与教师专业生活相对的是日常生活，但是教师的专业生活和日常生活不是割裂的，而是相互影响和重叠的。[⑤]周勇把教师专业生活与教师专业身份相结合，将教师专业生活最终归结为一切行为总和，指出了专业生活和日常生活的区别与联系，突出了教师专业生活中的专业性。显然，教师在教育教学中的生活经历涵盖范围过于广泛，并不等同于教师专业生活。

从广义上解读"教师专业生活"需要将重点放在"生活"一词上，以教师教育教学实践中的生活经历为主，研究的范围往往较大。围绕教师的一切生命活动展开叙述，可以最大限度地了解教师周围的生活经验故事，但也会失去教师专业生活的专业性，导致教师专业生活与教师日常生活、教师职业生活等多有重合。这就使得相关实证研究依然没有明确界定"专业生活"这一概念。若教师的专业生活目标是构建终身学习能力、

---

① 郭元祥：《生活与教育——回归生活世界的基础教育论纲》，102页，武汉，华中师范大学出版社，2002。
② 魏艳利：《一位中学教师专业生活的质性研究》，硕士学位论文，首都师范大学，2005。
③ 刘玲：《一位中学英语教师专业生活的个案研究》，硕士学位论文，首都师范大学，2005。
④ 徐鸿：《幼儿园教师专业生活的个案研究》，硕士学位论文，南京师范大学，2007。
⑤ 周勇：《中国教师的专业生活传统》，见上海市社会科学界联合会编：《人文教育 文明·价值·传统：上海市社会科学界第五届学术年会文集(2007年度)：哲学·历史·人文学科卷》，89页，上海，上海人民出版社，2007。

获得永久的可持续发展，那么教师的专业生活目标与人的发展目标有何不同？这一目标可以被套用在任何情境中，而不单单是专业生活的目标。① 也有人主张通过阅读小说、听歌、观看新闻和电影等形式来丰富教师的专业生活，这明显把教师的专业生活与教师的日常生活混为一谈了。如果连听歌、看电影都算专业生活的话，那么教师还有日常生活或闲暇生活吗？一项对我国普通高中教师专业生活状态的调查研究，仅从工作时间、成就感、工作满意度三个维度来概括专业生活状态。② 这样的研究既没有界定专业生活状态的内涵，也没有说明为什么选择从这三个维度进行调查，混淆了专业生活状态和生存状态。

随着研究的深入，一些学者开始从狭义上界定"教师专业生活"。例如，方艳将"教师专业生活"定义为与教师专业发展相关的一切活动，具体而言，包括教师日常学校生活中的教学与教研活动、教师间的同伴交流等日常活动，教师培训、教师进修、教研员指导等旨在促进专业发展的专门活动，以及教师个人进行的自我反思等。③ 张妮妮等人认为："教师专业生活是教师生命自我发展和自我完善的过程，教师专业生活具有一定的独特性。通过理解教师专业生活，可以帮助我们更清晰地理解教师这个职业，理解教育，进而理解自身。"④这主要是从教师个体生命发展的角度界定教师专业生活的，并承认教师专业生活的独特性，但对教师专业生活发生的背景和环境未做交代。崔友兴等人认为："教师专业生活是教师在特定环境中与同伴的学习合作、与学生的对话交流以及自我反思所形成的一种专业性的生活状态，是教师终身学习、教书育人、思考生命的过程。"⑤王卫东将"教师专业生活"定义为"教师在特定的教育环境和自己的专业领域内，以学习、思考和教育活动为核心内容，以不断提升自己的专业发展水平并运用所获得的专业素质促进学生全面发展为目的的一种生命活动过程，也指这一生命活动过程所达到的程度或取得的结果"⑥。这一界定明确了教师专业生活发生的场域，指出了教师专业生活的核心内容和目的，相对来讲较为全面。姜月从理论和实践的角度提出"教师专业生活方式是以教学实践为原点，通过不断学习和研究去追求教育意义的

---

① 覃建巧：《外语教师专业生活方式审思》，载《教学与管理》，2008(27)。
② 王建军、陈寅、吴海燕等：《我国普通高中教师专业生活状态调查》，载《基础教育》，2010(8)。
③ 方艳：《农村小学教师专业生活状态研究——以乡村小学L校为例》，硕士学位论文，华东师范大学，2011。
④ 张妮妮、张宪冰：《论教师专业生活的三重意蕴》，载《东北师大学报（哲学社会科学版）》，2014(3)。
⑤ 梁岩岩、崔友兴：《乡村教师专业生活、困境及走出思考》，载《教育与教学研究》，2018(10)。
⑥ 王卫东主编：《教师专业发展探新——若干理论的阐释与辨析》，158页，广州，暨南大学出版社，2007。

过程，即教育、教学、研究、学习合一"①。教师需要通过不断学习和研究，获得并保持专业知识和技能，促进自身专业发展。梁岩岩等人认为，教师专业生活是教师在特定环境中与同伴的学习合作、与学生的对话交流以及自我反思所形成的一种专业生活状态，是教师终身学习、教书育人、思考生命的过程。② 可见，这类定义普遍强调教师专业生活与专业发展的内在联系，认为教师专业生活与教师专业发展紧密相关。教师专业生活在目标上以提高自身生活质量、提高幼儿保教质量、不断完善学生的人格为指向；在理想层面上以扎实的专业知识和教学理论为追求，通过不断提高地位、声誉和促进学生全面和谐发展来体现人生价值；在实践样态上以体力、精力和智力的输出为主要形式。③ 另外，教师的专业生活与日常生活存在相互影响或重叠的部分：有的教师为了促进专业化成长，将专业生活当作自己的日常生活；有的教师过于重视日常生活，以至于敷衍专业生活。

综上所述，学界在对"专业生活"进行界定时，主要有广义和狭义之分。广义的专业生活指从《现代汉语词典》《辞海》等工具书中找出"专业"和"生活"的内涵，再结合教师的理解下的操作性定义。狭义的专业生活指对国内外与教师专业发展相关的生活报告、专著、论文进行梳理概括后下的定义。无论是广义的还是狭义的定义，教师的专业生活都与教师的专业发展紧密相关。同时，专业生活具有极大的自主性，拥有什么样的专业生活取决于教师个体的选择。专业生活内容丰富，与日常生活、职业生活偶有穿插。我们认为专业生活应更加强调教师的专业性。教师之所以能成为一个专门化的职业，是因为需要具备特定的知识和技能来促进学生的全面发展。在此过程中教师促进了自身的专业发展，产生了专业生活。

关于教师专业生活的内涵，研究者的观点虽有差异，但大都认为教学生活应是专业生活的主要内容，专业生活的其他部分是与教学生活相关的，并且大都将教师的专业生活与教育教学实践、专业学习、专业发展等概念联系起来加以界定。

本研究中的幼儿教师专业生活兼顾广义与狭义两种界定。其中，广义的幼儿教师专业生活指与幼儿教师教育教学有关的所有生活经历；狭义的幼儿教师专业生活指幼儿教师在自己的专业领域内以及特定的教育环境中，通过学习、反思和专业交往等方面的活动展现保教实践中的生活经历，并以此促进幼儿全面发展的一种生命活动过程，也指这一生命活动所达到的程度或取得的结果。幼儿教师专业生活是根据已有的专业知识、技能、情感开展的生命实践活动，其目的是不断提升专业素养，更好地促进幼

---

① 姜月：《教师专业生活方式解析》，载《教育导刊》，2011(11)。
② 梁岩岩、崔友兴：《乡村教师专业生活、困境及走出思考》，载《教育与教学研究》，2018(10)。
③ 梁岩岩、崔友兴：《乡村教师专业生活、困境及走出思考》，载《教育与教学研究》，2018(10)。

儿发展。幼儿教师专业生活的内容既包括教师在幼儿园根据专业知识、技能和情感开展的常规保教活动，也包括促进教师知情意行发展的专业学习活动，以及教师在这些活动中进行的反思和感悟。检视幼儿教师专业生活的关键维度主要有两个：一是实践活动必须发生在特定的保育教育领域内；二是实践活动必须促进教师专业发展，从而提升保教质量。因此，农村幼儿教师专业生活是指农村幼儿教师在任意时空下进行的与专业相关的活动，其最终目的是促进农村幼儿全面发展以及教师自身专业发展。

四、幼儿教师闲暇生活

在西方，"闲暇"（leisure）一词源于希腊语，意为休闲和教育，可见闲暇和教育有着很深的历史渊源。① 凡勃伦（Veblen）将闲暇定义为"非生产性的时间消费"②。杰弗瑞·戈比（Geoffrey Godbey）认为，闲暇是从文化环境和物质环境的外在压力下解脱出来的一种相对自由的生活，闲暇不是简单地消磨时间，而应该被理解为一种成为人的过程——为了自我，也为了社会。③ 他认为闲暇的定义通常出现在时间、活动、存在方式和心态四种语境中，任何一种单一语境都无法完全诠释闲暇。

我国学者也尝试对闲暇进行定义。《新语词大词典》认为，闲暇指在一定社会历史条件下，人们在其自由支配时间内的活动方式，是社会生产力发展到一定水平的产物。这包括两个方面的内容：一是消遣性的娱乐活动，二是提高性的学习创造活动。④《中国大百科全书·社会学》将闲暇定义为闲暇时间，即人们在劳动时间之外，除去满足生理需要和家务劳动等生活必要时间支出后，剩余下来的个人可以自由支配的时间。⑤

马克思认为，闲暇时间是劳动者用于消费产品和用于从事自由活动的时间。⑥ 在自由活动时间里，人们主要从事智力开发活动、社会交往活动、审美艺术享乐活动等，以提高文化知识水平和专业技能，丰富社会知识和经验。⑦ 可见，闲暇时间可用于消费消遣，也可用于提升自己。闲暇不仅指人在工作外的休闲时光，对劳动者素质的

---

① 袁方主编：《社会学百科辞典》，561页，北京，中国广播电视出版社，1990。
② T. Veblen & S. Chase, *The Theory of the Leisure Class: An Economic Study of Institutions*, New York, New American Library, 1953, p. 46.
③ [美]杰弗瑞·戈比：《你生命中的休闲》，康筝译，14页，昆明，云南人民出版社，2000。
④ 王雅林主编：《生活方式概论》，469页，哈尔滨，黑龙江人民出版社，1989。
⑤ 中国大百科全书出版社编辑部编：《中国大百科全书·社会学》，431页，北京，中国大百科全书出版社，1991。
⑥ 董瑞华、唐钰岚：《〈资本论〉及其手稿在当代的实践与发展》，313页，北京，人民出版社，2013。
⑦ 庞耀辉：《科学地利用闲暇时间提高劳动者的素质》，载《人口研究》，1986(4)。

提高也具有重要意义。

对于教师来说，积极的闲暇生活应当与专业生活有交集，也可以被理解为成为专业教师的过程。充分利用闲暇时间促进自身专业成长，不仅是教师日常生活的重要组成部分，也是专业生活不竭的动力源泉。综上，本研究从狭义上对幼儿教师闲暇生活进行界定：幼儿教师在工作以外的时间，除去满足生理需要和家务劳动等时间支出，自主选择参加与专业相关的活动的过程。这里需要强调的是，教师闲暇时间是指结束工作后满足生理需要和家务劳动以外的时间，行为是自主的，活动是与专业相关的。

五、异化

"异化"一词属于哲学范畴。众多哲学家曾从宗教、人的精神与意识等方面探讨异化及其内涵，马克思则从人的劳动角度探讨异化问题，使之成为日常生活批判的理论基础。马克思认为虽然人的劳动为人们提供了财富，但是人在其中失去了现实性，表现为丧失了个性和创造力以及被奴役。在资本主义经济制度下，人的劳动沦为维持生存的手段，变为一种机械的、强制性的活动，劳动产品、劳动活动本身、人的本质以及人与人之间的关系都存在异化。马克思提出的异化劳动理论，实际上是对人的生存方式进行关注，从而对人的解放进行批判、改革与实践。

第三节 研究的方法

一、混合研究：第三种研究方法论取向

20世纪80年代，西方社会科学领域展开了一场关于量化研究（实证主义）与质性研究（解释主义）的大战，即范式大战。进入21世纪，人们对研究范式有了更深刻的认识，开始综合运用量化研究和质性研究，以弥补单范式的不足。混合研究又被称为"第三种研究方法论取向"，统整了量化与质性的研究过程，被广泛应用于社会学、教育学、心理学等领域。教育是一种非常复杂的社会现象。量化研究深入探讨教育活动的普遍规律和发展趋势，质性研究有助于深刻发掘教育现象或问题的特点及原因。[①] 所以，根据不同教育问题采用合适的量化与质性研究模式，有助于提高解决问题的效率。

如图1-1所示，利奇（Leech）和奥韦格布兹（Onwuegbuzie）从混合等级、时间导向

---

① 姚计海：《教育实证研究方法的范式问题与反思》，载《华东师范大学学报（教育科学版）》，2017(3)。

和方法侧重点三个维度将混合研究分成八个类别。其中混合等级包括完全混合和部分混合，时间导向根据量化研究和质性研究是否同时进行来判断，方法侧重点指在研究过程中以何种研究范式为主。

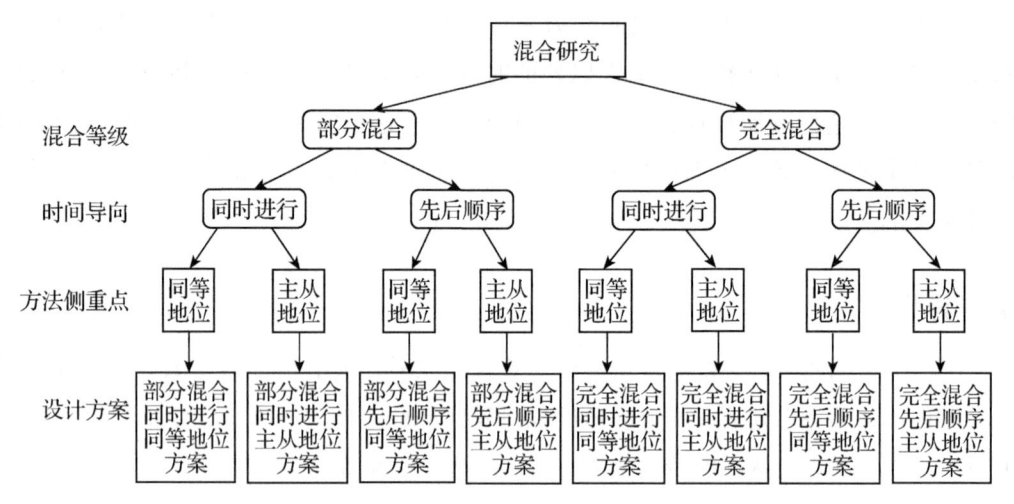

图 1-1　利奇和奥韦格布兹关于混合研究设计分类图①

二、研究策略：以质性研究为主，以量化研究为辅

正如威廉·富特·怀特（William Foote Whyte）所说："社会学家们并不是要摈弃调查研究，而是逐渐认识到，仅凭调查，你的理解无法达到你通过已发展得十分纯熟的定性研究所能达到的深度。……社会学的前途将越来越多地有赖于定量和定性方法的结合。"②本研究尝试采用部分混合设计方案，以质性研究为主，深入了解农村幼儿教师的专业生活样态，而量化研究为呈现农村幼儿教师群体客观化的数据提供补充。在时间上，质性研究数据收集也具有优先性。两种研究方法的结合有助于更加全面地呈现农村幼儿教师专业生活面貌。

（一）以质性研究为主

研究方法是对研究计划、策略、手段、工具、步骤以及过程的总结，是研究的思维方式、行为方式以及程序和准则的集合。③ 一切研究方法的选取都必须以回答研究问题为前提。本研究以质性研究为主，因为本研究的核心问题是"农村幼儿教师专业生活

---

① N. L. Leech & A. J. Onwuegbuzie, "A Typology of Mixed Methods Research Designs," *Quality & Quantity*, 2009(2), p. 269.

② ［美］威廉·富特·怀特：《街角社会：一个意大利人贫民区的社会结构》，黄育馥译，中文版序言2页，北京，商务印书馆，1994。

③ 陈向明：《质的研究方法与社会科学研究》，12页，北京，教育科学出版社，2000。

的真实样态是什么"。质性研究方法是"以研究者本人作为研究工具，在自然情境中采用多种资料收集方法对社会现象进行整体性探究，使用归纳法分析资料和形成理论，通过与研究对象互动对其行为和意义建构获得解释性理解的一种活动"[1]。质性研究提倡研究者对研究情境的参与、与研究对象的共情，直面事实和参与过程，通过深描细节与事实，在把片段重组成故事的过程中让事物的本质通过自己的移情解释逐步呈现。[2] 因此，质性研究不仅仅揭示问题的表面现象，更探寻农村幼儿教师选择专业生活方式的原因。本研究以教师专业成长和教师专业生活体验为视角，通过还原研究现场的真实状况，呈现农村幼儿教师自身专业生活的真实体验，在与理论对话的基础上阐释农村教师专业生活的样貌和成因。

质性研究可将研究者置于真实的社会活动的互动之中。质性研究采取一种解释性、自然主义的途径来看待世界，探究的是处于自然状态下的事物，并尝试根据人们赋予事物的意义来认识或解释事物。教师专业生活是社会建构的产物，是一种与社会、政治、文化、经济等因素呈现多元化、非线性、互为因果关系的活动。通过采用质性研究方法，研究者可以对研究对象做情境性的、自然主义的和现象学的分析[3]，可以深入农村幼儿教师日常工作和生活，观察农村幼儿教师的整体生存状态，将农村幼儿教师专业生活放到整个社会脉络之中进行分析，从而揭示农村幼儿教师专业生活的内涵、外延及影响因素，最终为农村幼儿教师的专业发展提供适切的帮助，为农村幼儿教师专业生活质量的提升提供具有可行性的建议。

(二)以量化研究为辅

在采用问卷调查法对田野点农村幼儿教师进行调查，了解农村幼儿教师基本情况和专业生活现状时，尤其是在分析影响农村幼儿教师专业发展的因素时，因果关系较为复杂，量化数据可提供数据支持和补充。另外，量化研究富于启发性，能促使研究者寻找不同结果背后的原因，引发研究者进一步思考。

三、研究方法的思考

(一)研究效度

首先，从研究者和参与者关系的角度来看，我们在田野点与当地幼儿教师建立了信任关系，在调查中进行深入和持续的观察，并采用开放的态度对当地教师多次进行

---

[1] 陈向明：《质的研究方法与社会科学研究》，12页，北京，教育科学出版社，2000。
[2] 刘云杉：《从法定文化到定师文化——对一堂历史课的深度剖析》，载《现代教育研究》，2000(3)。
[3] R. C. Bogdan & S. K. Biklen, *Qualitative Research for Education: An Introduction to Theory and Methods*, Boston, Allyn & Bacon, 1998, p. 4.

正式或非正式访谈，以避免对农村幼儿教师专业生活状态产生先入为主的认识。我们每次均翔实地记录下从观察或访谈中得到的关于农村幼儿教师专业生活的内容，并做整理、分析。随着研究的推进，研究问题逐步浮现在情境中，访谈提纲也会有所调整。离开田野点后，我们也会与参与者保持联系，以弥补遗漏。在资料分析过程中，整个研究团队的成员会进行沟通、反思，以确保做出恰当解释。

其次，从资料收集的角度来看，本研究采用三角互证的方法。我们不仅通过农村幼儿教师这个群体来了解他们的专业生活，还从政府工作人员、幼儿家长及一般群众中收集资料，了解后者对农村幼儿教师群体专业生活的看法。另外，我们通过观察、访谈、问卷调查、实物收集等不同方法收集的资料可相互印证。

最后，以参与人员检验法将最终的研究结果呈现给参与者，认真倾听他们的意见，尊重他们的看法，并对研究结果做出必要修改。

(二)研究伦理

在整个研究过程中，研究者始终遵循研究伦理。在实施本研究之前，研究者会协商讨论研究伦理事宜。在本研究中，田野点、幼儿园、幼儿教师均匿名。在进入田野点前，我们会向当地人公开自己的身份和研究目的，尽量使教师放心并愿意完整地呈现他们的专业生活和日常生活。我们也会向他们说明收集到的资料只为本研究所用，不存在其他用途，严格保护教师的隐私。在实际调查中，我们在进行参与式观察或者深度访谈时会事先询问教师是否方便，尤其是在进行深度访谈前会与教师协调时间，避免干扰他们正常的教学活动和休息。若教师有急事或者当时不愿意接受访谈，可以根据实际情况进行调整和协商。调查期间，我们也尽可能在教学、生活、专业发展等方面为教师提供帮助。在处理访谈资料时，我们按照教师所述进行编码、归类和分析，遇到与实际情况有出入或不清晰的情况，会和教师进一步沟通与确认，以确保研究资料准确、真实。

第四节　资料的收集、整理与分析

一、资料的收集

(一)抽样——田野点的选取

要研究当前农村幼儿教师专业生活的问题，就必须深入以农村幼儿园为分析单位的田野点，深入身处基层一线的农村幼儿教师群体，去观察农村幼儿教师日常生活中的点滴。唯有这样才可描绘出当前农村幼儿教师的整体形象和专业生活的现实图景，进而探寻出影响农村幼儿教师专业生活品质的因素。

为了研究的便利，也为了揭示广东农村学前教育发展的状况，以及广东农村幼儿教师专业生活的真实样态，本研究决定在粤北、粤西和粤东地区选择原来的国家级或者省级的贫困县作为田野点。在公众的印象中，广东作为改革开放的排头兵，是与"改革开放""经济发达""生活富裕"等字眼联系在一起的，不能用"欠发达"来形容。粤北地区的一位园长曾给我们讲了她参加国培项目的经历。当她向参加培训的学员介绍自己来自广东时，大家都十分惊讶——广东的园长居然也来参加面向欠发达地区的园长培训！实际上，广东的发展情况比较复杂。2018年10月，习近平总书记视察广东时明确指出，"城乡区域发展不平衡是广东高质量发展的最大短板"[1]。广东要继续走在全国前列，最艰巨、最繁重的任务在农村。广东的经济社会发展包括四个区域：一个是发达的珠三角地区，其他三个是欠发达的粤北、粤西和粤东地区。可以说，广东经济社会发展的地区差异是中国经济社会发展不平衡的一个缩影。在广东选取田野点，不但便于开展田野调查，而且极具典型意义。

典型个案抽样选择的是研究现象中具有一定代表性的个案，目的是了解研究现象的一般情况，在质性研究中对典型个案进行研究是为了说明在此类现象中典型个案是什么样子的。[2] 本研究的目的是了解粤北、粤西和粤东地区农村幼儿教师专业生活的真实状况，因此采用目的性抽样的方法，即抽取能够为研究问题提供最大信息量的人、事物和场所。[3] 在抽样的具体策略上选择链锁式（或滚雪球）。链锁式是一种用来选择知情人士或决定性个案的操作方式。在通过一定的渠道找到愿意提供帮助的知情人士后，我们可以继续询问"你认为我应该再找谁提供帮助"。[4]

选择田野点颇费了一番功夫。我们通过在粤北地区有影响力的H园长的牵线选择了粤北地区的田野点。我们把选择田野点的具体要求告诉了H园长，她很快帮我们联系到Y县。2018年9月6日，我和团队成员一起到S市，H园长已在车站等候多时。我们一起乘车到达Y县县城，先是到了县城的一所公办幼儿园，然后驱车到了一所附设在小学里的乡镇中心幼儿园（R园）。经过比较，我们选择了R园作为我们蹲点的幼儿园进行深入调查。

我们通过在粤西地区有影响力的S园长的牵线选择了粤西地区的田野点。她帮我

---

[1] 《习近平在广东考察时强调：高举新时代改革开放旗帜 把改革开放不断推向深入》，载《人民日报》，2018-10-26。
[2] 陈向明：《质的研究方法与社会科学研究》，107页，北京，教育科学出版社，2000。
[3] 陈向明：《旅居者和"外国人"——留美中国学生跨文化人际交往研究》，35页，北京，教育科学出版社，2004。
[4] 陈向明：《质的研究方法与社会科学研究》，109页，北京，教育科学出版社，2000。

们联系了F县教育局。2018年9月13日，我和团队成员一起出发，在离F县30多千米的车站下车，然后乘汽车到达F县，与S园长、F县幼教专干会合。我们考察了F县的一所省一级幼儿园和两所乡镇中心幼儿园，最终选择了C镇ZX幼儿园作为我们蹲点的幼儿园进行深入调查。

与粤北和粤西地区不同，粤东地区田野点的选择是通过目前在某高职院校学前教育专业任教的我的研究生YXW牵线而实现的。YXW是L县人，她及其父亲与L县教育局幼教专干很熟悉，L县教育局发函邀请当地县、镇、乡幼儿园配合我们的项目研究。2019年3月15日，我和团队成员一起乘车从广州出发，历经3个多小时到达L县。在教育局幼教专干和几位园长的陪同下，我们考察了一所县城公办幼儿园、一所县城民办幼儿园和一所村办幼儿园，最终选择以L县X幼儿园作为主要田野点，以镇、村级的T幼儿园和S幼儿园作为参照观察点开展田野研究。

在粤北、粤西和粤东的田野点确定之后，团队成员分头开始了调查研究。随着田野调查工作的进展，农村幼儿教师专业生活的真实样态逐渐浮现出来。然而，什么是接近理想的农村幼儿教师专业生活状态？如何判断田野点农村幼儿教师的专业生活质量呢？我们似乎缺乏一个参照体系。因此，我们又选择了珠三角地区G市一所优质幼儿园(Y园)作为个案，完整、生动地呈现了城市幼儿教师专业生活的全貌，旨在为我们认识和反思农村幼儿教师的专业生活提供参照系。

(二)资料的收集方式

马林诺夫斯基(Malinowski)反对把社会文化现象割裂后做独立的考察，主张把握人类文化生活的整体，在完整的文化背景中对各个文化事实及其相互关系加以考察和研究，最终把握文化生活的本质。[1] 他主张参与式观察，认为在田野调查中研究者应该深入研究对象，和他们融为一体，观察他们的生活所包含的真实观念、情感，参与并体验他们的生活，了解他们如何生活以及对文化的看法。[2] 在调研期间，研究者以参与式观察亲身感受农村幼儿教师的专业生活情境，尽量不干涉教师的行为，事后就某些特殊事件展开讨论，有时也会主动帮忙处理幼儿园的事务，进行简单的保教工作。

质性研究方法多样，具体选用什么样的方法应该根据研究的问题、研究的目的、研究的时空情境、研究的对象等因素来定，即在特定的时空环境中使用这些方法是否可以收集到回答问题所需要的材料。[3] 本研究力图揭示农村幼儿教师专业生活的真实样

---

[1] [美]柯克·约翰逊：《电视与乡村社会变迁：对印度两村庄的民族志调查》，展明辉、张金玺译，13页，北京，中国人民大学出版社，2005。

[2] [美]柯克·约翰逊：《电视与乡村社会变迁：对印度两村庄的民族志调查》，展明辉、张金玺译，11页，北京，中国人民大学出版社，2005。

[3] 陈向明：《质的研究方法与社会科学研究》，95页，北京，教育科学出版社，2000。

态，因此采用田野调查的方法，具体包括参与式观察、深度访谈、实物分析和问卷调查。

1. 参与式观察

参与式观察是田野研究中收集资料的主要方法。在参与式观察中，研究者和被研究者一起生活、工作，研究者在直接体验中认识被研究者。参与式观察的情境比较自然，研究者不但能够对当地的社会文化现象有比较具体的感性认识，而且可以深入被研究者文化的内部，了解他们对自己行为意义的解释。[①] 为了更加深入地研究农村幼儿教师专业生活的实况，我们从粤北、粤西和粤东分别选择一所幼儿园作为长期观察点。

初期，研究者采用开放式观察，对幼儿教师在园的一日生活、工作的所有场景、事件进行观察，包括幼儿教师与幼儿、家长、同事、领导、社区成员互动的场景，幼儿教师在不同场景中参与的事件。研究者会无选择式地进行详细的记录，采用拍照、录像、现场速记等方式记下幼儿教师的常规活动事件，目的是了解田野点，加深与教师之间的信任。中后期，研究者会把研究问题逐渐聚焦到幼儿教师的保教、学习等活动中，记录幼儿教师在这些活动中的态度与行为。研究者的观察内容主要包括以下方面：①幼儿教师在园的保教工作实况；②幼儿教师的休闲生活；③幼儿教师的学习时间和阅读资料；④幼儿园的环境布置及其所呈现的主题、内容等；⑤幼儿园的各种日常活动；⑥幼儿教师与幼儿、家长、同事、领导、社区成员之间的互动方式等。

2. 深度访谈

访谈就是研究者寻访、访问被研究者并且与其进行交谈的实践活动，是研究者通过口头谈话方式从被研究者那里收集第一手资料的研究方法。[②]

根据研究需要以及被研究者的实际情况，研究者可同时采用封闭型访谈、半开放型访谈和开放型访谈对被研究者进行研究。初期，研究者主要使用开放型访谈，以初步了解被研究者对本研究所关心的问题的宏观认知；随着相互之间日益熟悉，开放型访谈逐步转向半开放型访谈和封闭型访谈，重点是就本研究所关心的问题进行追问。

访谈内容包括幼儿教师个体的基本情况（家庭及其成员的情况、个体的受教育和工作经历等），专业发展（学习的机会、时间与途径等），情感生活（与家庭成员的日常情感，与幼儿、家长和同事的交往情况等），休闲生活（兴趣、爱好和消费习惯等），以及教育教学实践活动等。

在历时3年的田野研究中，我们共计访谈了70人，包括幼儿教师45人、园长10人、幼儿家长10人、主管副镇长1人、小学校长1人、教育局幼教专干3人，试图多

---

① 陈向明：《质的研究方法与社会科学研究》，228页，北京，教育科学出版社，2000。
② 陈向明：《质的研究方法与社会科学研究》，228页，北京，教育科学出版社，2000。

视角地呈现农村幼儿教师专业生活状况。

3. 实物分析

实物分析是对观察和访谈所得资料的补充。本研究中的实物主要有两类：一类是由幼儿园提供的文件资料，包括幼儿园存档的资料，如幼儿园规章制度、职称申报材料、教师基本信息、教学计划等；另一类是研究者自己收集到的实物，如幼儿园的布局图、活动照片和个人备忘录。实物分析可以为我们提供一些新的概念和想法。事实上，观察、访谈和实物分析可以从不同角度对研究结果进行补充和检验。[①]

4. 问卷调查

为了对农村幼儿教师进行整体性认识和一般性理解，本研究还对不同田野点的幼儿教师进行了有关农村幼儿教师专业生活的问卷调查，调查样本共计988人。

本研究在分析相关文献和《幼儿园教师专业标准（试行）》《中共中央 国务院关于学前教育深化改革规范发展的若干意见》等政策文件的基础上，根据农村学前教育实际情况，编制了农村幼儿教师专业生活调查问卷，以此作为调查工具。问卷采用李克特（Likert）5级评分法，分别为"完全符合""基本符合""不确定""不太符合""完全不符合"，对应计5分、4分、3分、2分、1分。问卷在正式发放前请专家进行修订，并开展小样本预调查。问卷信效度良好，克隆巴赫系数达到0.952。我们根据测量结果对问卷进行适当修改。正式问卷最终包括两大部分。第一部分为农村幼儿教师基本情况，包括年龄、教龄、学历、收入等。第二部分为农村幼儿教师专业生活现状，包括农村幼儿教师专业生活的影响因素和农村幼儿教师专业生活情况，共67小题。农村幼儿教师专业生活的影响因素包括政策与社会地位、家庭与职业发展、幼儿园组织环境。农村幼儿教师专业生活情况包括教师学习、教师反思、教师教学、教师情感。

二、资料的整理与分析

资料的整理与分析指的是根据研究目的对所获得的原始资料进行系统化、条理化操作，然后用逐步浓缩的方式将资料反映出来，最终目的是对资料进行解释。[②] 资料的整理与分析并不是研究结束之后单向度的工作内容，而是贯穿于整个研究过程的。研究者每天会在离开幼儿园后整理资料。例如，在访谈结束后利用一些软件对访谈资料进行转录，将文字稿进行编码，整理每天的田野笔记、反思和感悟等。

在分析资料时，研究者要通过阅读原始资料逐步将相同的概念、主题进行归类。

---

① 陈向明：《旅居者和"外国人"——留美中国学生跨文化人际交往研究》，37页，北京，教育科学出版社，2004。

② 陈向明：《质的研究方法与社会科学研究》，269页，北京，教育科学出版社，2000。

对资料进行归类有很多方式，其中必须遵循的一个重要原则是结合研究目的以及资料本身的特点。① 本研究基于研究者视角下的专业生活和教师自身体验的专业生活，采用了类属分析和情境分析相结合的方式。

类属分析指的是在资料中寻找反复出现的现象以及可以解释这些现象的重要概念，其中具有相同属性的资料可以被放入同一主题中。② 例如，有一次研究者跟幼儿教师谈到了写论文这个话题。幼儿教师反映参加过一次写作培训，但是听不懂讲课老师说的那些内容，不知道引言是干什么的。我们不妨将此次访谈归类为"教师培训"，此后可以将教师访谈和观察涉及的与教师培训有关的内容都放入该主题，依此类推，最后归纳出学习、备课、培训、教研、保教、交流、反思等作为教师专业生活的具体内容。

情境分析指的是将资料置于研究现象所处的自然情境之中，按照故事发生的时序对有关事件和人物进行描述。③ 这是一种将整体先分散再整合的方式：首先看到资料的整体情形，然后分解资料，最后将分解的部分整合成真实情境中的故事。研究者通过观察记录、分解再整合的方式，从幼儿园一日生活中挑选出具体的、特别的事件，讲述教师的一日生活场景。

第五节 本书的主要内容

本书的主要内容共分为六章。

第一章介绍了本研究的过程，包括研究问题的提出，概念的界定，研究方法的选择，资料的收集、整理与分析等。

第二章简要地梳理了教师专业化研究的背景，概述了本研究的理论基础，包括现象学、生态系统理论和日常生活批判理论。

第三章是对本研究所选取的一个田野点——粤北地区Y县R园的个案调查，希望借此完整、生动地呈现农村幼儿教师专业生活的全貌。本章从R园教师的专业生活空间、时间、内容、体验四个维度展现农村幼儿教师专业生活的实然样态，能使读者对农村幼儿教师的专业生活有比较全面、细致和动态的了解。

第四章以珠三角地区一所优质的幼儿园Y园为个案，完整、生动地呈现了城市幼儿教师专业生活的全貌，能使读者更好地理解什么是接近理想的幼儿教师专业生活状态，为读者了解农村幼儿教师的专业生活样貌提供了一个参照系。

---

① 陈向明：《质的研究方法与社会科学研究》，289页，北京，教育科学出版社，2000。
② 陈向明：《质的研究方法与社会科学研究》，290页，北京，教育科学出版社，2000。
③ 陈向明：《质的研究方法与社会科学研究》，292页，北京，教育科学出版社，2000。

第五章将农村幼儿教师的专业生活置于一个复杂的生态系统中加以考察，阐述了作为发展的有机个体的农村幼儿教师，如何在由社会价值观念、社会规范等构成的宏系统，由幼儿园周围环境、当地经济、幼儿园地理位置等构成的外系统，由幼儿园的物质环境、制度环境、组织环境等构成的中间系统，以及由园长、同事、幼儿等构成的微系统的共同作用下呈现出当前的专业生活样态。

第六章以日常生活批判理论为视角和框架来分析农村幼儿教师专业生活。农村幼儿教师大部分的时间是在幼儿园这个空间里度过的，专业生活是他们日常生活的重要组成部分，成为他们每天需要面对的事情。日常生活批判理论旨在呼吁人们用哲学的思维和眼光审视日常生活。落实到教育研究上，我们需要重新审视农村幼儿教师日常工作中机械的、反复的事情，被异化、被日常生活化的现象。我们要重视农村幼儿教师，考察农村幼儿教师专业生活中重复、既定、琐碎且不利于提高农村幼儿教师专业生活质量的异化现象，探寻那些被忽视的因素对农村幼儿教师专业发展的影响。

第二章 研究背景

第一节 教师专业生活研究的历程

一、关于教师专业生活的研究

教师专业化运动于20世纪60年代兴起于美国,20世纪80年代兴盛于欧美国家,20世纪90年代开始在中国受到关注,迄今已有大量研究成果。自20世纪90年代古德森和哈格里夫斯提出教师研究要从"制定教师专业标准,重新界定教师的专业性"层面向"实践中的教师专业生活"转向以来,国内外学者对教师专业生活的研究呈增多之势。教师专业生活成为研究教师专业发展的新视角。

目前关于教师专业生活的文献对幼儿教师的专业生活研究较少,因此我们搜索的关键词除了"教师专业生活"外,还包括"教师专业发展""教师生活"等。西方较早关注对教师职业生涯发展阶段以及教师生活史的研究;国内研究主要侧重于教师生活的具体方面,如教师生活状态、教师生活方式等。国内外学者对教师专业生活的研究主要涉及教师专业生活的内容、影响因素、状态等,现分述如下。

(一)关于教师专业生活内容的研究

希拉里(Hilary)和道格拉斯(Douglas)指出数学教师的专业生活主要是课堂教学,此外还包括作用于课堂教学的一系列相关活动,如数学教师的招聘、数学课程的编排、校本培训等。[1] 凯伦·埃里克森(Karen Erickson)通过与3名艺术教师访谈,了解到他们所认为的专业生活主要指教学,同时也包括与学生互动、辅导学生学习等。[2] 在幼儿教师方面,朱利安·罗德(Jillian Rodd)着重论述了幼儿教师一天的专业生活,发现教

---

[1] H. Shuard & D. Quadling, *Teachers of Mathematics: Some Aspects of Professional Life*, London, Harper & Row, 1980.

[2] K. Erickson, "The Professional Life of Professional TAs," *Teaching Artist Journal*, 2003(3), pp. 172-177.

师的专业生活并不局限于教学,还包括与幼儿互动交往、监督幼儿学习、满足幼儿的情感以及身体需要、与家长沟通等。幼儿教师的专业生活融入了更多的管理性工作,如参与政策制定、参与研究合作、参与同家长的互动等。[1] 纳托尔(Nuttall)认为教师的专业生活很有魅力和挑战性,与教师自身的理解以及实践中的阐释有关。教师理解的多样性决定了教师专业生活的多样性。[2] 古德森和哈格里夫斯描绘了教师的抱负与现实、教师专业化与课程控制、职业化障碍、女性教师,展现了教师日常工作状况。国外学者对教师专业生活的研究主要侧重于教师教学技能,以及教师在社会中的角色与功能。

近年来,我国学者对教师专业生活的研究逐渐增多。有研究通过教师的职业成就、教师观和学生观、教师的反思、教师的形象等展现了中学教师的专业生活。[3] 马丽群主要从教师的行为与倾向、认识、情感等方面揭示了农村幼儿教师真实的职业生活状态。[4] 王立善认为教师专业生活并不能以学科进行划分,每一位教师都是教育者,其在教学实践中的经历便是教师专业生活。[5] 也有学者通过大规模的抽样分析,发现不同区域的中职教师在教学、学习、思考之间的差异。[6] 程妍涛和徐鸿在对已有研究进行梳理的基础上,进一步揭示了幼儿教师专业生活的内涵,阐明了幼儿教师专业生活不同于其他教师专业生活的特点,并且尝试在幼儿教师人际交往的具体情境中对共时态的幼儿教师专业生活进行梳理,探寻幼儿教师的人际交往对其专业发展的重要意义。徐鸿从职前教育、入职与适应、成熟与胜任、转换与徘徊、领导与管理几个维度介绍了幼儿教师专业生活的历程。[7] 张妮妮从时间之维、空间之维、关系之维三个角度阐释了幼儿教师专业生活的内容。时间之维包括翠翠老师如何走上幼儿教师之路、翠翠老师的一日生活扫描、在节假日翠翠以及其他农村幼儿教师是如何度过的。空间之维包括:在自然空间中,农村幼儿教师"生活在鱼缸之中";在感知空间中,农村幼儿教师职业倦怠严重;在再现空间中,农村幼儿教师专业生活是封闭化和单维化的。关系之维包

---

[1] J. Rodd, "A Day in the Life of an Early Childhood Professional: A Comparison of the Work of Child Care Staff, Teachers and Administrators," *Early Child Development and Care*, 1999(1), pp. 47-58.

[2] J. Loughran & G. Kelchtermans, "Teachers' Work Lives," *Teachers and Teaching: Theory and Practice*, 2006(2), pp. 107-109.

[3] 魏艳利:《一位中学教师专业生活的质性研究》,硕士学位论文,首都师范大学,2005。

[4] 马丽群:《山村的述说——"走进"一位西部农村幼儿教师的职业生活》,硕士学位论文,湖南师范大学,2011。

[5] 王立善:《中小学教师专业生活的叙事研究》,硕士学位论文,首都师范大学,2005。

[6] 巫卫源:《中职教师专业生活现状调查与研究——以河源市和广州市为例》,硕士学位论文,广州大学,2016。

[7] 程妍涛、徐鸿:《幼儿教师专业生活论》,47~82页,济南,山东人民出版社,2010。

括从教师与周围人的人际关系、教师与自我的伦理关系、教师与教育理论的认识性三个角度叙述农村幼儿教师的专业生活故事。① 胡雯在时空社会学视角下分析了幼儿教师在时间维度和空间维度上的专业生活内容。例如，在时间维度上，幼儿教师受制于钟表时间，专业生活被钟表时间"奴役"；作息时间表作为制度性时间，一方面能帮助幼儿教师更熟悉自身生活，另一方面间接造成幼儿教师专业生活机械重复，幼儿教师把本该丰富且具有挑战性的专业生活过成了重复性的日常生活；重大节日所代表的事件能在一定程度上丰富幼儿教师专业生活。② 幼儿教师的专业生活是在特定的时间、空间内展开的，且主要围绕着教师专业的全面发展进行。有研究者认为，教师专业生活的内容主要包括与学生的互动、传递知识、控制教学进程和辅导学生的学习等，其中最主要的是教师教学活动。③ 张金运、程良宏认为，教师专业生活的核心应是教学生活。④ 郭祥超认为，教师专业生活主要包括教育生活、教学生活、研究生活、学习生活和人际交往生活等。⑤ 王卫东认为，永无止境地学、坚持不懈地思、充满激情地教，是教师专业生活的核心内容。⑥

总体看来，教师专业生活包括教师职业观、学习、教学、反思、人际关系、职业情感以及闲暇生活等多种内容。本研究认为教师的人际交往包括日常交往和专业交往，其中专业交往是为了更好地进行专业活动。因此，教师的人际关系不再单独作为一个维度考察，而是穿插在教师学习、反思等方面。

(二)关于教师专业生活影响因素的研究

阿钦斯坦(Achinstein)指出新教师在专业生活上面临很大的压力，这些压力主要来自学校政策、同事关系等。通过个案研究，他发现教师专业知识的缺乏直接影响教师在专业生活中的表现，强调教师在自身的专业生活中要有专业知识做支撑，这样才能减少冲突。⑦ 有研究者指出，西方的教师研究一般都是结合政治、社会、文化背景进行的，有关教师工作、生活有效性的分析不足。中国的教师研究同样存在这种情况。要

---

① 张妮妮：《在耕耘中守望——乡村幼儿教师专业生活的叙事研究》，博士学位论文，东北师范大学，2012。
② 胡雯：《时空社会学视角下幼儿教师专业生活的质性研究》，硕士学位论文，广州大学，2015。
③ K. Erickson, "The Professional Life of Professional TAs," *Teaching Artist Journal*, 2003(3), pp.172-177.
④ 张金运、程良宏：《变革时代教师专业生活的勇气及其提升》，载《当代教育与文化》，2015(6)。
⑤ 郭祥超：《论教师专业生活的勇气》，载《教育学报》，2012(2)。
⑥ 王卫东：《学·思·教：教师专业生活的核心内容》，载《教育理论与实践》，2013(1)。
⑦ J. Loughran & G. Kelchtermans, "Teachers' Work Lives," *Teachers and Teaching: Theory and Practice*, 2006(2), pp.107-109.

理解众多教师的工作、生活，单一使用定量的方法是不合理的。教育领域的改革影响了教师的专业身份认同、专业情感以及专业理念，从而在一定程度上影响了教师的专业生活。① 朱利安·罗德提到，英国学前教育研究一般聚焦于高质量的学前教育需求，而对学前教师专业生活的质量关注较少。他认为教师的专业生活会受到复杂因素的影响，如政府政策、工作条件、幼儿的年龄以及工作时间等。②

国内对教师专业生活的研究大多集中在对中小学教师专业生活的影响因素的分析上。有学者认为教师教育政策是影响教师专业生活的重要因素。例如，教师培养，即我们所说的师范教育，是教师专业生活的准备状态，并会延续到日后的教师专业生活中；教师资格认定是教师专业生活的有力保障；教师培训要求教师在专业生活实践中不断完善。③ 程良宏、杨淑芹认为教师的理论意识对教师专业生活有重大的意义与作用。教师的理论意识主要包括理论自觉意识、理论批判意识和理论创生意识三个层面，能够帮助教师更好地认识自己的专业生活。④ 魏薇也赞同这种观点，但更加强调教师要将教学理论的学习与反思性实践结合起来，只有这样才能使教师的专业生活走向良性的发展道路。⑤ 有学者认为教师专业实践能力是对教师专业实践的真切表达，体现了教师对专业生活的反思性理解和有意义建构，因此影响教师专业生活的重要因素还应该包括教师专业实践能力。⑥ 此外，檀传宝认为由于教师专业生活的质量会受到道德标准的影响，因此教师专业生活的发展需要有专业道德予以保证，同时也需要有完善的专业道德规范。⑦ 此外，塑造教师专业认同的研究反映了研究者试图走近教师，理解教师的专业生活体验。有学者提出教师工作环境中的制度、习俗往往会对教师专业生活造成很大影响。⑧ 郭朝红、王彬在《教师专业生活质量的国际比较》中提出，专业发展机会、责任制度、资格与教学任务的匹配度、工作时间、校本技术的运用都是影响教师专业生活的因素。⑨ 也有学者较为关注环境对教师专业生活的影响，认为教师专业生活

---

① Qing Gu，"The Work，Lives and Professional Development of Teachers in China，" *Asia-Pacific Journal of Teacher Education*，2013(3)，pp. 235-238.

② J. Rodd，"A Day in the Life of an Early Childhood Professional：A Comparison of the Work of Child Care Staff，Teachers and Administrators，" *Early Child Development and Care*，1999(1)，pp. 47-58.

③ 王芳：《教师教育政策文本的实践解读》，硕士学位论文，首都师范大学，2006。

④ 程良宏、杨淑芹：《论教师专业生活中的理论意识及其提升》，载《全球教育展望》，2009(12)。

⑤ 魏薇：《可能的专业生活：教师与教学理论从疏离走向结合》，载《中国教育学刊》，2007(10)。

⑥ 王夫艳：《教师专业实践能力的三维构成》，载《高等教育研究》，2012(4)。

⑦ 檀传宝：《教育劳动的特点与教师专业道德的特性》，载《教育科学研究》，2007(3)。

⑧ 何珊云：《课程改革中的教师专业认同研究：主流范式与深化途径》，载《全球教育展望》，2009(12)。

⑨ 郭朝红、王彬：《教师专业生活质量的国际比较》，载《外国中小学教育》，2003(9)。

主要受个人环境和组织环境的影响,个人环境主要包括家庭支持结构、积极的临界事件、生活危机、个性特征、业余爱好以及教师经历的生活发展阶段,组织环境主要包括学校规则制度、行政领导和教学视导人员的管理风格、社区公众给予的信任度、社区对教育系统的期望、专业组织和专业学会的活动以及学校系统的工会氛围。[①] 在国外的研究中,美国基础教育委员会认为,教师专业生活的影响因素主要有配偶的工作、孩子未来的教育、合理的薪资、可供自己发展的资源以及和谐的工作环境等。[②]

还有一些文献是针对教师专业生活的具体维度展开分析的。姜月认为教师的专业生活方式是持续不断地学习研究、有对学生教育的责任感等,并指出教师的专业生活方式有助于教师的专业发展,具有稳定性。[③]覃建巧从教师专业生活目标、科研意识、交往合作、教师道德意识等方面对教师专业生活进行分析,具体阐述了教师不同的角色定位会在一定程度上影响教师的专业生活方式。[④] 郭祥超着重论述了教师专业生活勇气对教师专业生活和专业发展有着积极的意义。[⑤]

综上所述,影响教师专业生活的因素可以分为内部因素和外部因素两大类:内部因素主要包括教师的理论水平、实践能力、业余爱好和个性特征等,外部因素主要包括政策、家庭支持结构、学校行政领导管理风格、社会对教育系统的期望、孩子未来的教育、薪资等。

(三)关于教师专业发展影响因素的研究

徐鸿从个体与环境互相作用的视角分析了教师专业发展过程中的影响因素:在顺境中积极进取,在逆境中坚持自我,在得到发展平台时热情创造,始终保持优秀的个人特质和强烈的自我发展意识。[⑥]刘敏分析了影响农村幼儿教师园本教研主动性的具体原因:大班额教学存在较大的安全压力,致使教师无心加强专业能力;个人可支配时间不足,参加教研主要是应付差事;教研管理缺乏激励机制;专业素养不高;教师在教研中缺乏成长的机会,也缺乏主动参与的方式和方法等。[⑦]

多数学者认为幼儿教师专业发展是教师自身的内部动因和幼儿园、社会、政府等外部因素相互作用的结果。郭海燕从校外、校内和教师自身三个角度分析了影响农村

---

① [美]费斯勒、[美]克里斯坦森:《教师职业生涯周期:教师专业发展指导》,董丽敏、高耀明、丁敏等译,37～38页,北京,中国轻工业出版社,2005。
② 王守纪、杨兆山:《美国促进农村教师专业发展的策略及启示》,载《外国教育研究》,2010(4)。
③ 姜月:《教师专业生活方式解析》,载《教育导刊》,2011(11)。
④ 覃建巧:《外语教师专业生活方式审思》,载《教学与管理》,2008(27)。
⑤ 郭祥超:《论教师专业生活的勇气》,载《教育学报》,2012(2)。
⑥ 徐鸿:《幼儿园教师专业生活的个案研究》,硕士学位论文,南京师范大学,2007。
⑦ 刘敏:《农村幼儿园园本教研及其制约因素分析——以成都市×区农村幼儿园为例》,硕士学位论文,四川师范大学,2008。

幼儿教师专业发展的因素。首先,校外因素指地方与教育主管部门在操作层面存在的问题,包括对农村幼儿教育的管理随意性大,对农村幼儿教育师资把关不严,对农村幼儿教师的培训不重视;其次,校内因素指学校文化、学校内专业活动对幼儿教师的影响;最后,教师自身因素包括幼儿教师的专业精神、专业知识与技能和教学活动三个方面。[①] 张超分析了制约农村幼儿教师专业发展的因素:资金缺乏,幼儿教师收入水平低;管理水平落后,园长理念落后;信息、通路不畅,农村幼儿教师培训途径有限;教师能力、知识不足,缺乏职业认同感,缺乏个人时间。[②] 乔中彦从社会地位和幼儿园环境两方面分析了影响农村幼儿教师专业发展的因素。[③] 陈金菊从幼儿园环境的角度分析了幼儿教师专业发展的影响因素,包括幼儿园的规章制度、组织氛围和教师文化。[④]

教师是生活在一定社会文化中的"具体的人"。不可否认,教师个人因素会对教师专业发展产生影响,教师的选择和行为深受周围环境的影响。美国学者戴(Day)比较详尽地勾画出影响教师专业发展的因素,如图 2-1 所示。[⑤]

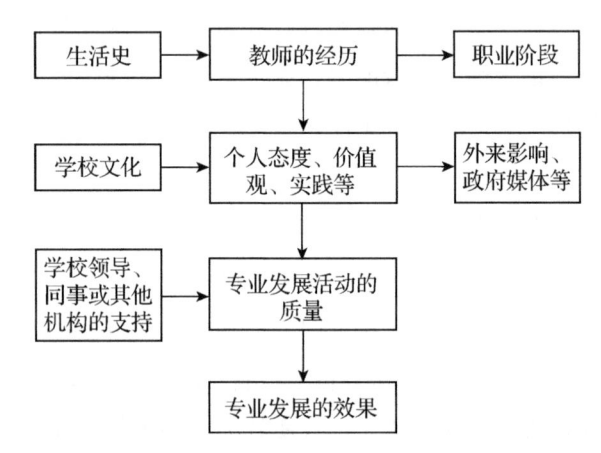

图 2-1　教师专业发展的影响因素

费斯勒(Fessler)以社会系统理论为基础,把影响教师专业发展的因素分为入职前和入职后,其中个人因素对应教师入职前这一阶段,组织环境因素对应教师入职后这

[①] 郭海燕:《农村幼儿教师专业发展的现状研究——以江西省万安县农村幼儿教师专业发展为例》,硕士学位论文,西南大学,2006。

[②] 张超:《农村幼儿教师专业发展途径调查研究》,硕士学位论文,信阳师范学院,2012。

[③] 乔中彦:《广州市农村地区幼儿教师专业发展影响因素之研究》,硕士学位论文,广州大学,2011。

[④] 陈金菊:《影响幼儿教师专业发展的幼儿园环境因素之研究》,硕士学位论文,广州大学,2007。

[⑤] 瞿葆奎、郑金洲主编:《中国教育研究新进展·2003》,433 页,上海,华东师范大学出版社,2005。

一阶段。① 此外，吴清山还提到家庭因素，包括家庭角色期望、家庭收入水平、家庭成员健康状况等；社会因素，包括国家政策变化、时代变化以及教师的社会地位和声望等。② 赵昌木等人指出教师的成长受到环境因素和个人因素的影响，其中环境因素包括国家教育政策、学校管理、教师文化和学校氛围等。③ 叶澜等人对已有成果进行汇总后提出教师专业发展的四大标准，即生命周期标准、心理发展标准、社会化标准以及关注研究标准，并给予了各发展阶段的影响因素不同程度的关注。④ 教育部师范教育司编写的《教师专业化的理论与实践》一书主要阐明了教师职业发展的三个阶段（师范教育前、师范教育阶段和任教后）都有哪些不同的影响因素。例如，师范教育前个体对职业的认知主要受家庭观念影响，而任教后主要受学校组织管理模式、社会背景、国家教育政策等因素的影响。⑤ 我们发现教师专业发展既受到外部环境的制约，也受到个体专业自主意识的影响，并且外部环境对个体专业自主意识有明显的决定性作用。农村幼儿教师是具有特殊身份的群体，研究者应当基于他们身处的环境分析和揭示其专业生活的特性。

进一步以"幼儿教师""农村幼儿教师"为主题进行搜索，我们发现农村幼儿教师的生存处于困境之中。陈琴指出农村幼儿教师面对着不被承认专业身份、工作环境不佳、任务量大、收入和福利情况不乐观、培训机会不多、专业发展艰难、晋升机会欠缺等问题。⑥ 朱扬寿等人指出农村幼儿教师存在身份困境，并且存在教师队伍混散、素质较差、薪资偏低、社会保障缺乏、工作负担较重等问题。⑦ 也有学者通过问卷调查发现甘肃农村幼儿教师队伍呈现出五个基本特征：教师具有明显的年轻化倾向，教师职称评定欠缺规范且普及率极低，教师工资待遇低且流动性大，教师学历达标率高但专业对

---

① R. Fessler, *The Teacher Career Cycle: Understanding and Guiding the Professional Development of Teachers*, Boston, Allyn & Bacon, 1992, p.69.
② 王泽美：《农村优秀教师专业发展影响因素的质性研究》，硕士学位论文，沈阳师范大学，2018。
③ 赵昌木、徐继存：《教师成长的环境因素考察——基于部分中小学实地调查和访谈的思考》，载《湖南师范大学教育科学学报》，2005(3)。
④ 叶澜、白益民、王枬等：《教师角色与教师发展新探》，218～219页，北京，教育科学出版社，2001。
⑤ 教育部师范教育司编：《教师专业化的理论与实践》，72～73页，北京，人民教育出版社，2003。
⑥ 陈琴：《农村幼儿教师的生存环境及相关建议》，载《当代教育论坛》，2007(4)。
⑦ 朱扬寿、曾福生、陈蜀江：《农村幼儿教师队伍现状及其发展对策》，载《学前教育研究》，2007(12)。

口率低，教师心理健康状况整体良好。①

(四)关于教师专业生活状态的研究

高田幸子通过对来自浙江、陕西、北京、河南等地的 160 位普通中学教师进行调查，认为教师专业生活世界状况不容乐观，总体水平不高，教师缺乏对自我专业生活世界的认同和满足。② 张妮妮、张宪冰认为，教师专业生活具有整体性、自我成长性和创造性。③ 王建军等人基于对全国 11 个省（自治区、直辖市）的高中教师的调查，从工作时间、成就感和工作满意度三个方面对高中教师的专业生活状态进行了分析，指出教师备课、批改作业时间较长，成就感普遍不高，工作满意度随教龄和职称的变化大致呈 V 形分布。④ 常秀芹通过问卷对 174 名高校教师的专业生活满意度进行了调查，发现绝大多数高校教师的专业生活满意度处于中间状态，对社会服务生活感到满意的人数最多，对科研生活感到满意的最少，教学生活满意度居中。⑤ 梁岩岩、崔友兴通过对乡村教师专业生活进行研究，认为乡村教师的专业生活具有韵味生活、理味生活、情味生活三重意蕴，并体现出角色的主导性与边缘性、生存的完整性与缺失性、工作的重复性与多样性等多重特点。⑥

关宇霞和梁静从农村幼儿教师队伍结构的现状、生活状况以及专业发展状况三个方面对已有文献进行了系统梳理，发现我国农村幼儿教师队伍建设仍存在数量不足、专业性欠缺、社会地位低、生存状态不佳、晋升和发展的平台与机会较少等问题。⑦ 在生态学视野下，范显芬和王琳揭示了农村幼儿教师的生态困境：教师专业成长缺乏发展平台，幼儿园组织文化中存在"花盆"效应等。⑧ 张晓晓指出农村幼儿教师专业发展途径方面存在的问题有教学活动缺乏专业引领和专业指导、教研活动质量差、职后专业培训机制不完善等。⑨ 闫伟鹏通过对一名教师的工作状态、生活状态进行观察研究，指出了一些农村幼儿教师生存状态中不尽如人意的地方。⑩ 刘新伢采用叙事的方法，回溯

---

① 王杰：《贫困地区农村幼儿教师专业成长的现状、问题及对策——以甘肃农村幼儿教师为例》，载《学前教育研究》，2009(1)。

② 高田幸子：《中学教师专业生活世界调查研究》，硕士学位论文，浙江师范大学，2017。

③ 张妮妮、张宪冰：《论教师专业生活的三重意蕴》，载《东北师大学报（哲学社会科学版）》，2014(3)。

④ 王建军、陈寅、吴海燕等：《我国普通高中教师专业生活状态调查》，载《基础教育》，2010(8)。

⑤ 常秀芹：《唐山市高校教师专业生活满意度的调查研究》，载《教育与职业》，2011(30)。

⑥ 梁岩岩、崔友兴：《乡村教师专业生活、困境及走出思考》，载《教育与教学研究》，2018(10)。

⑦ 关宇霞、梁静：《农村幼儿教师队伍现状的研究综述》，载《呼伦贝尔学院学报》，2016(1)。

⑧ 范显芬、王琳：《生态学视野下的农村幼儿教师的现实困境》，载《基础教育研究》，2014(21)。

⑨ 张晓晓：《农村幼儿教师专业发展的现状研究——以山西省孝义市农村幼儿教师为例》，硕士学位论文，辽宁师范大学，2012。

⑩ 闫伟鹏：《农村幼儿教师生存状态的叙事研究》，硕士学位论文，西南大学，2010。

了一名幼儿教师的职业生涯，描绘出乡镇幼儿教师专业成长的轨迹，从该幼儿教师的感悟中体会出乡镇幼儿教师的真实生活状态，并进行了相关的思考。①

(五)关于提升农村幼儿教师专业生活质量的研究

张妮妮从社会支持和教师自身两个角度对农村幼儿教师如何过上有意义的专业生活提出了建议：对农村幼儿教师而言，外部环境的改善和自身内部素质的提高同样重要。社会应该承担对农村幼儿教师进行生命关怀的职责，同时有义务促进农村幼儿教师个体的自我实现。社会要帮助农村幼儿教师立足于自身的生命成长去提升自己的专业水平，选择和实践自己的专业活动，在活动中实现自身的发展，拓展生命的空间。②张云亮等人的建议是建构系统化的培训内容体系，注重培训的针对性与实效性；拓展幼儿教师培训形式，突出教师参与的主体性；建立教师培训保障机制，确保农村幼儿教师获得公平的培训机会。③

教师的专业生活与专业发展相互依存，相辅相成。教师的专业发展具有鲜明的个人特征，它不是把现成的某种教育知识或教育理论学会之后应用于教育教学实践的简单过程，而是蕴含了教师将一般理论个性化和与个人的情感、知识、观念、价值、应用场景相融合的过程。简言之，教师专业发展与教师个人生活紧密相连。教师专业生活和教师专业发展从不同侧面表征着教师的专业性质。教师专业生活是促进教师专业发展的有效途径，教师专业发展反过来又能有效地提升教师专业生活的质量。教师专业成长一方面需要不断在生活中吸收教育知识、教育思想，不断总结经验，触动自己对教育实践的思考；另一方面需要不断反思，把自身的教育经验作为文本来解读，真正把自我纳入对个体教育生涯的觉知，从中获得自主意识的提升。

(六)教师专业生活研究的方法

教师专业生活研究的方法大致可以分为两类。一类是采用教育哲学层面的理论思辨，对教师专业生活进行理论分析。这类方法的研究对象主要是中小学教师，研究成果以期刊论文为主，如教师专业生活的勇气、教师专业生活的理论建构等。另一类是采用叙事研究或个案研究的方法对教师专业生活展开详细的分析，研究成果以学位论文为主。研究者发现采用量化方法难以展现教师对专业生活的态度、看法、感受等，

---

① 刘新伃：《一名乡镇幼儿教师生涯发展的叙事研究》，硕士学位论文，云南师范大学，2015。
② 张妮妮：《在耕耘中守望——乡村幼儿教师专业生活的叙事研究》，博士学位论文，东北师范大学，2012。
③ 张云亮、汪德明、时莉等：《农村幼儿教师培训的现状、评价及其需求》，载《学前教育研究》，2012(1)。

于是采用质性研究的范式,从对普遍性规律的探究转到对情境性教育意义的分析。[1] 一个个鲜活的教育实践片段是对教师日常工作的真实写照。

叙事研究关注的是在一定的场景和时间中正在发生的经历。[2] 教育叙事的意义在于把理论带入实际的教育情境,促进人们对教育本身的理解与把握。例如,有学者采用叙事研究的方法,以"我的老师和我的学生""我的课堂和我的成长"为基本的叙事线索呈现教师的专业生活。[3] 个案研究常常是基于个人生活史的一种质性研究方法,十分关注整体的描述和解释,适用于教育的各个领域,特别适用于无法把现象中的变量从相关场景中剥离出去的情况。例如,马丽娜采用个案研究的方法来探讨基于博客的教师专业生活。她将博客的概念和技术引入教师专业生活,分析博客给教师日常教育教学带来的变化。[4] 方艳采用质性研究方法,描述农村小学教师专业生活的物质环境与组织环境、内容与节奏、职业认同与专业表现等。[5] 胡雯指出幼儿教师受制于钟表时间,同时物质空间会限制幼儿教师专业生活的开展,幼儿教师的行为举止也会受到或显或隐的文化空间的规训。[6] 张妮妮从时间、空间和关系三个维度表现了幼儿教师翠翠的专业生活。[7] 闫伟鹏采用叙事研究的方法,记叙了一位农村幼儿教师的工作和生活状态,发现虽然工资待遇不理想,物质生活水平低下,但是这位教师仍坚持等待发展的机会。[8] 徐鸿等人也采用类似的方法论述幼儿教师专业生活,对幼儿教师专业发展的重要阶段进行了描述。[9] 王雅琴采用叙事研究的方法,详述了S老师在幼儿园晨间活动、区域活动、集体教学活动、户外活动、节日活动和教研活动中的关键事件。[10] 还有很多研究以农村幼儿教师完整的日常生活为切入点,对农村幼儿教师专业生活中的专业成长经历或重要事件进行深描,并分析制约农村幼儿教师专业发展的因素。无论是

---

[1] [英]艾沃·古德森:《教师生活与工作的质性研究》,蔡碧莲、葛丽莎等译,6页,北京,教育科学出版社,2013。
[2] 刘碧珍、邹生根:《日常教学活动中的叙事研究》,载《当代教育论坛》,2010(4)。
[3] 王立善:《中小学教师专业生活的叙事研究》,硕士学位论文,首都师范大学,2005。
[4] 马丽娜:《基于博客的教师专业生活个案研究》,硕士学位论文,首都师范大学,2007。
[5] 方艳:《农村小学教师专业生活状态研究——以乡村小学L校为例》,硕士学位论文,华东师范大学,2011。
[6] 胡雯:《时空社会学视角下幼儿教师专业生活的质性研究》,硕士学位论文,广州大学,2015。
[7] 张妮妮:《在耕耘中守望——乡村幼儿教师专业生活的叙事研究》,博士学位论文,东北师范大学,2012。
[8] 闫伟鹏:《农村幼儿教师生存状态的叙事研究》,硕士学位论文,西南大学,2010。
[9] 程妍涛、徐鸿:《幼儿教师专业生活论》,2~5页,济南,山东人民出版社,2010。
[10] 王雅琴:《走进生活:一位幼儿园优秀教师专业生活的叙事研究》,硕士学位论文,广西师范学院,2017。

叙事研究还是个案研究，都直接指向个体的生活经验，都强调研究者在具体的研究情境中进行观察与分析。

二、文献评述

（一）已有研究有待拓展的方面

教师专业生活研究是教师专业发展研究的一种新视角。已有的研究成果为本研究提供了有益的启示。不少研究者已经意识到教师专业生活的重要作用，但是关于教师专业生活的整体论述以及教师专业生活全面的样貌分析数量有限。近年来，虽然有一些描述教师专业生活的文章，但大多以中小学教师为对象。

幼儿教师专业生活是幼儿教师专业发展研究的一个新的重要维度。目前国内外教师专业生活研究的主题主要涉及教师专业生活的内涵、特点、影响因素等，对幼儿教师专业生活专题性、整体性的论述较少。在教师专业发展研究中，对教师专业素质、教师专业知识、教师专业技能的关注度较高，对教师专业生活的阐述相对较少。围绕教师生活的研究，大多集中于探讨教师具体的生存状态、生活质量或生活满意度等，很少对整体性的幼儿教师专业生活给予重视。

已有研究存在以下有待拓展的方面。

第一，对幼儿教师专业生活的内涵、特征、特殊构成及现状的研究，以及对幼儿教师专业发展的意义与价值的研究还不够系统、深入，尤其缺乏对幼儿教师专业生活现状的实证研究；此外，也缺乏从专业生活这一维度出发对幼儿教师之间、师幼之间以及幼儿教师与社区成员之间相互关系的分析。

第二，在研究对象方面，已有研究主要关注普遍意义上的教师，较少聚焦到某一类或某一位教师身上，导致研究缺乏鲜活感和深入感，缺乏"具体的人"的形象。

第三，在时间方面，已有研究缺乏鲜明的时代背景，忽略了时代背景对幼儿教师专业生活在内容、形式的选择方面的影响。

本研究采用田野研究的方法，进入具体的教育情境，从崭新的视角对幼儿教师专业生活展开整体性描述，展现实然状态下幼儿教师的专业生活。这有助于我们了解幼儿教师的真实状况与需求，感受他们的情感体验，从而为改进幼儿教师培训工作、促进幼儿教师专业发展提供有益的借鉴。

（二）本研究的特色与创新之处

本研究在学术思想、学术观点、研究方法等方面有以下特色与创新之处。

第一，农村幼儿教师的专业生活不仅关系着自身生命的意义和价值，还是农村幼儿教师专业成长的重要方面，并在某种程度上影响或决定着农村幼儿教育的质量以及农村幼儿的成长。

第二,对农村幼儿教师专业生活的整体性描述,有助于我们把握当前我国农村幼儿教育的情况。

第三,从专业生活的角度切入,研究农村幼儿教师的个体生存和发展状况,尤其是研究农村幼儿教师队伍中"具体的人",在已有研究中并不多见。这有助于丰富专业生活在促进农村幼儿教师专业发展中的意义。

第四,结合农村幼儿教师所处的社会发展大背景以及农村社会文化的脉络来理解农村幼儿教师的生存处境,有助于我们对影响农村幼儿教师专业发展的因素进行深入认识。

第五,幼儿教师的生活经历与背景、幼儿教师在幼儿园内外的生活方式及其内在的身份认同,对幼儿教师的教育观念和实践有深刻影响。幼儿教师的梦想、希望、机会对幼儿教师的专业投入、激情以及道德伦理有重要影响。因此,幼儿教师研究不能脱离幼儿教师的日常生活。本研究采用田野研究的方式,有助于将幼儿教师的专业发展与其日常生活联系起来。

第六,幼儿教师专业生活与幼儿教师专业发展是统一的,幼儿教师专业发展应该是幼儿教师在个人专业生活中不断丰富和完善自身专业结构的过程。然而,目前研究者对幼儿教师专业发展的研究主要聚焦于提升幼儿教师专业技能、明晰幼儿教师角色、培养幼儿教师专业素质以及区分幼儿教师专业发展阶段等主题上。因此,幼儿教师专业生活研究为幼儿教师专业发展研究提供了新的问题场域,开拓了新的研究视角,有助于研究者走出幼儿教师专业发展研究的困境。

第七,已有研究很少关注真实而丰富的教育情境。基于现代哲学的回归生活世界、关注教师的生活情境,成为教师研究的新范式。专业发展蕴含在个人的生命成长中,在具体的生活场域中探究专业发展更加贴近实际。幼儿教师专业生活的田野研究其实就是从注重思辨转为实践思维取向,将幼儿教师重新放在具体的教育生活世界中加以考察,从而发现真实的幼儿教师专业生活。

第二节 理论基础

一、现象学

(一)教育现象学

教育现象学,英文为"phenomenological pedagogy",也译作"现象学的教育学""现象学教育学"等。

教育现象学是受现象学运动影响而发展起来的一种教育研究的新取向。20世纪二三十年代，关于教育现象学的研究就已经在西方国家兴起了。国内学者涉足此研究领域始于21世纪初。一般认为，我国的教育现象学研究始自2001年。加拿大学者马克斯·范梅南（Max van Manen）的教育现象学著作，如《教学机智——教育智慧的意蕴》《生活体验研究——人文科学视野中的教育学》《儿童的秘密——秘密、隐私和自我的重新认识》等在我国陆续出版。

根据马克斯·范梅南的观点，教育工作者要从替代父母的视角理解师生关系，同时要把"为了孩子好"确立为教育的首要意识。此外，教育工作者要学会倾听儿童，在倾听的基础上理解儿童创造生活的可能性，并在与儿童的相处中不断反思自身的行为、意识，从而提高教学机智。

马克斯·范梅南认为，我们可以根据以下特征理解教育现象学：第一，教育现象学致力于成为一门实践科学，以寻求对事物的理解，并决定如何围绕这些理解展开行动；第二，教育研究者要通过对具体情境的分析，发展出一套教育科学知识体系；第三，教育现象学研究需要把情境分析应用于日常经验，并以此来描述人们与世界相互联系的方式；第四，教育现象学总是致力于为教育实践提供切实可行的建议和意见。马克斯·范梅南指出，要发展一种激励儿童成为有责任心的成年人的教育哲学，只能依靠这种基于现象学的教育理论。[1]

1. 国外的教育现象学研究

20世纪四五十年代，教育现象学正式产生于荷兰，后在北美得到繁荣发展。

马克斯·范梅南的著作从理论探讨、方法论意义及实践等方面展示了教育现象学鲜明的实践性。在《生活体验研究——人文科学视野中的教育学》一书中，马克斯·范梅南比较详细地介绍了生活体验研究、解释现象学如何反思及写作、保持强烈的指向关系以及如何通过部分和整体来协调整个研究等，有助于我们认识和了解教育现象学的研究方法。《教学机智——教育智慧的意蕴》指出，教育智慧是教育的最高境界，其现实表现主要是教学机智，并围绕教学机智的性质、教学实践等问题展开理论探讨。这本视角独特的书使传统抽象的教育理论鲜活起来，促使读者反思自身并开始关注教育生活世界中不为常人所道的细节。

《儿童的秘密——秘密、隐私和自我的重新认识》一书是运用教育现象学方法的典范。在书中，作者展示了在日常生活中看似不起眼的秘密是如何让儿童明白和意识到自己逐渐拥有的内心及外部世界的。这种认识会使儿童形成自我意识以及责任感，同

---

[1] Max van Manen, "An Experiment in Educational Theorizing: The Utrecht School," *Interchange*, 1978(10), pp. 48-66.

时也能让儿童理解人际交往的亲密性。作者指出，认识到自己能够拥有秘密并且能够更进一步地保守秘密是儿童独立的重要标志，能够与亲近的人分享秘密是儿童成长及成熟的表现。作者还通过对儿童秘密体验的真实还原，推翻了认为秘密是不好的、不健康的等错误观念，并且揭示了儿童的秘密与其成年生活之间的微妙关系。

马克斯·范梅南创办的《现象学＋教育学》杂志，发表了一些与教育现象学相关的理论文章以及应用范例。《现象学写作练习》针对"什么是现象学""教育的作用怎么在现象学研究中得到增强""怎么进行现象学写作"等展开论述，指出不管是现象学写作还是现象学研究，都包含四个主要的步骤：第一，回到生活体验本身；第二，对生活体验进行描述；第三，对主题的本质进行反思；第四，对现象学描述进行整理并重写。[①]

在《逸事》[②]《小说现象学，抑或是小说如何教？》[③]等文章中，马克斯·范梅南指出教育现象学常用如逸事记录法、小说阅读教学法等方法。一位教师向他人谈论起自己的教育实践时，通常都会提到逸事记录法。小说作为一种文本，有很强的阅读吸引力，阅读本身无疑也是一种生活体验。

除了对教育现象学方法及理论进行探讨外，马克斯·范梅南还从教育现象学视角出发，探讨如何做一名好教师。他在《教学可教？真正的教师是被发现还是被培养的？》一文中谈到，优秀的教师应该是机智的。什么叫机智？机智就是在面对复杂多变的教育情境时能够辨别出哪些行为或做法是对学生好的、合适的，哪些行为或做法是对学生不好的、不适合的。

教育现象学不仅可用于学校教育情境，也可用于家庭教育情境。《成为和拥有父亲意味着什么》一文运用现象学写作，阐释了父亲这个角色对于孩子和对于父亲本人的双重意义。此外，对于儿童遇到的一些困难，如怕水、重拾阅读、留级、抽签、调整座位等，也有研究者从教育现象学视角进行了记录与分析。[④]

2. 国内的教育现象学研究

(1)对于教育现象学的理论探讨

教育现象学最初被引入国内时，我国学者主要是进行翻译和介绍。

徐辉富通过对文献的梳理，认为现象学产生的背景可以归纳为两个方面：一是当

[①] Max van Manen, "Practicing Phenomenological Writing," *Phenomenology ＋ Pedagogy*, 1984(1), pp. 36-69.

[②] Max van Manen, "By the Light of Anecdote," *Phenomenology ＋ Pedagogy*, 1989(3), pp. 232-253.

[③] Max van Manen, "Phenomenology of the Novel, or how do Novels Teach?," *Phenomenology ＋ Pedagogy*, 1985(3), pp. 177-187.

[④] Max van Manen, "Practicing Phenomenological Writing," *Phenomenology ＋ Pedagogy*, 1984(1), pp. 36-69.

时的社会环境中盛行着一种简单对待现象的原则，现象学就是对这一原则的反抗；二是根据胡塞尔(Husserl)的观点，要摆脱欧洲当时的科学危机，必须向哲学求助。①

教育现象学最初就是从现象学的母体中孕育出来的。教育现象学产生初期，只是在简单借鉴现象学的方法。20世纪70年代，现象学的研究传统开始在北美形成，教育现象学也随之繁荣起来。②

教育现象学主张把教育活动中的体验作为自己的研究对象，从而发现并揭示生活的本真意义。从方法论的角度讲，教育现象学是一种反思式的研究。③

教育现象学通常将教育学看成探究成人与儿童如何相处的学问，关注的是具体教育情境中受教育者真实的生活体验，所以更能彰显教育的人文关怀。基于复杂多变的教育情境，教育现象学有助于成人养成独特的教学机智。教育工作者需要做的就是时刻对生活现象保持关注，进行对话式访谈及描述性写作。④

虽然现象学研究者相信现象学是一种没有方法的研究，但大体而言，现象学研究会遵从几个步骤，教育现象学自然也不例外。首先，要转向一个研究者感兴趣的问题。其次，针对这一问题，通过多种渠道收集资料，并在收集资料的基础上进行主题分析。最后，进行文本写作。究其实质，教育现象学写作的目的是创建文本，读者可以通过文本明了研究者所研究的问题。⑤

(2) 教育现象学在实际教育研究中的应用

随着理论探讨逐步深入，越来越多的国内学者、教师以及学生开始关注教育现象学，并且尝试从教育现象学的视角来研究教育领域的问题。

从教育现象学的视角看待教师专业发展的问题，教师需要时刻保持对教育现象的生活态度，增强对生活的好奇心及敏感性。⑥ 此外，教师还要形成有效的反思能力，提升教学机智。⑦ 教师的专业发展离不开教师的课程决定，在教育现象学视野下看待教师的课程决定，需要关注教师在课程决定时真实的体验，其中教师的实践智慧、人格特

---

① 徐辉富：《教育研究的现象学视角》，博士学位论文，华东师范大学，2006。
② 王萍：《教育现象学的发展历程》，载《河北师范大学学报(教育科学版)》，2011(9)。
③ 朱光明：《透视教育现象学——论教育现象学研究中的三个基本问题》，载《外国教育研究》，2007(11)。
④ 李树英、王萍：《教育现象学——一门成人与儿童如何相处的学问》，载《江苏教育研究(理论版)》，2008(9)。
⑤ 朱光明、陈向明：《理解教育现象学的研究方法》，载《外国教育研究》，2006(11)。
⑥ 王萍：《教育现象学视域中的教师教育》，载《教育科学》，2008(6)。
⑦ 冯宇红：《教育现象学在教师专业发展中的应用》，载《黑龙江高教研究》，2012(9)。

质,教师课程决定的非线性、偶发性,以及教师知行合一的状态至关重要。①

许瀚月通过对中学教师批评学生时的口头用语的描述,探讨了不良口头用语对学生造成的伤害,并给出了教育建议,如尊重学生、营造和谐民主的师生关系、改变急功近利的心理状态、与家长协调沟通等。②

教育现象学还可用于对学生学校生活的研究。有研究者从教育现象学视角出发,研究小班教学活动中的生生互动,发现组内生生互动不均衡、形式化、凝聚力缺失,组间生生互动欠缺、过于偏向竞争等,进而分析了出现以上问题的原因,提出了优化小班教学中生生互动的策略。③

有研究者基于对高中生学习体验的关注,研究农村薄弱高中英语游戏性教学,探讨如何将游戏性教学理念转化为教学实践,从而激发学生学习英语的动机。④

一些学前教育研究者也开始借助教育现象学研究学前教育领域的问题。陈静、杨已洁、朱静芸著的《生活取向的幼儿园班本课程》详细描写了幼儿园教师应该如何发现幼儿在幼儿园一日活动中存在的问题,并由此思考如何向幼儿提供相应的活动。在幼儿活动时,教师要时刻关注幼儿的体验,并适当引导。《生活取向的幼儿园班本课程》体现的理念与教育现象学所倡导的理念基本是一致的,研究方法也相似,这就为教育现象学在学前教育领域的运用提供了借鉴。

此外,魏洪鑫描述了幼儿在幼儿园生存结构(如生存空间、生存时间、生存实体及生存关系等)中违反规则的种种体验,揭示了幼儿这类体验的教育学意义,并从幼儿园、教师及幼儿三个方面提出了具体的教育学建议。⑤

从以上文献可以看出,近几年国内的相关研究已经慢慢从理论研究转到了实证研究上。教育现象学的实际应用促使人们越来越关注教育的情境性、丰富性以及师生的即时体验。

现象学认为,生活中存在这样一个悖论:我们习以为常的生活、最经常做的以及认为最理所当然的事情,往往是最少被检验的。我们如果真正开始注意生活,就会发

---

① 李树英:《教育现象学视野下的教师课程决定研究》,载《河南大学学报(社会科学版)》,2011(1)。

② 许瀚月:《中学教师批评学生口头用语的教育现象学研究》,硕士学位论文,西南大学,2011。

③ 赵希:《教育现象学视野下小班教学中生生互动存在问题的研究——以南京C小学为例》,硕士学位论文,南京师范大学,2013。

④ 孙小丽:《农村薄弱高中英语游戏性教学教育现象学研究》,硕士学位论文,赣南师范学院,2014。

⑤ 魏洪鑫:《幼儿园一日活动中幼儿违反规则的体验与反思——教育现象学的视角》,硕士学位论文,山东师范大学,2011。

现其实我们已经习以为常的普通事情是非同寻常的。教育现象学继承了现象学的一个突出特点，那就是"回到事实本身"。所谓"事实本身"，并不是指某个抽象的概念，"回到事实本身"是要让事情以原本的样貌呈现出来。对于教育现象学而言，被呈现出来的事物既包括人的感官，也包括人的意识。只有某种已知的事物进入人们的意识，人们才有可能产生某种生活体验，然后在此基础上进行反思。教育现象学不仅仅是回顾已经发生的事情，更重要的是对生活中人们视而不见的现象进行解释，进而反思这些现象的本质。我们试图走近农村幼儿教师，从农村幼儿教师的视角来审视农村幼儿教师的专业生活。

(二)身体现象学

1. 身体现象学的源起：现象学运动

以时间为轴线，哲学的发展一般分为古代哲学、近代哲学和现代哲学三个时期。古代哲学主要研究存在论问题，探讨宇宙从哪里来、世界的本源是什么。例如，泰勒斯(Thales)认为世界的本源是水，《周易》《庄子》等认为世界的本源是气。由于始终没能完全解答存在论问题，哲学家开始怀疑人类是否有认识世界本源的能力。这样一来，近代哲学研究的焦点就从存在论问题转移至认识论问题。根据认识来源的不同，近代哲学形成了以洛克(Locke)、休谟(Hume)等哲学家为代表的经验论派别和以笛卡儿(Descartes)、莱布尼茨(Leibniz)等哲学家为代表的理性论派别。20世纪以来现代哲学的发展源于近代哲学中认识论问题不能得到解决，哲学家们开始怀疑是语言出了问题。这就产生了现代哲学的核心关注点——意义。现代哲学在近代哲学两个派别的影响下形成两种倾向：现象学潮流和分析哲学潮流。因此，现象学源于哲学，是哲学的分支领域。现象学和分析哲学的不同之处在于现象学关注事物、事实和世界的意义，具有历史性、多元性和开放性；分析哲学关注语词或语言的意义，具有逻辑性、唯一性和封闭性。

以上对于哲学发展史的简单梳理有助于我们理解现象学的渊源。现象学运动是一个开放的、向前动态发展的过程，始于胡塞尔，后又涌现出海德格尔(Heidegger)、萨特(Sartre)等代表人物。梅洛-庞蒂(Merleau-Ponty)在前人的基础上，将世界意义的源泉归结为身体的知觉性，构建了以身体为中心的知觉理论。梅洛-庞蒂对于身体的关注形成了别具特色的现象学理论——身体现象学。综上，现象学源于哲学，现象学的发展过程即现象学运动，身体现象学是在现象学运动中产生和发展起来的。

2. 身体现象学的形成：从胡塞尔到梅洛-庞蒂

在现象学研究领域，对身体的关注始自梅洛-庞蒂，但其渊源可以追溯到胡塞尔及海德格尔和萨特对胡塞尔思想的批判性继承。胡塞尔、海德格尔、萨特和梅洛-庞蒂的现象学思想都是在批判前人的基础上发展起来的。胡塞尔作为现象学鼻祖，认为意向性是现象学的基石，人类意识的基本特征是指向性。指向性也暗含另一词语——对象，因为指向必然包括某一对象。例如，思考、怀念等行为都包含一定的对象，即思考什么、怀念什么。在胡塞尔那里，这种行为被称为意向性行为或对象化行为。以此为基础，胡塞尔进一步探究意向性行为的认识方法，总体来说可以概括为本质直观法和先验还原法。① 本质直观法的基本要求是面向事物本身。这里的事物指纯粹现象，而不是我们日常认为的已经被提前假定了其存在的物体。本质在胡塞尔这里就是现象，也就是说现象即本质，本质即现象。例如，我的面前有一棵树，你问我看到了什么。我回答："一棵树。"我看到了一棵树，这棵树的本质就是我看到的这棵树，如此而已。这属于对个别事物的本质直观，对其他事物的本质直观也是如此。对于个别事物的本质直观有助于我们将关注焦点投向纯粹现象，即事物本身。通过在众多个别事物中寻求共相，以及经过层层筛选，胡塞尔指出物质必须占有时间和空间，否则就不能称其为物质。关于本质直观法的理解，用一句话来概括就是："将事物的本质从个体的本质中一步一步地还原出来。"先验还原法是胡塞尔现象学的第二种方法。这里的"先"指先于，"验"就是经验。通俗一点理解，先验还原法就是在认识经验之前，先认识经验是如何成为经验的。例如，一个人看见一朵花，感叹："好美啊！"根据先验还原法，我们暂不看这朵花是不是真的很美，而要关注这个人是怎么看到这朵花的。我们可能要对这个人的眼睛构造做一番研究，以解释他为什么会看见这朵花。这也就意味着先验还原的第一步是找到没有争议的、极其清楚的东西，这个东西就是纯粹意识。在胡塞尔看来，纯粹意识是一种意向性结构。这一意向性结构包含回忆、展望等原初获得的自明意识行为。通过对自明意识行为的分析，胡塞尔构造出了时间，并从时间出发构造出了空间。可以说，本质直观法通过本质还原发现了事物的本质，先验还原法通过先验还原构造了事物的本质。海德格尔作为胡塞尔的得意弟子，并没有在意向性现象学的基础上继续探索，而是转而寻求其在世界中的存在。萨特否定了胡塞尔从意识内部构造对象的做法，提出了自己的本体论思想，认为存在先于本质。萨特首先指出人是先存在的，其后才有本质；其次强调人存在之后才赋予自身和其他事物本质。

梅洛-庞蒂继承了萨特的本体论思想，但是否认了胡塞尔和萨特都承认的纯粹意识，转而将意向性与身体知觉联系在一起。他的核心观点即"知觉世界是一切意义的源泉"。梅洛-庞蒂使身体在哲学史上有了独立的地位。在《知觉现象学》一书中，梅洛-庞蒂详细阐述了现象学视角下的身体特性。第一，他反对"身体只是灵魂居所""我思故我在"的

---

① 文聘元：《西方哲学通史：从古希腊哲学到西方现代哲学》，280页，南昌，江西美术出版社，2019。

身心二元论，强调身与心的关系是辩证的。第二，他强调身体的整体性，在格式塔心理学的影响下提出了"身体图式"的概念，认为身体各个部分之间以及身体与世界之间都是相互统一的。第三，他认为身体具有空间性，身体与空间的关系是相互融合的，而不是相互对立的。尽管在梅洛-庞蒂看来，身体空间是最原始的空间，它的存在决定了外部空间的存在，但是外部空间依旧可以反过来影响身体空间。人们也可以通过身体运动或者说身体姿势使身体本身的空间得以延展，从而形成习惯空间。第四，他认为身体具有时间性，时间来自身体与周围环境的互动。因为互动和新鲜的事不断涌出，所以身体的时间性又有非人称性时间和人称性时间之分。第五，他认为身体具有言语表达性。身体是言语的最初样貌，也是每一个个体独特的符号。

3. 身体现象学与本研究的内在关联

马克斯·范梅南曾指出："教育学要求我们对生活体验（孩子们的现实和生活世界）保持一种现象学的敏感性。"[①]现象学的关注焦点直指人们对生活世界的体验，因此要求研究者参与对对象丰富多彩的生活的研究。本研究聚焦农村幼儿教师的专业生活，而专业生活和生活并不是泾渭分明的，因此要认识农村幼儿教师的专业生活，就必须融入其整个生活世界。且本研究在一开始构思的时候，就选取人类学中的田野研究为主要研究方法，期待在具体的教育情境中认识农村幼儿教师专业生活，以幼儿教师的知觉感受和生活体验为切入点呈现其专业生活的原貌。

整体而言，梅洛-庞蒂的身体现象学构建的以身体为中心的知觉理论，强调回到事物本身，尤为强调身体的创造性和主动性，注重身体的内在价值。这与本研究的初衷不谋而合。我们研究农村幼儿教师的专业生活，也是要将研究焦点从影响农村幼儿教师专业发展的外部因素转移至内部主动性，关注农村幼儿教师的知觉感受和真实需求，挖掘农村幼儿教师的内在潜力和能动性。加之生活本就是围绕身体展开的，农村幼儿教师的专业生活即围绕自己的身体展开的一系列可以促进其保教水平提升的实践活动。我们认为，梅洛-庞蒂的身体现象学可以为我们的研究提供一定的理论支持和方法论启示。

首先，研究农村幼儿教师的专业生活，必须关注农村幼儿教师在日常保教活动中的种种行为。梅洛-庞蒂对身心二元论的超越，意味着行为不是理智主义视域下的精神产物，也不是经验主义视域下的刺激反应，而是身体与外部世界相互作用的结果。这为我们研究农村幼儿教师在专业生活中的种种行为提供了新的视角和理论支撑。其次，梅洛-庞蒂提出"身体图式"这一概念，认为身体具有能动性且会说话，是意义与外界联

---

① ［加］马克斯·范梅南：《生活体验研究——人文科学视野中的教育学》，宋广文等译，2页，北京，教育科学出版社，2003。

系的中介系统。它不是被动的观察对象,而是在以一种主动的姿态认识世界。这启示我们在研究农村幼儿教师专业生活时,应注重农村幼儿教师身体内在的主体性。梅洛-庞蒂在论述身体的空间性时强调空间不是物体得以排列的环境,而是物体的位置得以成为可能的方式,应该把空间构想为连接物体的普遍能力,指出身体和空间不是相互对立或独立的,而是相互融合的。对于幼儿教师而言,幼儿园是其专业生活的主要空间。幼儿教师的身体和幼儿园这一空间之间的关系成为探究幼儿教师专业生活的重要维度。再次,在身体现象学里,身体具有时间性。梅洛-庞蒂根据身体空间性下的"习惯的身体"和"当下的身体"区分了时间的两个层次,即非人称性时间和人称性时间。非人称性时间是人称性时间的基础,人称性时间处于不断变化之中,二者有时候也会相互脱节。"幻肢"案例以及"理发师"案例告诉我们,非人称性时间和人称性时间的不和谐会带来僵硬刻板的生活方式。只有处理好两种时间结构的关系,专业生活方式才会有更多可能。幼儿教师的专业生活也蕴含着这两种时间结构,从这一角度分析幼儿教师身体的时间性,有助于更好地提升幼儿教师专业生活的品质。最后,梅洛-庞蒂认为语言的交流就是身体的交流。身体的交流是一种沉默无声的表达。人们原初的交流就是通过眼神来完成的。幼儿教师的教学对象一般为3~6岁幼儿,该受教育群体需要教师更直观、具体地进行表达,身体语言的重要性不言而喻。

综上所述,本研究将以梅洛-庞蒂的身体现象学为理论基础,以幼儿教师专业生活中身体的知觉性体验为切入点,对幼儿教师的专业生活进行深层次的呈现和分析。

4. 身体现象学视角下的幼儿教师专业生活

在身体现象学视角下,研究者对幼儿教师专业生活的关注主要集中在具体的教育情境中,提及与专业生活相关的内容时,幼儿教师有怎样的身体感知。这与教育现象学关注具体教育情境中人们的生活体验有密切的联系。本研究通过提炼和呈现农村幼儿教师对其专业生活的知觉感受,来揭示农村幼儿教师专业生活的样态。

二、生态系统理论

人既具有生物属性,又具有社会属性。威廉·富特·怀特认为,研究人类发展时,必须把人周围的社会实践活动作为整个研究不可或缺的一部分。同样地,要想改变某个人的活动方式,必须理解和正确处理其活动所处的各种情形。农村幼儿教师专业生活的总体状况与他们当下所处的环境不可分割。费斯勒也将教师职业发展的影响因素放在个人环境和组织环境中进行考察。

从19世纪70年代开始,研究"人的发展与环境"主要关注一些相对大的变量,如社会经济状况不同的邻里对人的发展的作用,且较多集中在家庭特征上。从20世纪30年代开始,"人的发展与环境"延伸到非自然状态。例如,社会学习理论将环境看作人实现社会化的情境，赫布(Hebb)将环境当作知觉刺激源，维果茨基(Vygotsky)将环境当作发展的情境。1950年至今，该议题更加强调环境是一种结构，主张将人的行为和发展放置到生态系统中加以考察。

在哲学和心理学领域，环境的作用建立在胡塞尔、苛勒(Köhler)和凯茨(Katz)等人提出的现象学概念上；在社会学领域，环境植根于米德(Mead)的角色理论，并集中体现在托马斯(Thomas)夫妇提出的"情境定义"这一概念上；在精神病领域，这种观点被沙利文(Sullivan)成功地应用于人际关系和心理病理学的研究之中；在教育领域，杜威强调为儿童设计的反映每日生活经验的课程存在类似的取向；在人类学领域，环境被林顿(Linton)和本尼迪克特(Benedict)加以扩展。"学校是一个社会组织。"[1]霍尔(Hall)等人将组织定义为精心设计的以达到某种特定目标的社会群体。组织具有以下基本特性。第一，为了更高效率地达到群体目标而进行劳动分工和权威分配。第二，权力相对集中在领导者或者执行主管手中，他们使用权力控制组织成员活动并将这些活动导向组织目标。组织成员不是固定的，这使得组织可以超越特定成员而存在。[2] 从组织的定义和基本特性来判断，幼儿园也是一种社会组织。在分析教师专业生活的社会结构时，应把教师放在整个生态系统中考量。

布朗芬布伦纳(Bronfenbrenner)认为，各种不同层次、不同性质的环境相互交织在一起，构成一个既具有中心又向四处扩散的网络，即生态环境。生态系统包括微系统、中间系统、外系统和宏系统，前者依次被后者包含，形成了同心圆样式的结构。[3]

微系统是指发展着的人在具有特定物理和物质特征的情境中体验到的活动、角色和人际关系。[4] 中间系统是指由发展着的人积极参与的两个或多个情境之间的相互关系。[5] 外系统是指发展着的人虽然并没有参与，但是影响或为其中所发生的一切所影响的一种或多种环境。[6] 例如，从幼儿园的角度考虑，师资水平影响教师的活动范围、处事方式、承担的社会角色以及所建立的人际关系，从而影响教师的儿童观、教育观、教学方法、角色感以及事业心；幼儿园所在社区的文化水平、经济状况以及社区中人

---

[1] 赵中建主编：《学校文化》，3页，上海，华东师范大学出版社，2004。
[2] ［美］戴维·波普诺：《社会学》，李强等译，189~190页，北京，中国人民大学出版社，1999。
[3] 薛烨、朱家雄等：《生态学视野下的学前教育》，67页，上海，华东师范大学出版社，2007。
[4] U. Bronfenbrenner, *The Ecology of Human Development*, Cambridge, Harvard University Press, 1979, p. 22.
[5] U. Bronfenbrenner, *The Ecology of Human Development*, Cambridge, Harvard University Press, 1979, p. 25.
[6] U. Bronfenbrenner, *The Ecology of Human Development*, Cambridge, Harvard University Press, 1979, p. 25.

们的交往方式等也会潜移默化地影响幼儿的知识范围、言语方式和交往特点等。人虽然没有具体地处于外系统的某一位置,但是外系统无时无刻不在影响人的发展。宏系统是指各种较低层次的生态系统(微系统、中间系统、外系统)在整个文化或者亚文化水平上存在或可能存在的内容和形式上的一致性,以及与此相关联并成为其基础的信念系统或意识形态。① 在整个文化或者亚文化及其所包含的较低层次的生态系统中,其方方面面的表现可能差异很大,却有内部的同源性。发展主体在宏系统所属的各级生态系统中表现出来的行为特征,实际上也是宏系统影响人的发展的具体表现。宏系统与下属各系统的区别在于它们是从不同的层面分析问题的。

本研究根据1999年休伊特(Huitt)构建的人类发展生态系统模型构建了R园教师专业生活的生态系统模型,以此来说明影响教师专业生活质量的诸多因素。

如图2-2所示,同心圆最内层代表的是影响教师专业生活方式的微系统。园长、同事、幼儿、家长在同心圆的最内层,对教师专业生活的影响最大。布朗芬布伦纳运用"双向"的概念描述发生在个体之间的互动。他认为,个体与其他个体互动所产生的影响是双向的,也会直接作用于同一层的其他个体。微系统之外是中间系统,由教师直

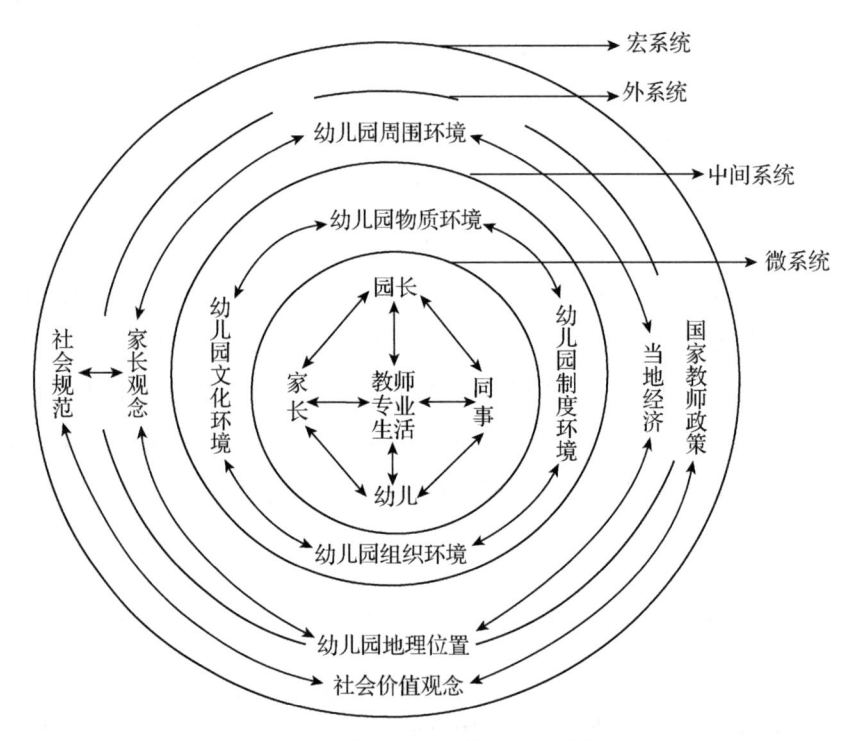

图 2-2 R园教师专业生活的生态系统模型

---

① U. Bronfenbrenner, *The Ecology of Human Development*, Cambridge, Harvard University Press, 1979, p.26.

接接触的环境组成,包括幼儿园物质环境、幼儿园制度环境、幼儿园组织环境、幼儿园文化环境。外系统指的是影响教师个体发展的社会环境,包括幼儿园周围环境、当地经济、幼儿园地理位置、家长观念。外系统并不直接作用于教师,但对教师有着很大的影响。同心圆的最外层是宏系统,由国家教师政策、社会价值观念、社会规范组成。影响人的心理发展的强大力量,主要来自在特定的情境中对人及人的发展产生意义的环境,意义的产生与人的主观体验不可分割。

个人发展与其所处的环境是不可分割的。布朗芬布伦纳的观点可以从三个方面来理解:一是发展着的个体不是被其所处环境随意涂抹的白板,而是不断成长并时刻对环境产生影响的动态生命;二是人与环境的作用是双向的、互动的;三是与个体发展相联系的环境不仅指单一的、即时的情境,还包括各情境间的相互联系及这些情境所根植的更大范围的环境。[①]

三、日常生活批判理论

(一)什么是日常生活

1. 日常生活的内涵

人们的生活可分为日常生活与非日常生活。日常生活由每日吃饭、出行、上班、上学、洗澡、睡觉等被程序化的平凡琐碎的事情构成。胡塞尔提出了"生活世界"这一哲学概念,试图引导人们回归前科学的、未被标准化的、由人的直接经验构成的周围世界。列斐伏尔(Lefebvre)指出人是在日常生活这个平面中被发现和创造的,因而这个平面尤为凸显。[②] 日常生活虽然在某种意义上是高级的、专业的、独特的活动的剩余物,是"鸡零狗碎",但出于专业化与技术化考虑,各种高级活动之间存在一定的"技术真空"[③],刚好需要一些东西来弥补,且应当被列入哲学思考的对象以及哲学研究的范畴。

东欧新马克思主义代表人之一阿格妮丝·赫勒(Agnes Heller)受卢卡奇(Lukács)物化理论的影响,指出日常生活是那些同时使社会再生产成为可能的个体再生产要素的集合,是一种"自在的"类本质的对象化,是"自为的"类本质非日常活动的基础。她指出个体在社会劳动中的分工不论如何,都有使自身对象化的形式,且对象化的领域包括工具、习惯、语言。如果没有在日常生活中习得相应的技能,就不能在日常生活中

[①] 刘晶波:《师幼互动行为研究——我在幼儿园里看到了什么》,8~9页,南京,南京师范大学出版社,1999。

[②] 陈学明、吴松、远东编:《让日常生活成为艺术品——列菲伏尔、赫勒论日常生活》,53页,昆明,云南人民出版社,1998。

[③] H. Lefebvre, *Critique of Everyday Life*, London, Verso, 1991, vol. I, p. 97.

使自己合理地对象化，也就无法在其他领域习得"自为的"类本质的对象化。由此看来，每个人都有自己的日常生活，但各异的日常生活在本质上具有共性——它们共同成为人类生活的普遍表现，进而成为人类非日常生活的基础。

有学者指出，日常生活是维持人的生存需要的各种活动要素的集合，如吃穿住行、生儿育女等。日常生活常依靠血缘和天然情感因素维系，以重复性思维和实践为基本方式运行。与之相对的是促进社会再生产的非日常生活。

2. 日常生活的特性

(1)生存性

尽管不同学者对日常生活的定义各不相同，但日常生活在人们生活中的基础性和根基性地位毋庸置疑。日常生活是人的基本活动，构成社会存在的内在机制。列斐伏尔指出日常生活是个体生产和再生产的实践活动领域，也就是说日常生活是个体进行劳动、消费、交往等活动时获得生产资料，以维持个体生存的活动，与个体具有高度的相关性。无论是何种性质和类型的活动，最终都指向个体生存。赫勒指出日常生活是那些要在给定世界中存活下去就必须占用并成为自己的东西。人们为了生计不得不在种种活动中寻找和获得维持生活的生产要素，而开展活动的方式与手段、活动的投入度、情绪情感全部指向个体的生存。但这种形式的实践始终是非专业化的，也就是说每个人在其一生中都在进行这种实践，并不会在水平上存在明显的区分。日常生活是人类实践的共同形式。只有基于这种实践，人们才能在更高级的活动中有所区分，才能从事具有不同专业化程度的活动。这奠定了日常生活的本体性地位。当其他高级活动与之冲突时，人们会不自觉地将日常生活放在首要地位。

(2)实用性

日常生活是我们生存的基础，其生存性必然指向实用性。赫勒指出人们在日常生活中的思维和行为基本上是实用主义的，遵循着最少费力原则。日常生活通常是以血缘关系和天然情感维系的生活，人们的关系单纯且牢固，人与人之间的交往也遵循着最简单的规则。人们的日常生活虽然各不相同，但是遵循着内在逻辑的普遍一致性。不论是何种族、宗教、国籍，人们都能从日常生活中找到共鸣者。人们总是追求以最经济化的方式、最高效的手段、最省事的方法快速积累生活经验，获得生存所需的生产资料以维持个人生存，而不会考虑和深究它们存在的意义、合理性以及与之相似的其他东西。但也正因为过于实用，只关乎生存，日常生活常常忽略事物的其他意蕴，这也是早期哲学家将日常生活排斥于哲学和真理之外的缘由。

(3)固定性

在日常生活中，人们会安排自己进行每项活动的流程。一旦确定了这个流程，人们基本会按照这个流程进行自己的生活，事件发生的顺序不会有持续的、颠覆性的改变。例如，我们一般会在太阳升起后吃早餐，而不是在夜幕降临时才吃，否则我们可能会觉得异常别扭与不习惯。由此，赫勒提出"固定点"的概念：向一般的日常生活中的整合是关于空间中的固定点，即我们由之开始，并在一定时期向之回归的坚实位置的意识。况且稳定的、可控的事物往往能带给人们难以言喻的安全感，而安全感是人们进行高级活动和实现自我不可或缺的基本需求。日常生活中固定的时间流程、家居住所和社会关系会让人产生强烈的归属感和亲密感，能够成为人进行高级活动的精神支柱和意义支点，但也可能阻碍人在高级活动中突破禁锢、产生新认知。

(4)重复性

日常生活的实用性、固定性意味着人们希望以最少的努力在最短的时间内用最少的思想活动完成日常生活。这成为日常生活重复性的前提。赫勒认为日常生活对象化领域由工具、习惯和语言三个方面组成。这三个方面虽然也会经历一定程度的历史演化，但是相对于个体来说是稳定的。例如，远古时期，人类发现火可以取暖，于是人们反复地使用火，发挥着火的价值。一开始，人在既定的环境中会得到许多先验的感性认识，通过不断强化直至内化，一段时间后人们便可以轻松地依靠习惯和经验完成日常活动。另外，人们对日常生活不变的内容和固定的流程再熟悉不过了，于是会不假思索地将其视为一个个机械的轮回，思维和实践在日日年年中不断重复。重复性便成为日常生活的典型特征之一。胡塞尔将这种非理性思维占主导的活动所组成的世界称为"未被意向阐释的世界"。诚然我们承认现代化社会中基本不存在完整的、未经人们意向改造的环境，但大部分人在其生命初期都生活在给定的、非反思性的环境中。由于个体差异，一部分人可能会通过自身不断的变革突破环境的局限，朝向"总体的人"发展；一部分人可能惰于改变，认为日常生活中的所有对象都是一成不变的，自始至终都坚持单一思维。后面这种倾向将导致人们沉沦在平庸、机械的生活中逐渐丧失个人意识，并将社会意识或他人意识直接等同于个人意识。

(二)幼儿教师专业生活的属性——非日常生活范畴

人类生活可分为日常生活和非日常生活两个基本范畴。王卫东认为教育理论研究借鉴哲学的方式，主要有两条途径：一是借鉴相似理论考察教育问题，二是运用对立理论反观教育问题。他运用日常生活批判理论，从目标、内容、环境、基本活动方式、维持条件等方面分析了教师专业生活与日常生活的区别。[①] 受此启发，我们认为要说明某事物属于某个范畴而与另一范畴有本质性的区别，有两条路径：一是证实法，证明某事物与某个范畴的主要特征相符合；二是证伪法，证明某事物与另一范畴的主要特征相背离。鉴于非日常生活所囊括的领域较多，且各具特点，本研究将专业生活与日

---

① 王卫东：《教师专业生活的理论阐释：以日常生活批判理论为参照》，载《教育学报》，2013(2)。

常生活的主要特征进行对比,认为幼儿教师专业生活应属于非日常生活范畴。以下就从专业生活的目的、形式、时间、内容这几个方面来阐明。

从目的来看,幼儿教师专业生活的目的超越了生存性。人的劳作既为个体的生存和再生产提供了资料,属于日常生活范畴,也为社会再生产提供了一定的创造价值,超越了日常生活的本质。随着生产力的发展,人们的生活日益丰富,一些劳动领域逐渐与自然生活脱离,劳动分工逐渐精细化和专业化。我们也可以结合教育的发展来看这个问题。在原始社会,人们为了生存,口耳相传狩猎、生火等生产经验和生活经验,教育是一种为了个体的生存和再生产的"自在的"类本质对象化的生活经验传授活动。到了现代,教育成为传承人类精神文明和知识文化的劳作。它是一种社会性活动,即不单单是满足教师生存发展需要的物质性活动,也有助于社会上其他成员的发展和自我实现,成为人类活动中一种"自为的"对象化活动。这说明随着社会生活的发展和丰富,教育逐渐从日常生活领域中分离并独立出来。教师成为具有专业性的职业人员,教学成为一门艺术。教师进行专业生活、提高专业水平不仅仅是为了获得报酬,更是为了促进学生的发展。

从形式来看,幼儿教师专业生活不是机械的、重复的。在引导幼儿全面发展的同时,教师自己首先应该努力成为全面发展的人。叶澜教授说过:"没有教师的生命质量的提升,就很难有高的教育质量;没有教师精神的解放,就很难有学生精神的解放;没有教师的主动发展,就很难有学生的主动发展。"[①]教师生命质量提升、精神解放和主动发展离不开思考与创新。幼儿教师是时代精神的传递者,其知识结构和知识储备必须与时俱进。另外,幼儿教师面对的教育对象处于不断变化之中。随着大众传媒的普及,幼儿接触到越来越多的新鲜事物,获得知识的渠道不再局限于家庭和幼儿园。因此,幼儿教师应及时调整教学方法,满足幼儿身心发展的需要,不能依赖原有的教学结构和教学模式,一劳永逸。尤其在农村地区,幼儿教师工作压力相对较小,很容易放松对自己的要求,缺乏学习新事物的动力。这是与幼儿身心极速发展的特点相违背的。

从时间来看,幼儿教师进行专业生活的时间是非固定的,这也意味着幼儿教师专业生活是一种非日常生活。幼儿教师的专业生活可以在任何时候进行,并没有严格、机械的要求。例如,幼儿教师不一定要在特定的环境中和特定的学习目标下学习,还可以在自己感到需要充实和提升的时候进行专业上的进修;不一定要在教学后才进行反思,还可以在教学准备、教学过程中甚至教学工作以外的时段进行反思。幼儿教师

---

① 叶澜、白益民、王枡等:《教师角色与教师发展新探》,3页,北京,教育科学出版社,2001。

进行专业生活也没有固定的方式和特点。可见，幼儿教师专业生活超越了日常生活，具有极大的弹性和可塑性。

从内容来看，幼儿教师专业生活的内容并非一成不变的，囊括了所有琐碎的事情。这是教育领域与日常生活领域的重要区别之一。幼儿教师专业生活应当源于日常工作，但又高于日常生活，需要有高级思维参与。幼儿教师需要不断从日常工作中对专业生活进行凝练，不断更新专业生活的内容，从而更好地促进自己专业的发展。

日常生活与非日常生活并不是完全独立存在的，它们之间不能截然分开，因此教师的专业生活也不乏具有重复性的流程和内容，带有日常生活的气息。但当我们明确了教师专业生活非日常生活的本质，就能正确、客观地看待教师专业生活中这些具有同质化、重复性的要素，如固定的课程时间表、活动室位置、工作服等。它们是教师行业规范性的具体体现，是教师顺利完成教学任务的必要保障，但无法从根本上揭示教师专业生活的内在运作机制。而且这种重复是螺旋式上升的，教师能在重复练习中获得专业发展。同时，我们不能忽略教师的日常生活，教师日常生活中的某些经验呈现需要我们去捕捉。正如马克斯·范梅南所提倡的，生活世界是教育工作者思考教育的逻辑起点，也是教育研究的源泉。[①] 我们既要关注农村幼儿教师专业生活中那些带有日常生活特征的有意义的事件，也要关注他们闲暇生活中专业生活的状况。

综上所述，农村幼儿教师专业生活与日常生活、非日常生活的关系如图 2-3 所示。

*此处闲暇采用狭义定义，即教师用于专业生活的闲暇。

图 2-3 农村幼儿教师专业生活与日常生活、非日常生活的关系

(三)日常生活批判的指向与出路

1. 日常生活批判的焦点

纵使日常生活具有种种看似消极的特征，但这并非它的缺点，或者说日常生活唯有拥有这些特征，经过无数次重复，才得以最终确认下来。赫勒指出，我们不可能对

---

① 李树英：《教育现象学：一门新型的教育学——访教育现象学国际大师马克斯·范梅南教授》，载《开放教育研究》，2005(3)。

设计使用的每一对象化都采取一种纯粹的理论态度。日常生活对生活的基础性价值与意义毋庸置疑，但它发展到一定阶段也可能反过来对生活产生束缚。如果我们将这些特征习惯性地运用到非日常生活中，那么在不同领域就会出现不同程度的异化，这时我们就有必要对其进行批判。此外，我们的研究不能完全忽视日常生活中的琐事，认为它们远离哲学和真理。随着社会不断发展，很多人开始呼吁学术研究回归日常生活，对日常生活进行认真思考，重新审视日常生活的内涵及结构。例如，齐美尔（Simmel）有对现代都市日常生活的观察，米德有符号互动论，舒茨（Schütz）有现象学社会学研究，戈夫曼（Goffman）有日常生活的戏剧理论，加芬克尔（Garfinkel）提出常人方法学，布迪厄（Bourdieu）、福柯等人提倡日常生活研究。①

赫勒认为，"自在的"日常生活是人们参与"自为的"生活世界的基础，人们可以将日常生活中形成的习惯和技能以更高级的形式运用到非日常生活中。列斐伏尔对日常生活持有"二重性辩证法"主张，认为日常生活并不是静止存在的。日常生活虽然具有重复性、保守性、习惯性，但是也拥有惊人的活力和瞬间的、无限的创造能量。② 这些观点共同说明日常生活虽然平淡无奇，甚至是机械的、重复的，但是在人类生活中不可小觑。从当前的生活图式来反观现代生活那些落后的、固守的因素，这大概就是现代社会中日常生活批判理论的主要指向。

20世纪，学者们纷纷对各领域的异化现象进行批判。在这个过程中，日常生活批判理论不断深化和系统化，推动了西方哲学的重要转向。马克思在认可日常生活对人类发展的重要性的同时，提出了劳动异化的理论。他认为现代人的生存方式存在矛盾冲突，建立在此基础上的日常生活批判理论就是要唤醒人类实践的超越性和批判精神，从而走出日常生活的异化，实现人类的进一步解放。③ 马克思主要针对的是经济领域的异化。在此基础上，列斐伏尔将日常生活批判理论进行进一步系统化。列斐伏尔认为，现代世界的日常生活是一个全面异化的领域，批判是通过创造一种日常生活中异化形式的现象学，即用一种普遍而具体的方式，辩证地来思考异化概念。这也就是说，在它的普遍性的广度上加以规定，并在日常生活的细节中来理解它。④ 列斐伏尔警示研究者关注不同领域的日常生活，因为异化存在于人们生活的各个领域。这推动了众多学科领域研究朝日常生活转向。虽然异化是不可消除的，只会随着社会历史的发展而演

---

① 郑震：《列斐伏尔日常生活批判理论的社会学意义——迈向一种日常生活的社会学》，载《社会学研究》，2011(3)。
② 刘怀玉：《列斐伏尔与20世纪西方的几种日常生活批判倾向》，载《求是学刊》，2003(5)。
③ 许大平：《日常生活批判及其当代意义》，博士学位论文，复旦大学，2003。
④ 陈学明、吴松、远东编：《让日常生活成为艺术品——列菲伏尔、赫勒论日常生活》，55页，昆明，云南人民出版社，1998。

化，但是人们可用重要、特殊的节日来打破对统治的麻木。赫勒认为，对日常生活进行批判主要是对反人道的批判。以重复性思维和重复性实践为特征的日常生活结构和图式具有保守性和惰性，从而限制了人的自由而全面的发展，起到侵蚀创造性实践和创造性思维领域的消极作用。① 西方哲学的转向为审视和批判教育中的异化问题提供了思路。它启示我们应当从日常细节出发，保持清醒，对理所当然的事情进行反思。

2. 日常生活批判理论视角下的教师研究

我们该如何认识教师日常生活的样貌？目前在日常生活批判理论视角下，对教师的研究较少。王攀峰、张天宝从制度、思想、自我三个角度批判当前教师的日常生活，提倡教师成为研究者。② 从日常生活批判理论视角探讨教育的相关研究可资借鉴，主要有以下议题：一是论证日常生活中与非日常生活中教育的不同功能；二是关注教育的现代化，如现代教育制度的本质、现代教育的转型、教育观念的现代化特征等；三是阐述道德教育应以生活世界为基础。③ 刘胡权认为，日常教育生活批判的目标在于"日常教育生活非日常化"和"非日常教育生活日常化"，为推进教育现代化提出了新视角。④ 杨晓借鉴日常生活批判理论，认为学生学习的节奏、内容和目的存在异化，从而导致学生学习生活欠缺丰富性、多样性和个性化，并提出学生日常学习生活的回归之路。⑤ 也有学者基于日常生活批判理论归纳出生活世界是意义之源、价值之基，改造日常生活世界的基本路径是造就个性化的个体。从这个视角来看，综合实践活动课程存在学生主体性孱弱、与学生日常生活疏离、创新性不足、功利主义作秀、竞争性的评价取向等弊端。⑥ 已有研究虽然都是在日常生活批判理论视角下发现和探究教育问题的，但是理论与问题的结合度不高，无法很好地解释教育现状，探讨教师专业发展的研究就更加空白。本研究参照列斐伏尔、赫勒等学者提出的日常生活批判理论，归纳、提炼后整理出研究框架，进而确立论述结构。

3. 日常生活批判理论视角下的农村幼儿教师专业生活

日常生活批判理论旨在呼吁人们用哲学的思维和眼光审视日常生活。对于教育研究来说，我们也需要重审教师专业生活中被日常生活化的现象。这对教育研究极具启发意义。我们要关注和重视农村幼儿教师，考察农村幼儿教师专业生活中重复、既定、

---

① 许大平：《日常生活批判及其当代意义》，博士学位论文，复旦大学，2003。
② 王攀峰、张天宝：《论教师"日常生活"的批判与改造》，载《江西教育科研》，2004(6)。
③ 贺苗、杨静、管小其：《中国日常生活批判多学科研究综述》，载《学术交流》，2011(6)。
④ 刘胡权：《论日常教育生活批判》，载《当代教育科学》，2014(2)。
⑤ 杨晓：《学生的日常学习生活：从异化到回归——基于日常生活批判理论的分析》，载《当代教育与文化》，2015(2)。
⑥ 赵蒙成、张伟琴：《综合实践活动课程的顽疾与疗救——日常生活批判理论的视角》，载《宁波大学学报(教育科学版)》，2018(1)。

琐碎且不利于提高农村幼儿教师专业生活质量的异化现象。

令人担忧的是，在我国广大的农村地区，学前教育总体发展水平相对滞后，幼儿教师素质普遍偏低，专业生活中存在许多亟须改进的方面，而教师自己却常常意识不到。教师更容易沉沦到日常化的专业生活中。教育研究需要实现研究重心的转移，从旁观式、描述分析式的研究转变为体认研究对象（教师、学生等），在教育情境中记录身体经验和情绪、情感。[①] 我们应当用科学的方法加以考察、思考和分析，指出弊端进而提出农村幼儿教师专业发展的应然图景，这样才有可能摆脱茫然的状态。黑格尔说过："熟知非真知。"如果没有出现明显教育纰漏或者突发安全事件，教师——教育的实践者——自己很难感知和反思教育过程中存在的问题，容易缺乏对工作状态清醒的认识和定位，扮演教育经验和教育意志的执行者，那么教师就只是一份谋生的职业。如果千千万万名农村幼儿教师都处于这种状态，那么农村地区学前教育的前途实在堪忧。虽然伟大的教育理念、崇高的教育理想与机械、重复的现实之间存在鸿沟，但用科学的方法发现农村幼儿教师日常生活中被异化的东西，探寻这些被忽视的因素对他们专业发展的影响，显然是真正唤醒农村幼儿教师、推动农村幼儿教师自主规划专业生活的有效途径。

日常生活批判理论为本研究提供了视角和框架。具体可以从两个方面来阐释。其一，由日常生活的特征可知，教师专业生活有别于"自在的"日常生活，属于非日常生活范畴。它是一种富有创造性、能动性的活动。其二，教育教学既是专业性活动，也是教师的日常活动。赫勒认为，"工作"可以联系日常生活与非日常生活，而"日常"可以迁移到制度、机构等社会化形式的内部。郭元祥提出人的生活按是否具有自在性可分为日常生活和制度生活。制度生活中有一套特定的制度体系，人的生活方式和观念受到制度和社会给定的规范的约束，生活的价值和意义往往取决于与社会制度和规范相符的程度。[②] 农村幼儿教师大部分的时间在幼儿园这个空间度过，专业生活是他们日常生活的重要组成部分，也是他们每天都需要面对的。本研究致力于审视农村幼儿教师日常工作中机械的、反复的事物和异化现象。

---

① 李存金：《身体芭蕾——日常生活视野下的新教师成长研究》，博士学位论文，华东师范大学，2018。

② 杜洁、屈陆：《反思制度化学校生活对学校教育的异化》，载《中国德育》，2009(11)。

第三章　农村幼儿教师的专业生活
——对粤北地区 R 园的个案调查

专业生活是教师生活的重要组成部分，教师的专业发展是在教师的专业生活中进行的。古德森认为教师的行为与过往的生活经历是不可分割的，教师的行动与解决问题的方式都会受到过往生活经历的影响，而这种影响无时无刻不存在于教师的专业生活中。[①] 若将我们所调查的不同田野点幼儿教师的专业生活样貌完整地呈现出来，会显得冗余，为此，我们以其中的粤北 Y 县 R 镇 R 园作为代表进行呈现，以使读者对农村幼儿教师的专业生活有比较全面、细致和动态的了解。本章聚焦于教师在幼儿园中根据专业知识、技能和情感展开的常规保教活动，促进教师知、情、意、行发展的专业学习活动，以及教师在活动中的反思和感悟，从教师的专业生活空间、时间、内容、体验四个维度展现教师专业生活的实然样态。

第一节　田野概况

Y 县于 1963 年 10 月经国务院批准成立，曾是广东省国家级贫困县（2020 年脱贫）。全县总面积 2299 平方千米，辖 9 个镇，115 个村（居）委会，1071 个自然村。截至 2017 年年底，全县户籍人口 22.66 万人，其中农村人口 15.36 万人。2019 年，Y 县注册登记幼儿园共有 38 所，其中公办幼儿园 12 所，民办幼儿园 26 所。Y 县计划在每个镇中心至少设 1 所公办幼儿园。

R 镇位于 Y 县东北部，距离县城不足 20 千米，整体经济以农业为主。全镇总面积 84 平方千米，辖 7 个村委会，1 个居委会，64 个自然村，103 个村民小组。R 镇户籍总数 4491 户，户籍总人口 16489 人，其中农业人口 15771 人。镇内设有中学 1 所，镇级小学 1 所，村级小学 3 所，公办幼儿园 1 所，民办幼儿园 3 所。R 镇主要是老人、孩

[①] ［英］艾弗·F. 古德森编著：《专业知识与教师职业生涯》，刘丽丽译，65 页，北京，北京师范大学出版社，2007。

童以及少数妇女在家，青壮年流向珠三角地区。留在镇上的老人或妇女有的同时照看两三个孩子。R镇的4所幼儿园均开设在镇上，没有村办幼儿园。民办幼儿园有校车服务，可以招收较远村落的幼儿。我们走访的一所民办幼儿园当时招收了202名幼儿，其中160名幼儿需要校车服务。不过幼儿园仅有2辆校车，一次入园或离园需要校车来回5趟。这意味着校车接送占据较长的时间，幼儿在园的生活时间减少。

R园是创办于2011年的公办幼儿园，附设在小学里，初期由县城唯一的公办幼儿园带动发展，为其提供人力、物力、财力方面的帮助。经过4年的艰苦奋斗，R园于2015年开始独立发展。2018年秋季，R园有在园幼儿194人，开设5个班；教职工包括3名行政教师、10名带班教师、5名保育员、2名厨工、1名和小学共用的保安。除保安外，R园教职工皆为女性。

本研究中的13名研究对象是行政教师及带班教师，其中9名为编内教师，4名为编外教师。在9名编内教师中，编制和人事关系真正在R园的只有3名，其余教师是因轮岗或调动暂时来R园工作的。R园的教师除1名编外教师从其他专业转行并正在考幼儿园教师资格证之外，其余教师均持有幼儿园教师资格证。学历方面，3名教师毕业于大专学校，大部分教师毕业于县城的一所教师进修学校(中专)。目前取得本科学历的教师有6名，本科在读的教师有5名。在9名编内教师中，4名教师为幼儿园二级教师，3名教师为幼儿园三级教师。受访者的基本资料见表3-1、表3-2。

表3-1 主要受访者(R园教师)资料

序号	职称	第一学历	最后学历	编制
1	三级	中专	本科在读	编内
2	无	大专	本科在读	编内
3	二级	中专	本科	编内
4	三级	中专	本科在读	编内
5	二级	中专	本科	编内
6	二级	中专	本科	编内
7	二级	中专	本科	编内
8	无	中专	本科	编内
9	三级	大专	本科在读	编内
10	无	中专	中专	编外
11	无	中专	中专	编外
12	无	中专	本科	编外
13	无	大专	本科在读	编外

表 3-2 其他受访者资料

序号	身份	序号	身份
1	R园家长妈妈1	11	Y县S镇中心幼儿园园长
2	R园家长妈妈2	12	Y县县城民办幼儿园园长
3	R园家长妈妈3	13	Y县机关幼儿园园长
4	R园家长爸爸1	14	Y县机关幼儿园教师1
5	R园家长爸爸2	15	Y县机关幼儿园教师2
6	R园家长爸爸3	16	Y县机关幼儿园教师3
7	R镇副镇长	17	Y县机关幼儿园教师4
8	R镇民办幼儿园1园长	18	Y县小学教师1
9	R镇民办幼儿园2主任	19	Y县小学教师2
10	Y县幼教专干	20	Y县居民

第二节 "儿童的花园"？单调贫乏的专业生活空间

1837年，"幼儿园之父"——德国教育家福禄培尔（Fröbel）身体力行，创立了世界上第一所幼儿教育机构，并在1840年首次把他开办的幼儿教育机构命名为"幼儿园"，英文为"kindergarten"。城市里的幼儿园可能识别度很高，有色彩明亮而协调的外墙，树木花草掩映的户外场地，富有童趣和教育意义的墙饰，宽敞明亮的活动室。提到幼儿园，人们的脑海中立刻会浮现出活泼可爱的孩子、温柔可人的幼儿教师，人们会想象他们在充满欢声笑语的乐园里度过最美好的时光。R园却让我们感受到这里的幼儿教师专业生活空间单调贫乏。

走进R园，映入眼帘的只有孤零零的教学楼，全然不是什么"儿童的花园"。R园教学楼侧墙上设置了"教师风采"和"办园规划"展示区。"教师风采"主要介绍本园教师的学历及职务，"办园规划"主要包括办园宗旨、发展目标、园风、教风四个方面。

园长办公室在一楼最右边。办公室前半部分靠窗摆放着茶几和木质沙发，用于招待人和开会。墙角有幼儿园的监控设备，在显示屏上可以看到活动室、走廊的具体情况。办公室后半部分相对摆放着两张书桌，是园长和副园长的办公桌。紧挨着他们的办公桌横放的是行政老师的办公桌。靠墙的柜子存放着幼儿园的文件档案，还有少量教师参考用书。门后的报刊架上除了报纸外还有幼儿教育杂志，但看起来像很久没人翻动过，折起的纸角已落了一层灰尘。办公室的墙面张贴着幼儿园的工作管理要求、教师准则、幼儿园规章制度、幼儿园工作学年计划、幼儿园工作学期计划、幼儿园工作月计划、幼儿园工作周计划、消防安全检查表、食品安全检查表、来访人员登记表等。

园长办公室隔壁为保健室。帘子从中间隔开，前半部分是保健室，放着急救床、储物柜、独立课桌。柜子里存放着简单的日常医务药品。幼儿园没有专业的医务人员，备有消毒酒精、退烧贴、创可贴等应急物品。靠窗的桌子上放着一台公用电脑和一台打印机，桌前有一把木质椅子。另外两张桌子上放着各班接送时使用的接送卡、免洗手消毒液。每天准备晨接活动时或幼儿离园后，教师大多聚集在此，休息片刻，聊聊天，等待开工或下班。房间后半部分堆满了幼儿园的物资，包括玩教具、教师和幼儿的手工绘画作品等。幼儿园教师上课使用的玩教具基本源自此处。可见，虽然这间办公室的门牌上写着"保健室"，但它其实是兼有备课、打印、储存、休息等功能的综合办公室。

全园共5个班，其中小班在一楼左侧；中班和大班各两个，分别在二楼和三楼。活动室有四十多平方米，布局相同：中间摆放着桌椅，靠走廊的一排柜子放书包和水杯，另一边放油画棒、水彩笔等简单的玩教具，后面叠放着供幼儿午休的床。每层有一间盥洗室，也就是说有一个班的小朋友要穿过另一个班的活动室使用盥洗室。幼儿园教学楼距离小学教学楼不过二三十米，小学的声响时常传到幼儿园中，或多或少地影响幼儿园的常规活动。不锈钢大门、水泥场地、教学楼、没有独立睡室和多余区角空间的活动室等，无论是户外还是室内，R园都展露出空间狭小、环境单调的景象。

四楼有一间教师办公室，靠墙摆放着四套桌椅和两台电脑，两位教师合用一台电脑备课。除此之外再没有其他办公室用品。教师虽然绝大部分时间待在活动室照看幼儿，但仍需要专属的私人空间。由于条件简陋，因此除备课时间外，教师几乎不去这间办公室。这间办公室对幼儿教师来说仅仅是备课使用的物理空间，缺乏吸引力。教师职业具有特殊性，终身学习的理念要求幼儿园或学校应尽可能地为教师的专业发展提供帮助，如在文化环境的布置上增加阅读的便利条件，但对R园教师来说，其除了可以使用电脑备课，在网上下载学习优秀案例、参考教参外，可利用的资源很少。

其实R园这样的园舍环境在粤北、粤西、粤东的农村地区已经是不错的了。记得实施第一期学前教育三年行动计划期间（2011—2013年），我们在粤西农村见到的一所村办幼儿园只有村办小学腾出来的三间活动室，课桌和凳子都是用水泥板搭建的。课桌和凳子不仅尺寸不适合学龄前儿童，而且都是秧田式的布局。没有户外活动场地，没有玩教具，园舍条件简陋，无法满足幼儿教育的特殊需要。《幼儿园工作规程》对幼儿园的园舍和设备做了相关规定。第三十四条要求："幼儿园应当按照国家的相关规定设活动室、寝室、卫生间、保健室、综合活动室、厨房和办公用房等，并达到相应的建设标准。有条件的幼儿园应当优先扩大幼儿游戏和活动空间。"第三十五条要求："幼儿园应当有与其规模相适应的户外活动场地，配备必要的游戏和体育活动设施，创造条件开辟沙地、水池、种植园地等，并根据幼儿活动的需要绿化、美化园地。"可是对于农村地区来说，能有开设幼儿园的场所和合格的教师已经非常难得了。R 园是镇上唯一的公办幼儿园，师资力量比民办幼儿园好，但在环境氛围方面却比不上民办幼儿园。虽然园长和教师尽可能保持幼儿园环境干净整洁，但 R 园物质环境的单调贫乏一眼可见：R 园改建自小学教学楼，户外空间有限，没有大型的游戏玩具，缺乏绿植，更别提沙池、水池等了。这也说明，R 园教师的专业生活空间单一，以活动室为主，以教学楼周围空地为辅。

《幼儿园教师专业标准（试行）》要求幼儿教师具备创设和利用环境的能力：创设有助于促进幼儿成长、学习、游戏的教育环境；合理利用资源，为幼儿提供和制作适合的玩具、教具和学习材料，引发和支持幼儿的主动活动。不同的空间布局会对幼儿教师的专业生活产生不同的影响。一方面，R 园装饰极为简单，教师在环境创设上花费的时间和心思极少，忽视了环境的教育作用；另一方面，活动室空间狭小会影响教师的工作安排，限于场地，教师和幼儿大多数时间待在活动室里，即便教师带幼儿进行户外活动，放眼望去只有灰色的水泥地和水泥墙，缺少变化与想象空间。R 园教师的专业生活被紧紧局限在现有的条件中，教师进入幼儿园后就被"关在"幼儿园甚至活动室内。资源的匮乏"磨损"了幼儿园教育的特殊性，教师很难开展游戏活动，组织专业生活的积极性受到打击。

第三节 "列车时刻表"：机械刻板的专业生活流程

清晨 6:30，清脆的闹钟声打破了宁静。拉开窗帘，新鲜的空气沁人心脾。初秋天气微凉，但仍然有不少人在河里游泳。我迷迷瞪瞪地以最快的速度起床、收拾、出门，去往路口等候 Z 园长。

Z 园长住在县城的南郊，我刚好可以搭她的车去幼儿园。先去县城中心的一家面包店带两箱面包，再到城西路口运输幼儿园每日需要的水果和蔬菜，顺便搭载 L 老师和 ZW 老师，至此一路向西开往幼儿园。R 园距离县城有半小时的车程，每天跑两趟公交车。若没有私人交通工具，来往很不方便。因此，R 园的教师大多三四个人一组拼车上下班。

7:30 到幼儿园门口停好车，厨房阿姨将车上的面包和蔬菜搬到厨房（厨房设在幼儿园门口 100 米外的小学食堂旁）。我们将水果带到幼儿园。老师们已经陆陆续续到了。"早上好。""早上好。"大家互相问候着。签到打卡机识别不出指纹时，大家还要开一阵子玩笑："惨了，CC 今天没带手指上班。"将包放在保健室或园长办公室后开始准备晨接活动：拿出礼仪绶带，搬出两个凳子，放上四瓶免洗手消毒液，拿好接送卡和喂药登记表。

7:45打开幼儿园的大门，幼儿和家长已经等在门口。园长和三名幼儿站在园外迎接家长和其他幼儿，向他们打招呼。主班老师手拿红外线电子温度计和接送卡，站在大门口固定的位置为幼儿测量体温。副班老师拿出一些简单的体育器材，站在教学楼下的空地处照看已入园的幼儿。"早上好。""老师，早上好。""××，来测量一下体温。""别忘了洗手。"老师和幼儿热情地打招呼。一位爷爷把幼儿的感冒药交给F老师，F老师嘱咐他填写喂药登记表。

R园没有门卫室，大门与教学楼之间仅有一片水泥空地。每天园长站在门外，教师划地为"营"，各自隔开站在园内的空地上迎接家长和幼儿。R园也没有专门的保健医生，各班教师为本班幼儿进行体温测量，粗略掌握幼儿体温。设施设备的简陋丝毫没有影响到R园教师晨接活动的热情。大家见面后主动打招呼，满脸笑意。

8:00，园长播放早操音乐，老师们开始收拾器材，带领幼儿站成体操队形。总有幼儿不知道自己该站在哪里，怯生生地站在后面等候老师安排。X老师拿出手机，根据照片为他们找位置。可是一看照片，发现有幼儿站错了，她就变得烦躁起来："要记住自己的位置。明天还是站在这里，不要站错了。"接着，她去前面为幼儿示范做操动作。在队形变化时，幼儿开始出现混乱。一位老师带领一组幼儿拉手围成圈，再请幼儿一个个接龙式地钻圈跑。但幼儿不懂要干什么，老师只好一个个地指导。"你去跑。""你，该你了。"幼儿跑的时候很开心，可是跑完之后不知道该干什么，老师又一个个告诉他们站在哪儿再拉成圈，顾此失彼地来回招呼着。《虫儿飞》的音乐响起，队伍集合，早操活动结束。一位老师带领幼儿背好书包，依次回活动室。另一位老师去保健室或园长办公室拿班上老师的包。

R园早操时一般播放四五首儿歌，持续20分钟。新学期伊始，R园的幼儿并没有系统地学习早操。仅仅靠教师"身教"，幼儿并不能顺利完成活动。早操是R园安排幼儿集中进行的体育活动，教师在此过程中更关注幼儿是否按照教师的指令完成动作。当幼儿听不懂指令、学不会动作时，教师逐渐焦躁起来。

8:20，一位老师带领幼儿回活动室，然后指引他们放书包、如厕、洗手、喝水。另一位老师去楼下领早餐。老师拿到早餐后进行分配，如把红薯切小块，放在一个个小碟子里。等每名幼儿都领到早餐后，老师与幼儿互相问好。"小朋友们早上好。""老师早上好。""今天我们吃什么？""红薯和牛奶。""对，红薯的皮要剥下来，丢在果壳篮里。好了，小朋友们请吃。""谢谢老师，大家请吃。"幼儿用餐后，老师和保育员也开始用餐。

教师在幼儿用餐前会讲解一些用餐礼仪，将教育贯穿在一日生活之中。例如，教幼儿如何剥红薯皮、香蕉皮，提醒幼儿吃饼干时要用盘子接着。教师在用餐方面慢慢培养幼儿正确的习惯，观察每名幼儿的饭量和用餐情况。

8:40，早餐过后，一位老师带领幼儿盥洗。另外一位老师留下，擦桌子、扫地板、拖地。盥洗室里的厕所没有分男女，老师一般会安排女孩先进去，等女孩出来再请男孩进去。由于此时只有一位老师，精力有限，幼儿会在老师不注意的时候玩些"小游戏"。例如，排队的时候拉拉扯扯，推推搡搡，故意动动其他小朋友的耳朵、头发，抱其他小朋友，追逐；洗手的时候玩水和泡泡。

R园每层配有一个盥洗室，二楼和三楼有一个班要穿过另一个班的活动室使用盥洗室。

9:10—9:40，第一节集体教学活动。ZSJ老师播放课前音乐，吸引幼儿注意力，准备上课。"小朋友们，大家早上好。""老师早上好。""今天老师为小朋友们准备了一个故事，我们一起来听听故事讲了什么。"老师开始用一体机播放视频。小白兔起床后背好书包，来到路边乘坐校车。小狗也在路边等待校车。接着校车拉上了小熊、小松鼠。山羊老师在幼儿园门口接上小朋友后带领小朋友参观幼儿园。幼儿园看起来像城堡一样，室外有滑梯等大型玩具，室内有漂亮的活动室、独立的睡室、男女分开的盥洗室、温馨的阅读室等。播放完视频，老师提问："小朋友们，刚刚讲了什么故事？""幼儿园。""故事里都有什么？"幼儿沉默。老师说："那我们一起再来看看这个故事。"老师以图片的形式再次讲述了故事。"这是谁？它要去干什么？"讲完后，老师总结："看，这些小动物高高兴兴地去幼儿园了。它们在幼儿园里可以和小伙伴一起玩。幼儿园里有玩具，有老师。小朋友们也要向它们学习，每天高高兴兴地来幼儿园。"最后，老师为幼儿播放歌曲《我爱我的幼儿园》："我爱我的幼儿园，幼儿园里朋友多。又唱歌来又跳舞，大家一起真快乐。"伴随着音乐，老师带领幼儿简单地律动，根据歌词做动作。"我爱"双手放在胸前；"我的幼儿园"双手从胸前打开；"又唱歌"两只手握拳，比作话筒；"又跳舞"双手举过头顶摇晃；"大家一起真快乐"双手举过头顶转一圈。歌曲播放三遍，这节课结束。

R园的课程从表面上看是根据《幼儿园教育指导纲要（试行）》中的五大领域设置的。主班教师负责语言、社会、音乐，副班教师负责数学、科学、体育。实际上，这样的分配很不自然地将各领域区分开了。

9:40，幼儿如厕、喝水，做课间操。等幼儿喝完水，老师引导幼儿将小椅子推到桌子下面，站在原地做操。课间操环节比较自由，每班自选歌曲跟着视频一起做课间操。老师和幼儿都会看着视频学习动作，但视频中的镜面示范使得幼儿和老师的方向总是出错。幼儿和老师充满活力，跟着动感的音乐摆动身体。

10:00，吃早点。各班保育员在早餐时已经领到水果，清洗后放在活动室。老师在给幼儿发放水果的时候要处理一下外皮或再切一下。

R园各班吃早点的时间并不统一。有时在第一节集体教学活动后，有时在课间操之后，教师可自由安排。吃完水果，一位教师带领幼儿如厕、喝水、洗手，另一位教师擦桌子，准备下节集体教学活动。

10:20—11:00，第二节集体教学活动。中二班的X老师在CC老师带领幼儿去洗手的时间，从柜子里拿出6个操作篮，每个操作篮里放着红、黄、蓝、绿等不同颜色的插片小人。X老师开始上课："小朋友们上午好。""老师上午好。""今天老师带来了插片小人和小朋友们一起做游戏。我先请小朋友们从操作篮里拿出1个黄色的小人。小朋友们拿出来后把小人摆放在自己的面前，我来检查。"等幼儿取出插片小人后，X老师去每组检查，依次表扬幼儿。按顺序拿出5个之后，X老师开始增加难度，幼儿的正确率逐渐下降。

11:00—11:40，吃午餐。幼儿如厕、洗手后排队领饭。所有的幼儿都领到饭后，进行餐前问好，开始用餐。幼儿吃饭的时候，老师总是叮嘱他们要快点吃。老师一边整理活动室的教具，一边盯着幼儿吃饭。先吃完的幼儿到活动室后面看书等待。班上有几名幼儿吃得很慢，不等他们吃完，老师已经开始打扫卫生了。班里的幼儿大部分吃完后准备去散步，没吃完的幼儿看老师要带其他小朋友去散步，会在老师擦桌子的时候将饭倒掉。

11:40—12:00，饭后散步。吃完午餐，一位老师带着幼儿暂时离开活动室去楼下如厕、洗手、散步。幼儿园场地较小，有时候老师带着幼儿围绕教学楼走一圈。到楼道处，幼儿开始推搡。老师强调不要推搡，慢慢下楼。但幼儿在熟悉的环境里胆子较大，敢于尝试不同的做法，这无形中给老师维持纪律带来了一定的负担。因此，老师带幼儿出去散步时，以高控行为为主。另一位老师和保育员留在活动室一起打扫卫生，将床一张张摆放在活动室中间，帮幼儿铺好床铺。幼儿回来后将鞋放在外面，活动室里散发着汗味儿。X老师说："小朋友们要讲卫生呀。天气凉了可以不用每天洗澡，但小朋友们在外面跑了一天，晚上一定要洗脚。洗脚之后要换上干净的袜子。如果我发现哪个小朋友不换袜子，我就请他去××班。我的班级不要不爱干净、不讲卫生的小朋友。明天午睡的时候我就要检查袜子，今晚小朋友们回家后记得换袜子。"老师要求幼儿躺下后闭上眼睛，不要动。幼儿睡着后，老师离开活动室。

至此，R园教师上午的工作全部结束。R园教师完成了入园、做早操、吃早餐、开展两次集体教学活动、做课间操、吃早点、吃午餐、饭后散步这些环节，其间还穿插着如厕、盥洗等。其中保育占据绝大多数时间。保育工作与日常生活密切相关，教师在开展保育工作时基本以日常生活经验为主，容易忽视保育工作的教育意义。一日生活流程为教师开展专业生活提供了参照，记录着教师每日的工作轨迹，但教师的专业生活常常只是机械地完成一项又一项任务。

E老师：其实每个幼儿园都有自己的一套常规流程，老师很快就能熟悉在什么时间段干什么事。这些事情都很琐碎。每次完成一项活动，老师就感觉自己离下班又近了一步。

霍尔提出，记录时间的方式分为单事项和多事项。单事项是依照规定好的钟表时间安排活动，往往单项地处理事务。单事项做事的人，喜欢按原定计划完成任务，强调计划的完成情况。[①] 上午完成这么多环节的工作后，教师能短暂体会到成就感与愉悦感。

12:00—14:30，老师午休，保育员负责看护幼儿。打卡后，老师来到不大的幼儿园厨房，挤在一张桌子上，围绕着几盆菜一起用餐。老师暂时放松紧绷的弦，和同事在一起闲聊。谈话大多围绕幼儿园近期的工作、班上有趣的见闻、家长对某件事的反应、幼儿的变化成长等展开。当然，聊得最多的是私人生活，如买房、装修、买车、生孩子、随礼、物价等。吃过午餐，老师相约去宿舍午休。幼儿园没有场地为老师提供宿舍，于是在小学内租借了两间有八人床的学生宿舍作为老师的午休宿舍。宿舍内是简单的上下床。园长没有去宿舍午休，留在办公室以应对突发事件。

14:40—15:30，起床，吃午点。下午上班后，老师叫醒熟睡的幼儿，指导他们穿衣、穿鞋，帮助幼儿叠被子。一位老师带领先起床的幼儿如厕，另一位老师和保育员将睡床搬到活动室后面叠放起来，将桌子摆放在活动室中间。在幼儿如厕、洗手后，老师引导他们喝水，并给有需要的幼儿梳头发。此时，一位老师离开活动室，到办公室备课，另一位老师和保育员共同照看幼儿吃午点。

15:30—16:00，自主游戏。下午的活动自由一些。其中，中班幼儿和小班幼儿的活动比较丰富，以绘画涂颜色、自主玩彩泥或拼接雪花片为主。有时老师也会播放动画片，或者提供一些碎纸片，教幼儿使用儿童美工剪刀，或者去户外玩游戏。

16:10—16:30，离园准备。引导幼儿如厕、喝水后，老师开始准备幼儿的离园事宜。老师逐一检查幼儿的衣服有没有穿好，鞋子是否穿反；帮幼儿系好鞋带，整理好书包；指导幼儿叠放凳子。

16:40，打卡下班，幼儿园工作全部结束。

17:20，回到家中，幼儿园的生活被隔绝到日常生活之外。

这是R园教师某一天的在园生活记录，非常有代表性。将R园教师的一日生活流程简化后我们发现，R园教师在幼儿园场域内的专业生活严格遵循时间表进行，在固定的时间段做固定的工作。钟表的诞生使时间拥有了刻度，进而使人们习惯于根据钟表确定自己在时间中的位置和应该做的事。根据时间表的安排，幼儿教师的专业生活呈现出规律性。"时间作为公共的、客观的物理量把我们的生活纳入到一个整齐的秩序

---

① 何敏：《教育时空问题初探》，博士学位论文，华东师范大学，2003。

之中，成为我们日常生活不得不严格遵守的强硬规范。"①幼儿园时间表的功能在于为幼儿园生活提供一种时间秩序，为幼儿园的生活常规服务。但对时间表的遵循也将生活的个性化和多样化规训于幼儿园制度之中。正如熊和平所述，钟表借助机械学原理使人丧失了对时间的自主把握，把人的活动引入了一种象征性的社会理性秩序。人的活动及其意义消失在时间的刻度或者各种形式化的社会序列中。② 每日的生活流程、每周的生活流程、每月的生活流程在幼儿园周而复始地重复着。教师习惯了在固定的时间段做固定的事，为完成每个时间段的任务而忙碌着。一件事的结束预示着另一件事的开始。时间不再是教师专业生活的度量形式，不再是教师可以参照的标准，而是成为压制教师、支配教师的"异化物"。③ 虽然在幼儿园听不到上课、下课的铃声，但是每班教师的步调基本一致。不同教师的专业生活流程受制于幼儿园的时间表，呈现出重复性。不同教师在时间表的维度下经历着相同的专业生活流程，机械地完成每一项任务。久而久之，教师的行动开始固化，思维形成了定势。

第四节 "外出培训的机会很少"：匮乏迷茫的学习生活

不断学习是保持某个职业专业水准的重要条件，幼儿教师也不例外。为适应时代的发展，我国学前教育一直处在不断变革之中，新的理念、新的做法层出不穷。不学习就会跟不上变革的步伐，无法将先进的学前教育理念付诸实践。学习生活是幼儿教师专业生活的重要组成部分，但 R 园教师的学习生活状态并不能满足其专业发展的需要。

学习生活是教师专业生活的根本之源，一切专业生活都离不开学习。劳伦斯·斯滕豪斯(Lawrence Stenhouse)认为，教师专业成长主要有三种途径：学习系统的理论知识，探索他人的教学经验，通过教学实践对已有的教学理论进行检验。可见，学习对幼儿教师的专业发展具有很大的意义，从成为准幼儿教师那刻开始，幼儿教师就不能停止自主学习。学习能让幼儿教师丰富专业知识，提升专业素养。例如，教师可以通过学习，进一步了解幼儿的心理特点和每个阶段的发展规律。

---

① 孙利天：《死亡意识》，93 页，长春，吉林教育出版社，2001。
② 熊和平：《课程与生活——基于西方课程思想史的考古学判读》，105 页，哈尔滨，黑龙江教育出版社，2011。
③ 张妮妮：《在耕耘中守望——乡村幼儿教师专业生活的叙事研究》，博士学位论文，东北师范大学，2012。

一、放学后的钢琴声：弹唱跳画技能考核

R 园有一台钢琴，摆放在教学楼的活动室内。最近几天，活动室不时传来钢琴声，上课、吃饭、放学后总有老师去那儿练琴。每个学期的第二个月月底要考核老师本学期歌曲的弹唱基本功，老师们变得积极认真起来。

下午，Z 老师试着练习钢琴，但左右手无法配合。她对着我尴尬地笑了笑，说自己已经三四年没有摸过钢琴了，有点儿弹不出来。我问她为什么。她说自己以前的幼儿园不要求老师弹钢琴。现在如果不是因为考核，她也不会练琴。有时候她觉得幼儿园的一些考核还是必要的，可以提高专业技能。

R 园的教师平时按部就班地工作着，一般 16:40 打卡下班。如果遇到考核，教师的学习状态会发生变化，比往日勤奋认真很多。专业学习是提升幼儿教师专业素养的基本途径，但 R 园教师的专业学习主要集中在弹唱跳画等技能上。R 园在学期内进行了歌曲弹唱考核，举行了教师绘画基本功大赛。

二、教研——学习生活的微弱亮光

H 老师是 R 园的骨干教师，拥有 11 年教龄。她于 2013 年考进 Y 县某镇中心幼儿园，2015 年轮岗调入 R 园，现已评上幼儿园二级职称。有了编制后，她在 6 年中上过 6 次公开课，其中 4 次在园内开展，2 次在县里开展。R 园的园内教研活动以集体备课和听课、评课的方式开展。教师个人每年进行一次公开课。公开课既是对教师专业素养的考验，也是教师群体发挥集体智慧的有效教研。但这样的机会一年只有一次，教研的动力过于微弱。

评课实录：探索火箭升空的秘密(2018 年 10 月 10 日)

从昨天收到听课通知后，K 老师就开始认真准备。"平时上课会随意些，有时候遇到状况会直接跳过，但上公开课就会仔细看一下流程。毕竟会有其他老师来听你的课，自然会多方面地考虑。我会想一想怎么提问，也会模拟上课的情境，想一下孩子们会做何反应。要尽量让课堂生动一些，不能出现等待现象。"

早上 9:00，K 老师在准备待会儿上课用的教具。她拿来卡纸和蜡光纸，将卡纸剪成扇形，放在瓶口上挤压，但卡纸并没有向上飞。接着换成蜡光纸，剪小一点儿，也没有向上飞。马上就要上课了，她有点儿着急，猜测是不是纸太重了。她把 A4 纸剪成扇形，可依然没有成功。H 老师见状，加入她的探索。K 老师说："书上明明是这样写的，怎么不行？是不是要把扇形粘起来？"H 老师说："是不是扇形不够尖，没有包住瓶口，所以飞不上去？"在这段时间，幼儿观看动画电影。H 老师把瓶子放在桌子上大力拍打，"火箭"终于成功升空。H 老师建议上课时让小朋友自己先探索一下，不要直接

告诉他们方法。因为要为每个幼儿都准备一个做火箭头的扇形卡纸,到了上课时间,K 老师还在准备着。B 老师、D 老师、L 老师已经来了,H 老师让 K 老师先去上课,她帮忙剪扇形卡纸。B 老师、D 老师、L 老师坐在后面听课,翻开听课本新的一页,记录日期和课程信息。课程结束后,园长和听课的老师就这节课存在的问题展开讨论。

B 老师:你觉得在流程方面,小朋友掌握得怎么样?

K 老师:有点儿乱。

B 老师:你觉得哪方面乱?

K 老师(声音较小):过程方面。

B 老师:就过程方面,是吗?那你觉得有没有达到活动目标?

K 老师(迟疑):就一点点,或者没有。他们都还没有掌握好,后面 H 老师做了补充。

B 老师:其实小朋友对科学课是很感兴趣的。你没发现小朋友一接触这些,兴致就很高吗?但是你前面可能对整个活动的流程把握得不是很好。我们也说要提前备课,上一周你就要备好这一周的课。像你最主要的就是教具这一块儿,你不能说等你上课了再临时去准备。需要的材料,你可以让小朋友在星期一的时候就带过来,不要今天才带过来。如果星期一没有带过来,你再提醒小朋友和家长。但像现在,有些小朋友没有带过来,我们就要去准备,这不是很浪费时间吗?每个班不是都有操作篮,每个人不是都有一个吗?你可以先让小朋友把准备的材料放在操作篮里。现在就是老师走来走去给小朋友拿教具,一拿东西大家都一窝蜂,导致整个活动很乱。

D 老师(拿着教师用书和听课本):一开始就让小朋友直接看视频还是怎么样?

K 老师:直接看视频。

D 老师:如果直接看视频,那你怎么引导,怎么激发他们的兴趣呢?

K 老师:就是先引个大体出来,然后放视频。

D 老师:你首先要激发他们的兴趣,或者看视频的时候,你让他们带着问题去看,不要让他们直接看。你不抛问题给他们,他们就一边看一边说话,都不知道看什么。我看你就提问了一次,好像也没在点子上,最后就向上飞了,小朋友都在倒计时。他们并不知道要点火,要有助燃,要靠空气挤压,不太能感知空气的存在以及空气的流动。你好像没有说到这一块儿,你没有让小朋友去讨论火箭为什么能飞起来。其实我觉得这节课像你说的,最直观明了的是拿个瓶子,说我这里有一个火箭头,问用什么方法可以让火箭飞起来。可以让他们带着问题去看,或者让他们自己去想。比如说拍,或者吹,那你就请小朋友拍,请小朋友吹。然后你去播放视频。你要先激发小朋友的兴趣。你把小朋友的兴趣激发起来了,这节课才能一环套一环地上下去。

L 老师:在制作环节,你还没有让小朋友去学习怎么让火箭飞起来,就直接让小朋友把瓶子拿出来。小朋友把瓶子拿出来，肯定就是在玩，根本不会听你说什么。

K老师：是的，我不应该让小朋友提前把瓶子拿出来。

H老师：上课之前真的要好好想一想：首先要做什么？我怎么样才能让小朋友听我的？怎么才能达到我想达到的目标？不能说就简单看看教参。教参这里看视频，那我就放视频；教参这里教做火箭，那我就教做火箭。你要想想自己班的小朋友。你要知道这个班的特点是什么，他们喜欢哪种方式。C老师，你们上的都是同样的课，你可以上课之前向她请教，或者请教其他老师。现在整节课比较混乱。像科学课，小朋友的兴趣是很高的，关键要看相关环节怎么弄。看视频不是说不可以，但你要让小朋友带着问题去看。比如，看视频之前，问小朋友火箭是怎么飞上去的，要先抛出问题。

K老师：嗯……先抛出问题。

H老师：还有一个。你有没有发现，有的小朋友盖不住瓶口？

K老师：剪得太小。

B老师：就是要去找原因。为什么盖不住瓶口？可以让小朋友去探索。有的剪得太小，有的贴得不够，那不够的话怎么放比较好？你没发现，我去转的时候发现了。有的小朋友反过来就盖住了。他想到了不一样的方法，可以表扬他呀。还可以叫小朋友上去试，请他们找原因。为什么有的飞得高，有的飞得低？你叫了小朋友上去，所有这些问题就都要讲，要及时解决。课程准备还是要细一点。

评课结束后，K老师若有所思地翻看着教师用书。这场评课对她的肯定较少，在备课过程中她也确实没有费太多心思。

教研活动是幼儿教师解决实践问题、提升专业素养、过有意义的专业生活的重要途径。在教研活动中，教师之间的交流互动有助于教师找出教学过程中的缺点；教师之间的互帮互助，可以使教师转变行为和意识，主动在教育教学的过程中发扬优势，弥补不足。在教研活动中，教师可以各抒己见，就某个问题进行多方面的思考和讨论。评课有助于改善教师行为，促进教师专业成长。K老师上课的时候忽略了细节处理，评课老师对细节问题的讨论有助于K老师优化课堂氛围，同时带给她一些启发。遗憾的是，这样的活动并不多。由于幼儿园事务多，教师很难从班里走开，因此每位教师一年只有一次被评课的机会。在短暂的评课中，教师汲取着有限的养料。刘占兰指出，园本教研活动的开展应把握三种基本要素与基本力量，即教师个人、教师集体、专业研究人员，其中自我反思、同伴互助、专业引领是幼儿园教研活动开展的重要方式与途径，并构成三位一体的支撑关系。[①] 从R园教师的评课中可以看出，首先参与主体是五位教师，代表教师个人和教师集体，缺乏专业研究人员的指导；其次教师更注重

---

① 刘占兰：《园本教研的基本特征》，载《学前教育》，2005(5)。

教学环节的有序开展，将教师的有效控制放在主要位置。一方面，教师面对不同个体，要使教学真正促进每一个幼儿的成长，就必须研究教学；另一方面，教师面临着复杂的教学情境，需要在教学实践中不断进行研究。而R园的教研活动还停留在一般教学的探讨上，缺乏深度。

三、一次无效的园本培训活动

培训实录（2018年10月12日）

早上，L教育集团前来为老师做培训，目的是教老师更好地使用教材。全体老师集中在一楼活动室接受培训。保育员为幼儿播放动画片，照看他们的安全。

8:50，D老师拿着笔记本，特意戴上老花镜前来听课。其他老师也陆陆续续带着笔记本过来了，只有H老师还在自己班里。我去叫她时，她的表情有一丝不悦，念叨着"又要培训"。

L教育集团的讲师在宣讲了××课程的优点后，开始演示案例。比如，导入环节，可以使用歌曲、故事、手指谣导入。多媒体课件的"芝麻开门"环节，讲师选取了一些形象生动的案例进行展示。接着讲师介绍了课件中的白板应该如何使用，最后示范老师如何将一个主题整合为涉及五大领域的课程。例如，"卷炮仗"本来是艺术领域的音乐活动，放在健康领域可以让幼儿排成长队后围成一个圈，根据歌词的指令，卷成炮仗或散开；放在语言领域可以教幼儿诗歌；放在社会领域可以告诉幼儿关于过年放炮仗的习俗。

老师们除了在笔记本上记录日期和主题，没有再写其他内容。

培训结束后，老师们的意见很大。"每次培训都是这样，根本没有解决实际的问题，就是把准备好的内容展示给我们。""如果一个主题每个领域都教，那侧重点在哪里？""这套教材系统根本就不好。一个寓言故事那么长，如何突出重点？小孩记不住这些故事内容，连语言领域的目标都很难达到，现在还要扩展到其他领域。""和上次的培训没什么区别。说大家都会说，但缺乏实际操作，浪费时间，还不如让我去看顾孩子。""每个老师都有自己的上课风格，我们真正想要学的是如何引起小朋友的兴趣。"

R园教师对学习教育理念及新知识积极性不低。教师在使用教材的过程中遇到一些问题，带着笔记本满怀期待地参加培训，希望获得启发。然而培训缺乏专业的引领，培训的内容也不符合教师的需求，最终教师感到培训不过是在浪费时间。

D老师：这些培训怎么讲，名额很少。轮到我们幼儿园一年就一次，或者隔一年才有一次，很少的。省培我们就去了两个园长。其他的要出培训费，分下来的名额也不多。如果靠单位出培训费就很为难。省培、国培那些免费的指标下来的很少。

园长在教师培训名额的增加上也感到力不从心。农村教师培训的机会不多，一学期只能有一名编内教师外出学习,而且培训效果并不明显。即使教师在培训的当下受到感染,但是回到幼儿园后,由于现状和培训的理论脱节,很难展开操作,教师的短期热情也随之消散。① 农村教师的数量有限,"一个萝卜一个坑"。派出一名教师参加培训,整个幼儿园的工作都会受到影响。另外,由于教育教学任务异常繁重,工作时间长,因此教师就算想参加培训也没有时间。

四、缺乏专业学习的平台

M 老师:我自己平时对幼教这一块儿最主要的信息来源就是相关领域的公众号,还有就是短视频。我在短视频上会看一些环创、幼儿玩教具制作、画简笔画、做小游戏的内容。有的时候我懒得画画,会把短视频上搜到的视频投在一体机上,让幼儿照着画。比如,有一次画太阳,需要老师画好一幅再让幼儿照着画。我觉得没什么意思,就找了一个视频,让幼儿看着视频画。

自媒体平台的特点之一就是用户可以根据个人爱好选取内容,但由于网络环境复杂,这些短视频良莠不齐。自媒体平台上的育儿资讯虽然能开阔农村教师的视野,但这样的知识显然不成体系,是碎片化的。R 园教师都提到对学习平台的诉求。

E 老师:其实怎么说,在工作当中我们还是会遇到很多问题,感觉自己就像没学过一样,这时对专业能力提升的需求就特别迫切。就比如说有时候出去搞一个活动,看到别人搞得特别好,就会感觉自己的专业能力不是很足,就希望有更多的学习机会,希望更好地提升自己,但幼儿园能给的资源有限。

G 老师:幼儿园在教师专业发展方向上做得较多的就是提供出去学习的机会,但是怎么说呢,我们主要是乡镇和县城的近距离交流,像出市、出省的交流是很少的。

L 老师:由于我在乡镇上,因此学习的机会比较少,而且老师还挺多的,所以每个人的学习机会不多。自己要学习的话,可能自身动力不太足,琐事也特别多,就静不下心。希望以后培训学习的机会能多一些。

H 老师:我们外出培训都是轮流去的。我从 2016 年到现在就参加过一次,感觉自己已经脱离学习很久了。由于学习的机会少,老师们轮流出去学习,回来后再分享。但是听老师们分享跟自己出去学习是不一样的。

自 1965 年在联合国教科文组织于巴黎召开的国际成人教育会议上保罗·朗格朗(Paul Lengrand)提出"终身教育"一词后,终身学习的理念被应用在教育的很多方面。②

---

① 宋农村:《中国乡村学前教育发展研究》,238 页,北京,人民出版社,2014。
② [日]持田荣一、[日]森隆夫、[日]诸冈和房编修:《终身教育大全》,龚同、林瀛、邢齐一等译,5 页,北京,中国妇女出版社,1987。

社会飞速发展，当新事物出现时，个体要具备学习能力，要能接受新事物。专业学习是教师专业发展的必经之路，幼儿教师是负责幼儿保教的专业人员，应该坚持终身学习。教师通过网络媒介获取幼儿教育相关资讯，增长见闻，说明他们具有一定的学习意识，但学习的内容没有经过专业人士的鉴别筛选，不成体系，容易出错。教师的学习是一种系统学习，学习形式主要是主动探索与研讨发现。教师要通过学习完善认知结构，获取新的知识。教师的专业学习更是要求教师紧密结合保教工作中的实际情况，制订学习计划，重视反思与批判。农村幼儿教师在实践中遇到问题时，缺乏专业的支撑，可获取的帮助也比较有限。另外，理论与农村的实际情况也有一定的差距。

G老师：我们没有什么培训的机会。我平时下班会在网上看看公开课，看看手机上关注的一些幼儿教育方面的公众号，看看其他老师是如何上课的，不然遇到问题也不懂怎么解决。

F老师：我想学习，但是没有平台，只能自己在网上搜一些公开课。我们11月上了音乐和体育的公开课，教学方法偏向小学化，最后也没有讨论出更好的教学方法。我们老师要不断地学习，这样才能用更好的方法教育孩子。

E老师：我个人觉得教研挺好的，毕竟每个老师的经验都是不一样的，教研有助于把每个老师的观点结合在一起，采取好的形式来上这一节课。如果把每个老师的观点都结合起来，我觉得这节课整体来说会更好。可以说每个老师都能进行学习，都能有进步。关于自己怎样上好这节课，采取什么形式去上，包括一些提问的方法，老师可以学到很多东西。

虽然R园开展教研活动的次数不多，但R园教师普遍认为教研活动尤其是集体备课活动可以让教师学到东西。幼儿教师一般会经历从不成熟的新手教师到相对成熟的骨干教师再到成熟的专家型教师的过程，这个过程是终身的可持续发展的过程。[①] 另外，农村的教育信息可能相对闭塞，教育理念相对落后，这就要求农村幼儿教师以终身学习为自身专业发展的理念，自始至终地坚持更新、补充自身专业知识和能力，在学习中适应与成长，成为学习型教师。

A老师：我之前去江门参加了一次培训。怎么说呢？当下很热情，成长很快，学到了很多，但是回来后结合幼儿园的现状，觉得很难去实现、去改变。学到的方法很难使用，很有限制性。我最想出去跟岗。实地跟岗提升得快，学得多，能知道整个幼儿园的操作。

---

① 马丽君：《基于〈幼儿园教师专业标准〉的农村幼儿教师专业发展研究——以山东省济南市农村幼儿园为例》，硕士学位论文，山东师范大学，2014。

I老师：我想要去跟岗，去看一下别的幼儿园是怎样进行区域活动，怎样扩展的。我觉得我们老师就欠缺这一块儿。

教师培训是促进教师专业发展、丰富教师专业生活的重要途径。黄甫全将教师培训定义为：通过提供完整的、连续的学习经验和活动促进教师专业、学术和人格的发展。通俗来讲，教师培训就是顺应社会发展趋势，满足教育和课程改革对教师素养的要求，通过有计划地组织在职教师开展各种层次、各种形式的学习活动，促进在职教师在专业上、学术上和人格上可持续发展。① 教师培训促使教师更新、补充知识，对教师的专业发展起着至关重要的作用。

但是，在现实中，由于培训受到理论话语主导、科层制话语主导以及城市话语主导等"独白"培训观的影响，农村幼儿教师失去了话语权。这说明农村幼儿教师接受的培训缺乏针对性，脱离当下农村学前教育教学实践。无效培训占用和浪费着教师的时间。②

第五节 "傻瓜式教学"：教育资源匮乏的保教生活

幼儿园肩负着教育和保育的双重任务。可以说，幼儿园的一日活动围绕保教展开，教师的专业生活体现在保教活动中。R园各班的共同特点是人数多。这给幼儿教师的保教活动带来不小的挑战：一方面要缓解新生的入园焦虑；另一方面要教幼儿在集体生活中掌握基本的自理能力，养成良好的卫生习惯。除此之外，Y县地理环境特殊，日常交流中方言混杂出现。个别幼儿发音不清晰，难以和教师直接沟通。

一、应付式的备课生活

四楼的教师办公室靠墙摆放着四套桌椅和两台电脑。15:00—16:00，每班都有一位老师到这里备课。主班老师因班级事务较多，常在周一、周三、周五过来。要每周在两到三小时的备课时间内备好下周的四节课，时间是比较紧张的。为了不占用下班后的时间，老师们在这段时间基本上是各忙各的，如把教参上的内容有选择地誊写在备课本上。

由于条件简陋，因此除备课时间外，教师几乎不去这间办公室。这间办公室对教师的意义仅仅是备课时使用的物理空间，教师对这间办公室缺乏归属感。幼儿园应尽可能地为教师的专业发展提供帮助，但对R园教师来说，其可利用的资源很少。

---

① 黄甫全编著：《新课程中的教师角色与教师培训》，128页，北京，人民教育出版社，2003。
② 戴伟芬：《农村教师培训的第三空间路径研究》，131页，北京，科学出版社，2017。

I老师：我们主要是按照季节、节日、主题，还有那个××课程进行备课的。上课的内容比较随意，可以自由安排。如果是平时备课，就根据教参大概看一下流程，对整节课有基本的思路，有一点头绪就行了。有时候十几二十分钟就写完一个教案了，因为我们的课时是很短的。现在很多人备课都会用电脑，很少有像我们这样手写的了。所以呢，如果我们写的话，语言都很有概括性，会从教参上挑选出大概的流程记下来。有时候我也觉得我们备课挺应付的，就是把教参在备课本上抄一遍，因为备课等都有绩效考核，就是为了应付检查。每周组长都要检查，学期末还要上交备课本。

R园教师目前的备课主要是基于对教参的理解，然后再结合本班情况进行调整。备课是组织保教活动的前提，专业的备课应从幼儿特点、幼儿园实际情况等多方面考虑。备课是教师专业素质的核心能力之一，如果仅仅将备课理解为在备课本上写下教学过程，那么备课最终难免流于形式。

二、忽视幼儿心理的保教活动

幼儿教师的保教活动除了写教案、准备教具外，更重要的是了解幼儿，而这一点常常被教师忽视。或者教师想了解，但是不懂方法，也没有相应的理论知识储备。

2018年9月26日早上入园时间，和妈妈在幼儿园门口"抗争"的小花被送到C老师手上，妈妈转身离去。C老师接过小花，小花对C老师又踢又打，一溜烟跑到幼儿园门口。老师追上来，小花就坐在地上又哭又闹，不让任何人靠近。老师告诉她不要坐在地上，会弄脏裤子，虫子会钻进去，但这些话对她来说毫无用处，她依旧大哭大闹，不肯起来。老师便将书包给她垫在屁股下，然后去照看其他幼儿做操，不再理会她。做完操，老师组织其他幼儿回班，也将小花带回班。小花还是不愿意坐下。于是老师把她安置在老师凳上，接着照看其他幼儿用餐。等其他幼儿用完早餐，老师安排他们如厕、喝水。老师给小花盛了早餐，小花一个人用餐。

R镇有很多幼儿没有读小班，直接就读了中班或大班。他们的入园焦虑并没有因晚上幼儿园而有所缓解，反而因为年龄增长，心理发展特征相对稳定，比起小班幼儿更难度过入园焦虑期。幼儿教师要兼顾班里三四十名幼儿，没有多余的时间单独照顾某一个幼儿，对于没能参与集体活动的幼儿只能采用冷处理的办法：让幼儿安全地待在视线范围内，暂时不理会，等幼儿情绪稍微稳定后再把他带入集体。针对入园焦虑，R园的家长和教师没有过多关注，认为入园焦虑很正常。换了一个新的环境，幼儿需要适应。有些幼儿一周后就不再哭闹了；有的幼儿被家庭过度宠爱，需要一两个月才能缓解。农村的幼儿适应力往往比较强。

教师忽略了幼儿的心理成长以及个别幼儿的特殊需要。虽然说一段时间后有入园焦虑的幼儿也能慢慢适应幼儿园生活，但这段分离带给幼儿的影响是不容小觑的。每天早上，教师为大多数幼儿忙碌着，无暇顾及有特殊需要的幼儿。他们常常被边缘化，被冷落，感觉好像被抛弃了。在幼儿进入幼儿园以前，幼儿教师无法参与他们的家庭教育；但幼儿一旦进入幼儿园，幼儿教师就有指导家庭教育的义务。在教育过程中，当发现幼儿存在问题时，幼儿教师应深入了解情况、分析问题，并积极与家长沟通，帮助幼儿健康成长。

三、缺乏玩教具的户外活动

教育资源是幼儿园实施保教活动的重要载体。R园的教育资源十分有限，缺乏必要的玩教具。由于玩教具不多，因此R园除了早操和体育课外，很少组织户外活动。R园现有的户外教育资源有小滑梯、跷跷板、皮球，这一部分玩具由于体积小，专门供小班幼儿使用。圆圈、泡沫长条、小车供给中班和大班幼儿使用。教育资源匮乏的原因有二：一是乡镇中心幼儿园教育经费有限；二是农村幼儿教师的课程资源开发能力弱，不善于开发乡土资源。由于教育资源有限，幼儿的户外活动单一，教师在幼儿户外活动中仅扮演照顾者的角色。

四、依赖教材和一体机的教学生活

R园使用的教材号称以"情景·互动·创思"为理念，含有幼儿用书、教师用书和数字多媒体课件。教师用书中有每个活动的教学设计，数字多媒体课件已经设计好教学活动所需要的素材。教师可以通过播放数字多媒体课件，直接完成"傻瓜式教学"。

课堂实录(2018年9月27日)

T老师：上周我们学了"怎么爱护书"。请小朋友们告诉我，应该怎样爱护书。我请一个最棒的小朋友来说(此处"最棒的小朋友"指坐得端正、看着老师的幼儿)。

幼儿在老师说完后快速调整坐姿，笔直地坐着看着老师，等待被点名。

T老师：嗯，我喜欢一组的小朋友，一组的小朋友很棒。我请×××来说。

C幼儿：不要在书上乱画。

幼儿根据老师用一体机展示的图片说出了答案。

T老师：嗯，很好。不要在书上乱画。上周老师布置了回家复习的任务，我看谁还记得。第二是什么？第三是什么？

老师按顺序播放一体机中的图片，幼儿在被点名后逐一回答。回答几轮后出现了一张引起议论的图片。

C幼儿：不能用书叠飞机(其他幼儿说不对)。

T老师：看来，有的小朋友不记得第四了。这个是什么？

老师又找了几个幼儿回答,最终确定答案为"不能折书,要用书签做标注"。

幼儿注意力逐渐分散,开始躁动。他们和身边的幼儿玩游戏,互相讲悄悄话,或者触摸其他幼儿。

老师用"谁的眼睛最漂亮""我的眼睛最漂亮"等口令来维持纪律。

个别提问结束后,集体复习一遍爱护书的步骤:不要在书上乱画;不能用书叠飞机;看完要请大人放在书架上;不能折书,要用书签做标注;看书不能吃东西。

在我国,幼儿园阶段是没有统一教材的。幼儿园以《幼儿园教育指导纲要(试行)》和《3—6岁儿童学习与发展指南》为参照,可以自由选择教材。有能力的幼儿园可以开发自己的园本教材。R园的教师过于依赖教参,不再自己动脑思考如何上好一节课,而是跟着教参走程序。R园的教师在上课的时候是比较随意的。幼儿园之所以没有统编教材,是因为幼儿园课程具有生成性,涉及不同活动的导入、过程及反思。Z园长说她选择这套教材的原因是想给教师减负,让教师有更多的休息时间,毕竟幼儿教师的工作是高强度的。在R园的集体教学活动中,主班教师教的课程为语言、社会、音乐,副班教师教的课程是数学、科学、体育。简单引进套装教材容易使课程的设计与执行分离,教师成为在教育现场实践他人意志的"教书机器"。

五、保教内容的小学化倾向

我们发现,R园的大班集体教学活动存在小学化倾向。在吃完午点后的集体教学时间,大班幼儿会拿出拼音本、汉字本、数学本,教师会教他们初级的小学知识。

《幼儿园教育指导纲要(试行)》明确指出:"幼儿园的教育内容是全面的、启蒙性的,可以相对划分为健康、语言、社会、科学、艺术等五个领域,也可作其它不同的划分。各领域的内容相互渗透,从不同的角度促进幼儿情感、态度、能力、知识、技能等方面的发展。"R园目前使用商业公司开发的课程,表面上看符合《幼儿园教育指导纲要(试行)》的要求,实则在课程安排上以语言和数学为主,教育方法以教师讲授、幼儿被动接受为主,重视幼儿掌握知识的结果,忽视幼儿的参与过程。

六、浮于表面的反思生活

教学反思是教师教育教学活动的重要组成部分,贯穿于教育教学活动的始终,具体指教师为了有效保教,对已经发生或正在发生的教育教学活动以及这些活动背后的理论、假设进行积极、持续、周密、深入、自我调节性的思考,进而发现教育教学活动中的问题,并积极寻求解决问题的方法。

时至今日,R园教师仍然在扮演课程计划执行者的角色,缺乏反思,也不知道应该反思什么以及如何反思。

R园教师的所谓"反思"较多停留在浅表的层面。例如，在听课过程中L老师用描述性语言记录了这堂课的基本过程以及幼儿的课堂反馈。她在细节上更在意教师掌握课堂管理的技术，她更多关注的是教师存在的操作问题，缺乏对其他方面的反思。

N老师：我们会有反思呀，在上公开课的时候或自己上课的时候就有。听别的老师上课，我会想自己有哪方面做得不好。自己上课的时候，如果遇到一些问题，如小朋友没有听懂，我也会有一些反思，只是很少记下来。你让我写，我情愿说。

(一)教研做得不到位

幼儿园教研活动能够在提升教师教学质量和专业素养的基础上提高教师专业生活的质量，促进幼儿身心全面发展。

H老师：老师以公开的形式上课，下课后大家再一起讨论，但是很多时候说的都差不多。当然也会针对一些特别情况去讨论，如遇到这样的情况怎么去上课。

K老师：我就希望幼儿园在教研的时候能做一些实实在在的事情。比如说，提出问题后，咱们一个问题一个问题地解决，而不是问题提出来了，但永远得不到解决。我们研究一个问题，应该把这个问题研究好了再进行下一步，而不是赶赶赶。不然老师参加教研也只是走马观花。希望做事再具体些。

(二)不知道怎么反思

缺乏学习机会及缺乏专业指导使农村幼儿教师变得无奈和迷茫，在实践探索中不可避免地会遇到困难。R园教师能获得的帮助是有限的。

I老师：工作的时间长了，教育生活也变得得心应手。陷在这种常态的自然生活里，我们虽然有自己的牢骚，有自己的烦恼，但是真要我们反思我们的教育，并通过自己的反思来促进自身的专业成长，我们就显得无从下手，不知道该反思什么，不知道该说些什么。这时候就会对怎么样做反思型的教师感到困惑，感到迷茫，甚至对过多的宣传和要求感到淡漠。不是我们不想过反思的生活，而是我们真的不知道该怎么去反思自己的生活，不知道怎样的反思才是有价值的反思。

第六节 "知足与坚守"：朴素而不凡的专业情感

一、R园教师心中的专业生活体验：满足而无奈

目前国内对幼儿教师专业生活满意度的研究还没有比较统一的常用模型。前人的研究大多从生活满意度、正向情感和负向情感等方面研究幼儿教师的幸福感。研究者倾向于分开测量幸福感的情感维度和认知维度。本研究所采用的幸福感问卷包括三个

部分：生活满意度、正向情感和负向情感。生活满意度量表是迪纳（Diener）、埃蒙斯（Emmons）和拉森（Larsen）等人于1985年编制的，包括5个题项，要求被试对其生活的满意程度以及与理想生活的接近程度进行评价。生活满意度量表采用7点计分法，选项从1（强烈反对）到7（非常赞成），分数越高，满意度越高。该量表应用广泛，且多次在跨文化研究中施测于中国被试，其内部一致性信度为0.84。情感量表采用卡曼（Kammann）和弗莱特（Flett）于1983年编制的情感量表2中的20个测查正向情感、负向情感的项目。正向情感维度各项目间的内部一致性系数是0.84，负向情感维度各项目间的内部一致性系数是0.74。对量表项目进行的因素分析能够清晰地区分出正向情感和负向情感，解释率为37.19%；各项目的因素载荷分别为0.53~0.71和0.36~0.64。这说明量表有较高的结构效度。量表采取5级评分制。

本研究采用社会科学统计软件包对收集到的数据进行统计分析，数据处理工作主要包括：通过描述性统计对幼儿教师的幸福感与社会支持的基本情况进行分析，用t检验和F检验分析主观幸福感与社会支持各维度在人口统计学方面的差异。

从表3-3可以看出，R园教师的年龄平均值为31.080，最大值为38，最小值为22。这说明R园教师整体比较年轻。R园教师专业生活满意度的平均分为24.000（最大值为32，最小值为6，标准偏差为6.831），处于中等偏上水平。同时，我们需要使用正向情感与负向情感验证专业生活满意度。R园教师正向情感的平均分为38.920（最大值为46，最小值为30，标准偏差为5.090），处于中等偏上水平。R园教师负向情感的平均分为23.080（最大值为40，最小值为16，标准偏差为6.837），处于中等偏下水平。整体看来，R园教师的主观专业生活满意度处于中等偏上水平。

表3-3　R园教师专业生活满意度调查

调查项目	最小值	最大值	平均值	标准偏差	方差	中位数
年龄	22	38	31.080	5.766	33.244	33
教龄	1	17	8.500	5.909	34.917	8
满意度总分	6	32	24.000	6.831	46.667	24
正向情感	30	46	38.920	5.090	25.910	40
负向情感	16	40	23.080	6.837	46.744	22

二、"能在工作与生活中找到平衡"

一位受访者：在幼儿园工作压力很大，要关注幼儿的安全、家长的意见，还有一堆文件要处理。时间都是很紧的。像我现在负责幼儿园的财务这一块儿，每天要做十几个系统。有时一份资料这个系统是这样要求的，到那个系统就又变了要求。但是只要走出幼儿园的大门，工作上的事我就再也不想了。工作全都被关在幼儿园里。回到家，我就想照顾好家庭，有自己的生活。

另一位受访者：上班一天之后我是很满足的。那些孩子都很单纯，我觉得很开心，工作做起来也比较轻松。我们班上的两个老师相处得也比较好，从不计较谁做得多谁做得少。反正班上就这些事，有时间就去做，做完可以早点下班。我觉得工作只是生活的一部分，我不喜欢把工作带到生活中去。周末是我自己的时间，可以去玩。

能否平衡好工作与生活影响着教师的工作满意度。随着现代生活节奏加快，工作压力加大，很多群体都感受到了工作与生活之间的冲突。R园教师每天16:40下班后倾向于将工作抛于脑后，以个人生活为重心。然而，真正的专业生活与闲暇生活是分不开的，只有重视"充电"才能更好地将理论与实践结合起来。

三、"幼儿教育是一棵树的根"

《幼儿园教师专业标准（试行）》对幼儿教师的师德和专业理念做了要求，如"热爱学前教育事业""关爱幼儿，尊重幼儿人格，富有爱心、责任心、耐心和细心"。师德是教师的灵魂，幼儿教师从事学前教育工作的最大动力应是他们对幼儿深深的喜爱，只有这样才能在专业生活中产生愉悦感。R园教师选择从事这份工作的普遍原因是觉得幼儿单纯可爱，另外幼儿教师也都富有童心，在这样的氛围中工作会比较开心。R园教师对幼儿教育有自己独特的看法。

一位受访者：其实我觉得幼儿教育是一棵树的根。大家都看不见根部的情况，只关注这棵树是否茁壮成长、枝繁叶茂。事实上，根是很重要的。我在平时就很注重培养孩子们的性格和卫生习惯。农村的孩子可能不像城市的孩子那样有比较好的学习条件，我就尽量给他们找一些视频，让他们看看外面的世界，同时希望他们学会感恩，不要抱怨自己所处的环境。你看我们班的孩子很多都怯生生的，眼神单纯又孤独。我尽量不批评他们，但有时候那些调皮的孩子也真的很让人头大，不发火不行。有一次，一个孩子在吃饭的时候总是干扰隔壁的孩子。我说了两次，他还是趁我不注意的时候去碰人家。我就没忍住，直接把他拉到过道上，让他自己靠着墙在外面吃饭。过后我也很后悔，但是他真的很难管教。

孩子们都各有特点。你知道吗？以前我教过一个孩子，他家里很有钱。他脾气不好，很讨厌爸爸、妈妈。我通过家访、打电话了解了他在家里的表现情况。他在家里会点火把蚊帐烧着，比较暴躁。他是一个很特别的孩子。他刚开始上学的时候，抓住我就咬，咬得我的手都出血了。他咬我的时候有点害怕，我就给他咬，不推开他，也不骂他。等他慢慢冷静下来，我就说："你看老师被你咬出血了。"他也不说话，就撑着一股气站在那里。我说："我也不批评你，我也不怪你，但是呢，你能不能告诉我你为什么不开心，你为什么要这样子。"他刚开始不讲。我慢慢地了解之后，感觉他其实就是缺少关爱，缺少陪伴。没有人理解他，他认为这个世界的人都不爱他。他有时候去招惹别的小朋友，是为了引起注意。对这个孩子，我想去研究一下，想去探索他的心理。过了很久，孩子会悄悄地对我说"对不起"，会信赖我。我也会做家庭回访，教家长关爱孩子。后来，孩子的进步好大。其实那时候我们去听课，老师介绍过几部电影，都是讲教育孩子的。我很喜欢看这种电影，很想去研究。我很喜欢用心去倾听孩子的声音。

R园教师的教育思想很好地体现了以幼儿为本。在一定程度上，热爱幼儿就是热爱幼儿教育事业。只有爱幼儿，才能产生工作的热情。但是爱幼儿不能只是一句口号，要落实在行动中，但落实在行动中会遇到各种阻碍。例如，面对性格各异、需求特殊的幼儿，由于缺乏理论知识，农村幼儿教师会产生无力感。农村幼儿教师虽然有着对幼儿的喜爱，但在具体操作中又常因专业知识储备不足而感到迷茫。

第四章　城市幼儿教师的专业生活
——对珠三角地区 Y 园的个案调查

什么是比较理想的幼儿教师专业生活状态？本章以珠三角地区 G 市一所非常优秀的幼儿园为个案，完整、生动地呈现城市幼儿教师专业生活的全貌，目的是为读者了解农村幼儿教师的专业生活样貌提供一个参照系。

第一节　田野概况

据《G 市教育统计手册(2019)》，截至 2019 年 9 月 15 日，G 市 11 个区常住人口共 1490.44 万人，共有 1966 所幼儿园，其中规范化幼儿园 1724 所，民办幼儿园 1354 所，省一级幼儿园 82 所且均为公办幼儿园。全市专任幼儿教师 3.79 万人，在园幼儿 52.76 万人，其中非 G 市户籍(本地级市外)幼儿 18.15 万人。全市园长 3811 人，学历为高中毕业及以上的园长占 99.95%，其中学前教育专业毕业的占 83.50%，大专及大专以上学历的占 98.27%。专任教师中学前教育专业毕业的占 86.58%，大专及大专以上学历的占 85.84%。

Y 园所在 Y 区学前教育质量居 G 市前列。Y 园建于 1954 年，是省一级幼儿园和 G 市示范幼儿园。Y 园占地面积为 10326.92 平方米，生均 14.65 平方米。其中，园舍建筑面积为 10239.01 平方米，生均 14.52 平方米；户外活动场地面积为 8267.76 平方米，生均 11.73 平方米；绿化覆盖面积约 2961.78 平方米，绿化率 50% 以上。

Y 园环境优美，文化气息浓郁，教育设施完善，师资力量雄厚。专任教师 71 名，62 名为编内教师，9 名为编外教师；本科及以上学历教师 61 名，占 86%；幼儿园一级教师 32 人，占 45%；幼儿园二级教师 21 人，占 30%；全部教师均持有教师资格证，其中持幼儿园教师资格证的教师占 79%。Y 园能保证每班五六个工作人员的人力投放，使幼儿在活动时间有 2 个以上工作人员在场参与、指导。配有专门的儿童保健医师。

Y 园综合办学实力强，自主游戏、艺术教育等走在了全省幼儿教育的前列，成为省、市贯彻《幼儿园教育指导纲要(试行)》的试点园和国家、省、市教科研课题的实验基地。

整体而言，Y园园长重视师资队伍建设，幼儿园的氛围积极向上，主管部门对Y园的支持力度也较大，Y园教师专业生活处于较高水平。以该园为田野研究点，可以揭示优秀幼儿教师专业生活的真实形态，为我们理解理想的幼儿教师专业生活提供重要启示。

本研究采用目的性抽样的方法，在Y园园长的协助下，最终选择10位幼儿教师为主要研究对象（表4-1）。

表4-1　Y园主要研究对象的基本情况

序号	职称	学历	编制情况
1	幼儿园一级教师	研究生	编内
2	幼儿园一级教师	本科	编内
3	幼儿园一级教师	本科	编内
4	幼儿园二级教师	本科	编内
5	未评职称	研究生	编内
6	未评职称	研究生	编内
7	未评职称	本科	编内
8	未评职称	本科	编内
9	未评职称	研究生	编内
10	未评职称	研究生	编外

另外，为了多角度了解幼儿教师的专业生活，提升研究的可信度，在征得Y园园长同意的前提下，我们对2位园长、3位幼儿家长进行了访谈。Y园共有3位园长，包括1位正园长、2位副园长。由于园长平时行政事务较为繁忙，不便配合研究，本研究最终选择2位副园长为研究对象。对幼儿家长的选择，我们接受了T老师的建议。

T老师：这个你真的可以选择××小朋友的妈妈进行访谈。她不是我们班的，但是可以说是我们园出了名的积极家长。你可能也看到了，我们最近几天的活动××小朋友的妈妈都参与了。

按照这样的方式，我们先选择了2位幼儿家长作为访谈对象。在一场大班篮球比赛上，G幼儿由于输了比赛，情绪崩溃。希希（化名）爸爸的言行吸引了我们的注意，于是我们说明来意，请求希希爸爸接受访谈。希希爸爸同意了，第三位幼儿家长访谈对象也就这样确定了。

第二节 "儿童的花园"：丰富生动的专业生活空间

走进Y园大门，仿佛来到了"世外桃源"。人们会情不自禁地将微笑挂在脸上。Y园虽地处闹市，但却是一方幽静之地，古色古香中透露着现代气息。绿树与鲜花掩映，宽敞充裕的户外活动空间就像是集绿化、美化、童趣化、教育性于一体的儿童乐园。老师们脸上洋溢着微笑，声音非常温柔，园领导也严肃而不失活泼。

Y园依托开放、自然的户外环境，探索出了一条园本化的自主游戏开展之路。Y园的户外环境分为五条大道、八个区域。五条大道以东西走向为界，分为沙水建构、丛林运动、安全体验、体育锻炼、玩具活动五个功能区；八个区域包括沙区、泥区、水溪区、建构区、欢乐丛林区、涂鸦区、种植区、积木区，为幼儿营造了科学合理的自主游戏空间。

Y园根据每个区域的环境特点提供了丰富多样的材料，让幼儿自主确定游戏内容，选择游戏材料和同伴，开展活动。Y园还为幼儿创设了良好的室内区域环境，包括角色游戏区、阅读区、美工区、科学区、木工区等，努力保障幼儿在自由愉悦的游戏中学习与成长。

第三节 "常有惊喜"：灵动多样的专业生活事件

在作息时间表的调控下，教师的专业生活是较为重复和机械的。教师需要按照作息时间表行动，可自由安排的时间较为有限。Y园教师也不例外。与Y县R园教师的在园专业生活不同的是，Y园时不时会安排能给教师带来惊喜的灵动多样的专业生活事件。这些专业生活事件除了大多数幼儿园都有的开学典礼、毕业典礼、儿童节、运动会、家长开放日、教师节之外，还有省内外同行的观摩接待、各类省培或市培项目的跟岗培训、各师范院校学前教育专业学生的见习实习、名园长和名教师工作室的研讨活动，以及戏剧节、艺术节、西关嘉年华、足球嘉年华等富有园本特色的专业生活事件。这大大丰富了Y园教师的专业生活，因为这些专业生活事件"是惯例生活中的例外，即是制度化生活中时间和内容上的例外"[1]。

一、"非遗瑰宝·广府情怀"艺术节

2018年Y园开展的"非遗瑰宝·广府情怀"艺术节紧紧围绕岭南地区的非遗文化，

---

[1] 郑三元、管玮玮：《幼儿园生活事件的教育意义》，载《学前教育研究》，2013(1)。

以符合幼儿身心发展特点、幼儿喜闻乐见的形式让幼儿亲身感受岭南文化的魅力。

广东醒狮是极具岭南特色的民间艺术。这里每逢节庆或重大活动，必有醒狮助兴。Y园幼儿在非遗文化传承人和教师的指导下自制形态各异的小狮子，并高举自制的200多只小狮子，表演了场面壮观的"狮子操"。

岭南地区历史悠久的养生和食补文化不仅与幼儿的生活息息相关，还具有丰富的教育意义。荔枝作为"南国四大果品"之一，常与凉茶相伴。中大班幼儿很生动地表现出了人们吃荔枝、喝凉茶的生活状态。

中国武术源远流长，有力弘扬了自强不息、发愤图强的精神。在艺术节上，整齐划一的扇操表演，阳刚威武，气势磅礴；刚劲有力的咏春拳，一招一式，虎虎生威。

粤语童谣是岭南地区最具特色的文化之一。小班幼儿在教师和家长的共同指导下听童谣、唱童谣，在美妙的粤语童谣声中感受音乐的乐趣和家乡文化的魅力。

Y园邀请家长、非遗传承人进幼儿园，与幼儿一起近距离体验、感受岭南传统文化。剪纸、广绣、粤剧等项目让幼儿感受到了非物质文化遗产的独特魅力。

中华文化博大精深，非物质文化遗产是中华文化的根和魂，也是中华儿女世代传递的瑰宝。Y园开展的"非遗瑰宝·广府情怀"艺术节不仅给家长和幼儿带来了精彩的非遗体验之旅，也让Y园教师的专业生活变得丰富多彩。

二、"一班一剧"戏剧观演周

戏剧作为美育的重要载体，启发幼儿用肢体、语言和表情完成艺术性表达，用各种戏剧符号温润心灵、激发活力和创新意识。同时，戏剧也是品格教育的极好方式。幼儿能在演剧或观剧的过程中与角色产生情感共鸣，潜移默化地受到良好的品格教育。Y园持续多年举办"一班一剧"戏剧观演周，幼儿十分喜爱。幼儿从花木兰代父从军、保家卫国中感受爱国情怀；从小动物选美大赛中懂得欣赏心灵美；从小企鹅学唱歌中学会接纳别人，发现别人的长处。戏剧引导幼儿学会做人、学会做事、学会共处。"一班一剧"戏剧观演周丰富的活动带领幼儿徜徉在戏剧艺术的海洋里，逐步形成健全的人格。

三、庆祝教师节

9月10日是教师节。早晨，Y园教师们的脸上洋溢着喜悦，互相进行节日的问候。幼儿在家长的陪伴下来到幼儿园，手上拿着小礼物，准备送给教师。Z老师站在活动室门口迎接幼儿到来，开心地接过幼儿送给她的小礼物——贺卡、小手工制品、糖果。

Z老师：每年教师节，我都会觉得作为一名教师很幸福，因为有那么多小朋友和家长会记得自己。真是辛苦一年，幸福一天。特别是发现那些已经毕业的学生还记得自己，就更开心了。

幼儿教师在这一天享受着教师这份职业带来的特殊的荣誉感和归属感。虽然幼儿园没什么大改变，教师所要完成的任务一项也没有少，但是教师的心情和往日是不一样的。在教师节这个日子里，教师会有强烈的使命感和责任感，会将幼儿送的小礼物作为对自我身份、自我价值的肯定及获得社会的认同和尊敬的象征。特别是对于新入职的幼儿教师来说，他们尤为激动。

一位受访者：我刚当老师那会儿，总期盼着教师节，在教师节会很激动，很开心，觉得教师这个职业很光荣，很神圣，会为自己当上教师而自豪。随着教龄的增加，我对平日的工作不像原来那样充满激情，但一到教师节还是会有莫名的感触和自豪感。平日里，时间过得比较慢，但是教师节这天，我感觉时间过得特别快。

9月10日和平时的工作时间是一样的，自然时间的流逝和往常也是一样的，不一样的只是时间背后的节日意味。教师节是属于教师的节日，幼儿教师在这一天体会着职业带来的幸福感，感觉时间好像比往日快，觉得自身的生活是丰富而有意义的，对待教学、对待幼儿比起平时更有激情。

一位受访者：以往的教师节都有聚餐，今年暂时取消了。不过今天下午领导会来幼儿园慰问，这还是很值得开心的。傍晚我们几个关系不错的老师会自己出去聚聚，毕竟这是一个真正属于自己的节日。

教师习惯采用聚餐的形式来庆贺自己的节日。一般是园领导组织，有时是教师群体小范围的活动。幼儿教师在这样的活动中可以暂时摆脱时间的切割，跳出幼儿园生活中的制度规约，消减生活的严肃性。[1] 幼儿教师可以在教师节活动中获得不一样的体验，充分感受职业的荣誉感。幼儿教师互相交流，谈论着自身的教师之路，加深了对教师这个职业的认识和理解。教师节变成一种身份的符号，在每年的这一天定格。[2] 幼儿教师专业生活被教师节赋予了更多的意义。因为事件时间便于引起小组内部的言语交流和思维共鸣，确实能起到比钟表时间更清晰的作用。它能让人们暂时忽略工作的乏味，延续人们的工作动力与工作兴趣。[3]

四、家长开放日

每个学期，幼儿园都会举行一次大型的全园家长开放日活动，主要是让家长了

---

[1] 张妮妮：《在耕耘中守望——乡村幼儿教师专业生活的叙事研究》，博士学位论文，东北师范大学，2012。

[2] 常亚慧：《沉默的力量——学校空间中教师与国家的互动》，博士学位论文，南京师范大学，2007。

[3] 桑志坚：《超越与规训——学校教育时间的社会学研究》，博士学位论文，南京师范大学，2012。

解幼儿在园的表现，以及通过一些游戏活动增进亲子感情。家长作为幼儿园的重要利益相关者，也都比较愿意参加。幼儿教师会认真对待这个重要的日子，进行充分的准备。

Z老师：每个学期都会有家长开放日。这个活动是全园上下最关心、最在意的活动。园领导一般会提前两周将具体要求和注意事项告知各个班，老师接到通知后就要开始着手准备。前期准备工作比较多，主要包括环境创设、汇总幼儿的表现、制作课件、设计亲子游戏等。这些都是利用额外的时间做的。像幼儿的表现，我比较倾向于采用直观的图片形式，所以要抓住时机给小朋友们照相。有时觉得压力也挺大，一到重大活动，准备工作总是很多，人也觉得特别累。

其实不只Z老师有这样的看法，其他许多教师也表达了相似的观点。例如，"家长来幼儿园主要是了解幼儿平时生活和学习的环境，我们肯定要充分展示。这也可以让家长更好地理解和配合我们的工作"，"在平时工作时，常觉得家园联系这块儿比较难做。现在有这么个机会，肯定要好好表现。尽管准备这些要花时间与精力，但还是想认真对待"。

在访谈中，幼儿教师普遍认为重大活动会增加教师工作量，使教师压力变大。但即便这样，他们还是比较期待的，并且很重视。他们有的说："毕竟这和平时的生活体验还是不一样的，而且可以通过这些活动向家长、幼儿传达幼儿园的教育理念，也能与家长进行交流。"有的说："家长开放日当天其实还是蛮轻松的。家长都很关注自己孩子的安全，会尽心看管孩子，所以我们照看的压力比平时小一些。"

2019年12月的一天，Y园进行本学期的家长开放日活动。家长早早陪同孩子一起来到幼儿园。幼儿进入活动室用餐，家长在幼儿园内参观。待孩子用餐完毕，有教师把孩子带离活动室去操场玩耍，家长陆续来到活动室参加家长会。8:45，Z老师宣布家长会开始。她一边展示课件，一边进行总结。家长听得很认真，并且会及时反馈。第二个环节是集体教学。Z老师讲的主题是"6的点数"。因为有家长在场，幼儿表现积极。10:00，游园游戏开始。Z老师在自己班组织"吹一吹"的游戏，等待各个班级的幼儿来玩。Z老师笑容满面地进行指导，并给通过的幼儿盖章。Z老师说："家长开放日的活动主要是三大部分：家长会、集体教学、游园游戏。这和平日里的作息时间表规定的内容不一样。我们可以自由安排前两部分的内容和时间，第三部分因为是全园的游戏环节，所以会统一进行。"

重大活动能丰富幼儿教师的专业生活，让幼儿教师经历一种不同往日的时间安排，哪怕仅有半天或一天。点缀在学期中的不同时间点的活动，使幼儿教师的作息时间表有了弹性。幼儿教师有一定的自主安排的权利，从而能从平日规范化的专业生活中暂时解脱出来。①

五、运动会

每年12月的运动会分年级进行。小班有班级运动竞赛、亲子游园活动等,中班有篮球比赛、亲子游园活动等,大班有足球比赛、篮球比赛、亲子游园活动等。

2019年12月31日上午,小班运动会氛围活跃,场上洋溢着动感的音乐,幼儿和爸爸、妈妈参与其中。一切都有序地进行着。10:30,幼儿回班级休息、喝水,然后参加亲子游园活动。幼儿可以和爸爸、妈妈一起,在户外活动区玩教师提前准备好的游戏。幼儿玩够10个游戏,可以凭借印章到大门处领取礼物。11:15,幼儿陆续结束游戏。

六、实习指导

Y园有许多教育教学之外的活动。因此,Y园教师除了日常的带班工作,还有许多其他任务。这些任务一方面会增加教师的工作压力,另一方面也给日复一日琐碎的日常工作增添了不少惊喜。

Z园长:开展实习指导工作是一件双赢的事情,一方面促进了实习生的成长,另一方面对我们的老师来说也有好处。实习生的活力与工作热情会感染我们的老师,实习生带来的一些新的教学内容和教学方法能给我们的老师启发。实习生也增加了我们的人手,可以使幼儿获得更多的关注。

Z主任:我们幼儿园会和许多学校合作,实习指导任务是比较重的,基本每个月都会进行不同层次的实习指导工作。接待的实习生类型很多,大专生、本科生和研究生都有,短期的和长期的都有。大专生和本科生一般是一个月,研究生的实习时间要看其具体需要。

Z老师:我非常希望参与实习指导,希望分享自己的经验,帮助实习生将理论与实践更好地结合起来。实习生作为新时代的生力军,也会在不同的方面给我启发。我可以从实习生那里获得新的教育资讯和专业理论知识,学习新的教学方法,进行反思。在指导实习生的过程中我也会获得成长。我们一起成长。

第四节 "痛并快乐着":压力与成就感并存的保教生活

"压力"一词在物理学、医学、心理学等不同学科领域有不同的含义。本研究选取

---

① 张妮妮:《在耕耘中守望——乡村幼儿教师专业生活的叙事研究》,博士学位论文,东北师范大学,2012。

其在心理学中的含义，将其理解为人们在面临恐惧或危险时，个体所产生的一系列身心变化，如精神紧张、心跳加速、血压升高等。① 无压力则无动力，压力是催人进步的助推器。但压力太大，会树弯桥垮。可见压力是把双刃剑。有研究表明："个人、组织和社会三方面是教师工作压力的主要来源。"② 个体如何看待和应对压力在很大程度上决定了压力所发挥作用的性质。在 Y 园教师的专业生活中，可以说压力是无处不在的。幼儿教师面对压力的良好态度和策略成就了他们高质量的保教生活。

一、"我压力真的很大"：新教师的工作压力及应对方式

Y 园新任教师以研究生学历为主，可以说他们有着良好的专业理论素养。但是面对保教工作实践，他们仍然感受到了压力。

Z 老师：原来，有相对较高的学历来幼儿园工作并不是一件很轻松的事情。那些资深教师真的好优秀，他们的教学基本功真的好扎实。不像我，遇到问题总要思考好久。还有，家长工作也好难做。现在的孩子都娇生惯养，一不小心就会收到家长的消息，就又得解释一大堆。每天有这么多表格要填写，还要接受各种考核……唉，我真是太难了！

处于新手阶段的幼儿教师缺乏实践经验，还未完全适应幼儿教师这一角色，幼儿园这一新的生存空间对于他们来讲相对陌生。在与同事、幼儿、家长相处时，他们会有失落感。因此，幼儿教师的自信心会消减，渐渐进入教师专业发展中最艰难但又无法避免的专业自信缺失期。③ 经过深入的访谈交流，我们发现，Y 园高学历新任幼儿教师的生存现状并不是人们日常提到的"研究生去幼儿园教学，肯定没问题"，他们同样会面临压力和遇到困难。他们遇到的重要难题是所学理论不能很好地指导教学实践。这与洪秀敏、罗丽的研究结果相似："研究生在职初期普遍反映出实践能力不足。"④ 无论是本科阶段还是研究生阶段，和职业类学校相比，高校都比较注重培养学生的理论思辨能力。虽然学校也会安排学生去实习，但是实习效果有时并不理想。一位本科毕业的幼儿教师告诉我们："当年我们也是有实习要求的。分配到好一些的幼儿园，人家幼儿园也不放心让我们做带班老师，只能以观摩为主；分配到普通一些的幼儿园，

---

① 李虹编著：《教师工作压力管理》，7页，北京，中国轻工业出版社，2008。
② S. L. Richard & E. F. Iwanicki, "Perceived Role Conflict, Role Ambiguity, and Teacher Burnout," *Educational Administration Quarterly*, 1982(1), pp. 60-74.
③ 徐德斌：《农村中学教师专业自信的个案研究——以江苏省海安县孙庄中学为例》，硕士学位论文，南京师范大学，2008。
④ 洪秀敏、罗丽：《研究生进入幼儿园工作的价值实现、发展困境与诉求：自我评估的视角》，载《教师教育研究》，2018(6)。

是有带班机会，但是吧，唉，没什么水平可言，就是带孩子。"硕士研究生分为学术型硕士研究生和专业型硕士研究生。学术型硕士研究生更加注重理论水平的提升和思辨能力的培养，没有什么参与一线教学实践的机会。专业型硕士研究生一般都会有一学期的实习，分配的幼儿园会比本科阶段实习的幼儿园整体实力更强一些。CQ老师说："我们那个时候也是有实习要求的，不过不是每个学生都有带班的机会。幼儿园会根据需求给实习生分配岗位。有的学生会被分到行政岗位，就是帮助办公室老师做一些日常比较琐碎的事；大部分学生会跟班，不过以协助和观摩为主。"虽然有研究表明，高学历幼儿教师扎实的专业知识和完整的专业体系能够有效促进幼儿的发展和幼儿教师自身专业成长[1]，但是，教学实践经验缺乏和教学基本技能相对薄弱的短板使高学历幼儿教师在入职初期的保教工作中压力巨大。

Z老师：刚得知，××大学有位研究生这周要在我们班跟班。我在回应她的时候甚至都有点儿口吃了。她看起来对我们班很感兴趣，可是我又尴尬又紧张，因为我们班可是出了名的乱班啊。孩子们都很调皮，表现不好的话，可能又要给幼儿园抹黑。再有一个月就要年终考核了，领导抓得很紧。唉，压力好大啊！作为一名新老师，我太缺乏经验了。虽然学了很多理论，但是面对实践的时候，很多理论都很没用。估计这周又要失眠了。

Y园教师的工作压力大，不仅有以上所说的内部原因，还有外部原因。我国幼儿园普遍实行园长负责制，园长是幼儿园最高管理者，其一言一行、一举一动影响着全体员工。[2]《幼儿园园长专业标准》明确提出园长要履行规划幼儿园发展、营造育人文化、引领教师专业成长等重要职责。在研究过程中，我们发现Y园园长十分重视师资队伍建设。

C老师：这个我是非常有体会的，因为我已经入职8年了。刚入职的那几年觉得很轻松，也没什么，就是每天上班嘛。说实话，那个时候园长对我们的要求不是很高，我们老师也还算自觉吧。园长换届以后，新园长对我们的要求比较高。就拿自主游戏来说，我们也取得了一定的成果。经常会有其他幼儿园园长请教我们园长，问自主游戏为什么可以做得这么好，我们园长就直接说："我们是通过考核的方式做的。"这个考核的结果直接与绩效奖金挂钩，就是要挖掘老师的潜力。所以说，我们的压力还是挺大的。

对于园长的高要求给教师带来的压力，刚入职半年的XL老师也深有感触。新教师

---

[1] 李玉莲、刘彦江：《高学历幼儿教师专业发展现状及对策研究——以陕西省西安市为例》，载《陕西教育（高教）》，2017(6)。

[2] 卢乐山、林崇德、王德胜主编：《中国学前教育百科全书：教育理论卷》，207页，沈阳，沈阳出版社，1995。

入职半年后要面临中期考核，需要上一节公开课。XL老师选的是音乐课。XL老师虽然打磨了很久，但是依旧很紧张。XL老师曾悄声对我们说："听上一批入职的教师（指比XL老师早一年入职的教师）说，领导的要求还是很高的。我只是自己觉得这节课没什么大问题了，但是领导有领导的看法，这节课肯定还是有问题需要改进的，实在不行就多上几次吧。"园长在听完XL老师的课之后，指出教学目标不清晰，并现场要求XL老师不进行语言指导，让幼儿自行跟着音乐做动作。幼儿离开XL老师的语言指导后，难以自主把握音乐的节奏。园长建议XL老师再仔细想想教学目标。园长的严格要求让XL老师很有压力，不过她会以自己刚入职没有工作经验宽慰自己，调节情绪。公开课后的第二天，XL老师与我们分享了她的一系列心理感受。

XL老师：恐惧已久的公开课结束了，问题还是挺多的。领导的评价不高，没有鼓励也没有肯定。我有点怀疑自己是否适合做一名幼儿园教师，但又觉得自己一定没问题。我不断地问自己："我当初为什么来幼儿园工作？我真的喜欢这份工作吗？"我不断地告诉自己："因为我喜欢孩子，因为和孩子待在一起很开心。"我不断地问自己："在幼儿园工作会遇到挑战和困难，我真的可以胜任吗？"我不断地告诉自己："我一定可以的。我有理论基础，经验也会慢慢积累起来。我还可以向有经验的教师求教……"

具有比较扎实的理论基础是XL老师的优势所在，也是XL老师调节情绪、为自己鼓气加油的底气。

"教学绩效的提升才是教学自信形成的前提。"[①]绩效考核是幼儿教师专业成长的重要推力。Y园领导和教师都十分重视期末考核。我们发现，教师在食堂、活动室、下班回家的路上，但凡凑到一起，都会问彼此："你的期末考核准备得怎么样了？"教师会频频发出感叹："哎呀，我的课件都还没做，最近又要熬夜了。""我的材料还没准备齐全呢。"D老师在访谈中讲道："期末考核是要纳入绩效的。教师之间会有排名，并且这个排名是会公布的，不合格的教师要重考。所以我们都挺重视的，也都挺紧张的。"C老师说道："领导非常重视期末考核。这个考核一年两次，要求也挺高的，领导先后请了好几位专家给我们做指导。我们从中不断地发现问题，不断地探索进步。"考核带来的工作压力弥漫在全体幼儿教师之间。

Z老师：我躺在床上，回想着今天园里承办的技能大赛活动。其实，幼儿园每次承办此类活动，我们都有机会学习，只不过今天真的好累啊！我很困，但是我睡不着。今天我都做了些什么？时间都去哪儿了？下了班，我只是在微信上和朋友聊了一会儿，一天就又过去了。一想到考核的内容还没有准备好，我的心就揪成了一团。已经凌晨1

[①] 徐德斌：《农村中学教师专业自信的个案研究——以江苏省海安县孙庄中学为例》，硕士学位论文，南京师范大学，2008。

点了，我还是很难入睡……凌晨3点了，我怎么还是清醒的？不想了不想了，我要睡觉，明天还得上班呢。

谈到考核，Z老师叹了一口气。

Z老师：唉，现在这个绩效啊，在幼儿园里是非常重要的。但是说实话，我们做的很多工作都是没办法量化的。我们也不可能只重视考核那部分，对不对？教育，尤其是幼儿教育，更多的是良心活儿。我们新老师前几年确实很难，因为要面临双重考核。

我们了解到，Z老师讲到的"双重考核"指Y园每位主班教师和副班教师都要接受的每学期一次的考核，以及新任教师面临的每两周年级主任来班上的听课考核、入职半年后的中期考核、入职一年后的转正考核等。可见，在Y园，考核对于新任教师而言是比较频繁的。这些考核一方面能推动幼儿教师不断学习、获得专业发展，另一方面使幼儿教师感到压力很大。

Z老师：已经下班了，但拿起这份教学设计，我心中又有一丝不安。这段日子对于我来说，简直就是煎熬。领导一直在以很高的标准要求老师，我甚至有点喘不过气来。转正对我来说非常重要，我已经很努力、很认真地对待了，可是第一次公开课园长并不满意，第二次公开课园长接了个电话，没看到我的表现。已经要进行第三次公开课了，我心里像压了一块石头。希望可以通过吧。

园领导的高标准、严要求虽然是幼儿教师的主要压力源之一，但也是他们专业成长的重要动力。Y园幼儿教师素养普遍较高，他们很大一部分压力来自自我期望值较高，在工作和学习中对自己的要求较高。Y园教师各有优势。高学历教师拥有理论基础扎实的优势，专科教师具有舞蹈、音乐等方面的优势，老教师[①]拥有一线教育实践经验丰富的优势。Y园教师可谓"处芝兰之室"，无形中会受到优秀同事的影响。这些影响会给他们带来压力，同时也会转化为他们专业成长的动力。

Z老师：工作压力还是有的，在幼儿园工作压力也是挺大的。这要看个人如何调节和自己真正想要的东西究竟是什么。在幼儿园工作是需要不断学习的，我一直想要做得更好，不过这也急不来。

在幼儿园工作是有压力的，这显然不同于那种认为在幼儿园工作很轻松的认知。从Z老师讲话的语气到脸上流露出的微笑，我们也感觉到了她要扛住压力、把工作做好的决心。

Z老师：讲真的，不知道当时是什么心情，一点儿也不激动，就很平静地自我发问了一下："这真的是我吗？我获奖了？我得了一等奖？"当时我还查询了好几次，仔细看

---

① "老教师"是相对于刚入职的新教师而言的。在访谈中，Y园教师都这么称呼。老教师工作年限长一些，一般都有家庭需要照顾。

了好几遍获奖名单，确认获得优秀活动案例一等奖的是自己。

这次获奖对我的影响还是比较大的。之前我一直觉得自己只是一名幼儿园老师，没有必要给自己那么大的压力去完成领导的一些要求。我也不知道自己是否真的可以做到优秀。这次获奖仿佛给了我答案。每个人的潜力都是很大的，适当的压力确实可以促进成长。只要努力、认真地对待工作，回报总是有的。我相信，以后会更好，我也可以更优秀。

Z老师一直期望把工作做得更好。这种对自我的期望一方面来自自我实现的需求，她渴望成为优秀的幼儿教师，希望像Y园众多优秀教师那样在带班、参赛等各项活动中如鱼得水、游刃有余；另一方面来自Y园领导的高要求，幼儿教师在领导的高要求下会感到很有压力，但也会主动挖掘自身潜能，给自己定下高标准。Z老师能在权威的学前教育专业杂志举办的优秀活动案例征集比赛中取得一等奖的好成绩，这说明Y园幼儿教师的实力很强。同时，幼儿教师自身都难以相信自己在比赛中获得了一等奖，这说明适当的工作压力可以成为幼儿教师成长的动力。

前文提到，Y园是一所非常优秀的幼儿园。对于Y园教师而言，外界的期望值较高也是一大压力源。这里的"外界"主要指当地学前教育界的同行、幼儿家长、幼儿园领导等。我们在调研中发现，Y园教师往往能将外界高期望值带来的工作压力很好地转化成工作动力。

一位受访者：幼儿园学习的机会还是比较多的。我上次去参加培训，参与这次培训的还有其他幼儿园的老师。中间休息的时候，大家聚在一起聊天。当得知我是Y园教师时，他们发出感叹："哇，Y园啊，那你很厉害啊！Y园各方面应该都是很厉害的。"然后，有的老师就会讲出自己在工作中遇到的问题，问我在幼儿园遇见这种问题是怎么解决的。

事实上，每所幼儿园情况都不一样，我们自己在日常工作中也会遇到很多问题。我们也是在不断学习探索中进步的，可能也没有他们想的那么优秀。当面对同行的羡慕和提问时，我还是有点紧张的，担心自己的回答不能帮助他们解决实际问题，也担心自己专业水平不够，让他们产生失望情绪。或许，只有做得更好才是对同行那份羡慕的最好回馈吧。

二、家长眼中"会施魔法的幼儿教师"

通过对多位家长的访谈，我们了解到，Y园幼儿家长对幼儿教师的日常保教活动评价较高。WX家长在访谈最后表示："我是非常放心地把我的孩子送到Y园的，因为我知道Y园老师专业素养很高，孩子去幼儿园肯定比待在我身边好。"家长普遍认为幼儿教师对孩子影响最大的两方面是幼儿行为习惯和语言习惯的培养，并分享了他们日常的育儿方式与幼儿教师专业保教方式的对比案例。

无疑，教育幼儿是有方法和技巧的。《礼记·学记》也讲道："道而弗牵，强而弗抑，开而弗达。"这说明从成人的视角发出指示性的要求或命令是行不通的。我们必须从幼儿认识事物的规律出发，为幼儿认识世界提供条件，然后静待花开。

案例：帮你捐掉鞋吧

儿子最近总是不好好脱鞋，每次脱鞋都是嘴里喊着"飞——"，然后把鞋甩出去。我和他的妈妈批评过他很多次，叫他不要那样，可他有时候还是会把鞋甩出去。有一次，他甩出去的鞋竟然将家里天花板上的吊灯打碎了。我们严厉地批评了他，看当时的表现，他似乎认识到了自己的错误。谁知道第二天，他就在幼儿园以同样的方式将鞋甩出去，并且砸到了其他小朋友。老师并没有像我们那样非常严厉地批评他，而是静静地将他的鞋捡起来，放在垃圾桶的旁边，对他讲："你这样子脱鞋，意思是你不想要你的这双鞋了，对吧？我看这双鞋还挺好看的，如果你不喜欢了，我就帮你把它捐给贫困地区需要这双鞋的小朋友吧。"没想到，老师的这招儿还挺管用。从那以后，儿子脱鞋都是规规矩矩的，再也不是把鞋甩出去了。我也从老师那里学到了方法。再遇到儿子搞破坏的时候，我会学着老师的方法，告诉他"我们不可以破坏，如果我们不需要这个东西了，可以送给其他喜欢这个东西的小朋友"。这样的引导是有用的，屡试不爽。

教育活动是幼儿教师专业生活的核心内容，也是体现幼儿教师专业生活质量的关键因素。通过对家长的访谈，我们看到了其他行业从业者和幼儿教师在教育幼儿时的差异。幼儿家长对幼儿教师教育行为的认可从侧面反映了Y园教育活动质量较高。高质量的教育活动能助推幼儿教师专业生活水平的提升。

案例：孩子不说脏话了

我和老公、爸爸、妈妈从来不说脏话。最近在家里，我经常听到孩子说脏话。我有点莫名其妙，也很担心他学更多脏话。鉴于他日常接触的人不是很多，我就和孩子的老师说明了这一情况。过了几天，孩子的老师在微信上告诉我，原因是班上一个男同学的爸爸经常说脏话，并将这一坏习惯传染给了自己的孩子，他的孩子在幼儿园又影响了其他小朋友。我没有追问很多，老师也没有告诉我她具体是怎样告诉孩子说脏话是错误的，不能说脏话。在随后的日子里，我偶尔会听到孩子说脏话，但他会立马捂上嘴巴，表示自己说错了，是口误。慢慢地，孩子不再说脏话了。

幼儿语言方面的发展不是教授而来的，而是一种吸收性学习。[①] 幼儿无意识地吸收

---

① ［意］玛利亚·蒙台梭利：《有吸收力的心灵》，高潮、郭志鹏译，7页，天津，天津社会科学院出版社，2010。

着身边的一切，然而其价值判断有赖于成年人的引导。正如家长分享的案例，可能孩子并没有意识到那是一句脏话，也并不知道说脏话是一种不文明的行为。他只是听见别人说了那句话，无意中就学会了。此时，如何引导幼儿在语言的发展和社会文化的期待之间达到平衡，非常考验成年人尤其是幼儿教师的专业水平。这则案例说明，Y园幼儿教师的专业水平较高。

对家长而言，Y园教师是"会施魔法的幼儿教师"。这样的评价一方面让教师们感到有压力，另一方面也让他们很有成就感。

一位受访者：家园共育是促进孩子身心健康发展的有效途径，家长的每一次交流反馈我都会放在心上。今天小林（化名）妈妈告诉我小林最近都会好好脱鞋子了，不再像之前那样将鞋子直接甩出去了，还问我是怎么做到的。她说小林这一坏习惯困扰了她很久。小林的爸爸、妈妈都属于高学历人才，非常重视教育，在育儿方面有问题或者孩子出现不良生活习惯时，他们往往会很着急，所以也经常和老师沟通交流。

像小林妈妈这样的家长还有很多。作为一名幼儿教师，我有时候还是有压力的。家长对我们期待很高，在家长心中，我们可能就像小魔仙一样具有超能力。我们也非常容易满足，家长的几句肯定能让我们开心好久。我们也在努力地成为"会施魔法的幼儿教师"。

身边的同事获奖也会给其他教师带来一定的压力，但更多的是激励和榜样的作用。身边熟悉的同事获奖让大家觉得获奖并不是遥不可及的事情，只要努力，自己也是有机会的。

一位受访者：HL老师在教育部优秀游戏案例征集活动中获奖了，我们都佩服"高产"的HL老师。HL老师也谦虚地分享了她的经验："单靠我个人的努力是无法获得这一荣誉的，优秀成果的获得得益于幼儿园领导的引领，幼儿园为我们个人发挥专业才能提供了平台。就个人而言，就是要有足够的专业敏感性，善于从细节入手捕捉幼儿游戏或者成长的瞬间，多关注幼儿的眼神、表情、小动作等细节。相信你们肯定比我做得更好，只是可能时机还没到，你们还没展现出来。"

园领导的确非常重视教师成长，经常会带领我们通过专题讲座、主题研讨、课题研究等形式进行教研。园长也常说："我们需要更优秀的人来培养优秀的人。"

其实，无论是园领导的重视还是身边优秀同事的影响，都为我们的日常工作增添了压力。但是，领导的丰富安排和高要求在为我们带来压力的同时，也为我们的专业成长提供了更多可能；优秀的同事在为我们带来压力的同时，也为我们树立了榜样。专业的领导和优秀的同事在更多时候其实是我们进一步成长过程中的财富。

外界对Y园教师的高期望来自Y园一直以来的高质量办学。园长说过："我们Y

园最大的财富就是师资力量,这是我园能始终坚持优质发展的最大支撑。"固然,这些高期望会给 Y 园教师带来工作压力,但 Y 园教师依靠不断探索学习和自身过硬的专业素养将这些压力转化为外界的肯定。同行的羡慕和家长的赞誉给予 Y 园教师工作方面的成就感,也是他们继续提升业务水平的动力源泉。由此一来,外界期望和幼儿教师专业成长之间便形成了良性的循环。

第五节 "学习与反思":Y 园教师的专业生活方式

一、自主学习意识强

人类知识总量不断增加,知识更新速度不断加快,对教师原有的知识结构和教学理念构成了不同程度的挑战。这就要求新时代的教师必须树立终身学习的理念。教师唯有不断学习,才能适应教育教学的新要求,在教学实践中游刃有余。不断学习也是幼儿教师专业生活的核心内容,只有专业生活与自主学习融为一体,幼儿教师的专业知识水平和专业技能才能获得实质性的提升。在 Y 园教师群体中,无论是年轻的新教师,还是实践经验丰富的老教师,自主学习意识都比较强。

案例:要有勇气哦

幼儿园学习机会挺多的。不知道哪里来的勇气,我去年竟然报了舞蹈培训。零基础的我在最后汇报演出时肢体最不协调,不过也算是一次非常不错的体验。老师们学习的积极性都很高,每期技能培训都有挺多人。今年又有一期书法培训,会比较累,但收获也会很大。到时候有机会我还是会参加的,学习的勇气还是要有的。

在对 Y 园教师进行访谈的过程中,他们的高频用词之一是"累",只不过在"累"的后面往往还有转折。利用业余时间参加学习培训时感到累是身体方面的知觉体验,身体的主观性则推动幼儿教师积极参与,从而收获精神层次的提升。

案例:不忘初心

尽管现实中的教育情境一地鸡毛,但我还是不后悔我的选择——成为一名幼儿教师。带班之后,我才真正意识到不断学习的重要性。在学校学习的理论知识是完全不够的,所以下班后尽管很累,我还是会挤时间给自己"充电":在公众号上阅读老教师分享的案例和经验,读学前领域的著作,写工作反思,或者早上起床洗漱时打开有声书。总之,"孩子虐我千百遍,我待孩子如初恋"。我不会忘记我要成为合格乃至优秀的幼儿教师这一初心的。

这是 Y 园一位入职不满三年的教师的内心独白,初为人师的她内心有焦虑彷徨,有理论难以指导实践的困惑,但更多的是笃定的信念。这也是众多城市幼儿教师的缩影。在成为优秀幼儿教师的路上，他们会遇到诸多困难，他们会困惑甚至不知所措，但感性层面的消极终究会被理智层面的坚定战胜。身体的疲惫并没有成为幼儿教师懈怠的理由，高度的自律使他们保持着自主学习专业知识的好习惯。

案例：思想不下班

下班，只是时间意义上的下班。回到家里，就算身体开始围绕着家务工作，我的意识还停留在幼儿园——该怎么更好地回答小李小朋友的发问(老师，小蝌蚪找不到妈妈的时候为什么不找爸爸)？那个音乐活动教学目标的设计对于小班幼儿来讲会不会难度太大了？拼果盘的活动非常有意义，可是水果最后不能给孩子吃违背了节约原则……

反思是一种很重要的学习方式。建立了家庭的幼儿教师在很多时候不能保证每天都抽出一定的时间进行专业学习，意识层面的积极反思则会推动他们教学行为的进步。他们或与其他幼儿教师交流研讨，或主动查阅资料，给幼儿的反馈往往是最合乎当今幼儿教育理念和幼儿成长规律的。

无论是主动挤出专门的时间进行专业学习，还是在下班回到家后仍然思考着幼儿园的活动案例，这些都让我们深刻地认识到：幼儿教师的专业生活和日常生活绝对不是完全割裂的，而是相互融合的。虽然有研究认为专业生活和日常生活具有完全不同的特征，如日常生活以重复性实践和重复性思维为基本活动方式[①]，专业生活的基本活动方式具有创造性[②]，但是我们认为，在幼儿教师表面重复着日常生活，实则思考着提升专业能力的时候，其专业生活与日常生活即相互交融的，也可以说其专业生活的内容在那一特定时空中寓于日常生活之中。幼儿教师日常生活中的某些活动可以促进其专业生活质量的提升，拓宽其专业生活的广度，这也可以佐证幼儿教师专业生活和日常生活是相互融合的。例如，某幼儿教师的好朋友也从事幼儿教育行业，她们在聚会时经常分享教育活动案例、工作中遇到的困惑，并相互答疑解惑；幼儿教师有目的地观看有教育意义的影视作品，获益匪浅。对于这种种情境，我们如果单纯地认为它们仅是日常生活的一部分，恐怕不妥。我们也很难想象，日常生活中没有一丝或者很少专业内容融入的幼儿教师，在真正抽出特定的时间去过所谓"专业生活"时会是种怎样的情形，又会为自身、为幼儿带来多少发展。[③] 因此，当看到Y园教师不仅抓住领导提供的显性学习机会进行专业学习，还将其专业生活的内容融入日常生活时，我们似乎看到了幼儿教师专业发展的理想路径。

C老师：其实也不是说我们有点经验的老教师就一定压力小一些。你看，这些年

[①] 王晓东：《日常交往与非日常交往》，41页，北京，人民出版社，2005。

[②] 王卫东：《教师专业生活的理论阐释：以日常生活批判理论为参照》，载《教育学报》，2013 (2)。

[③] 这里仅说明日常生活和专业生活相互融合的关系，不涉及教育领域内专门开设的教育学习、培训等活动。

轻的教师理论基础都是很好的啊，只是稍微缺乏一些经验。我们的理论基础没那么好。所以呢，就是各自有各自的优势和不足。你看，我们现在在搞的自主游戏，也是这几年才开始的。我们都是没有基础的，也都是在不断地学习。

二、教研与培训活动常态化、制度化

Y园非常重视日常教研与培训活动，每周都有固定的教研与培训时间，一般是分年级进行的，由各年级主任根据教师在实践中遇到的问题确定教研与培训的主题和形式，也有针对全体教师的全园培训。例如，针对教师在开展户外自主游戏时不懂得如何观察与解读幼儿游戏中的行为这一问题，园领导从高校聘请专家对教师进行培训。在专家的指导下，教师逐渐学会了观察与解读幼儿游戏中的行为，指导游戏的水平也得到了有效提高。Y园的自主游戏实践得到了同行的高度认可，园长和教师常常被邀请分享自主游戏开展的成功经验，获得了满满的成就感。

Z老师：对于我们新上任的教师，幼儿园的培训还是挺多的，如国画、书法、戏剧、舞蹈、语言艺术等。去年的舞蹈培训和手工培训，我也参加了，可以给你看一下。今年这学期是书法培训，每周四晚上会有一名美术学院的老师来给我们上课，进行专门指导。这个是针对新手教师的，不过老教师也可以报名。学习的机会还是挺多的。

三、学期考核助推教师学习

Y园十分重视考核对教师学习的推动作用。针对近年来教师对组织集体教学活动的忽视，Y园增加了"一师一课"教学技能考核。

2019年1月6日，Y园针对全园教师进行期末考核。考核内容为"基于户外自主游戏的生成活动"，考核要点包括对幼儿游戏的观察与分析，对生成活动的记录与解读、反思与总结。考核小组成员包括园长、两位副园长、三位年级主任和一位学前教育专业教授。

C老师：我们的自主游戏现在做得还可以，因为我们也一直在探索。一开始我们是学安吉的。它要求老师从最基础的做起，非常注重细节。可能几分钟的视频，我们老师要用1000多字去描述，并且力争客观。那个时候，我们的进步其实不大。后来，我们请了SXL老师给我们做指导。她的指导很有针对性，我们进步很大。再后来，我们又请了YZ老师来给我们做指导。我们又发现了新问题。总之，我们的自主游戏是不断改进的，并且被纳入了考核。前几天，有同行问我们园长，我们的自主游戏怎么做得这么好，我们园长就直接说是通过考核做的。这个考核确实给老师增加了不少压力，但也真的挖掘了老师的潜力。自主游戏确实越做越好，老师的水平也有提升。考核要求我们每天都去做，去发现。

四、拥有基于观察与反思的实践智慧

Y园十分关注幼儿，强调在观察与研究幼儿的基础上进行保教实践的反思，从而采取适宜的教育措施。Y园给每个班都配备了一台平板电脑，供教师及时记录班里幼儿的行为。可以说，反思已成为Y园教师保教工作的基本方式。前文所提及的期末考核，其中一个重要的考核点即"反思与总结"。

X老师：视频记录主要用于教师之间的分享和讨论。这是一些很好的素材。你看，孩子们在这个小山丘上完全是自己在探索呀，这是非常鲜活的案例。

不断地学习与反思促使Y园教师的实践智慧迅速增长。教师在处理日常保教工作中的问题时表现得十分专业。

每天9:00—10:00是Y园的户外自主游戏时间。以下是2019年12月10日我们在沙区观察到的情况。

A幼儿：我的！是我的！

B幼儿（哭了）：啊……

两名幼儿因为一个玩具起了争执。A幼儿坚持认为玩具是自己的，不肯放手，还推了B幼儿一把。B幼儿哭了。W老师牵着B幼儿的手，将他带到沙区外，单独跟他谈话。

W老师：老师是不是讲过，不可以拿别人的玩具。我们可以去玩具筐里选择别的玩具。

B幼儿（边哭边说）：可是我就是想玩儿那个啊。

W老师（帮幼儿擦眼泪和鼻涕）：老师知道你喜欢，可是那个玩具是别的小朋友先拿到的，对不对？

B幼儿点点头。

W老师：现在我们一起去玩具筐处，选择你喜欢的玩具好不好？

B幼儿点头，拿到玩具后，重新回到沙池玩游戏。

几分钟后，沙区又响起两名幼儿争执的声音。B幼儿在和另外一名幼儿争夺玩具。J老师忍不住向W老师感叹了一句："唉，别人的就是最好的。"J老师又开始耐心地引导B幼儿。她先是将B幼儿带出沙区，走到一排玩具筐前，请B幼儿挑选自己喜欢的玩具。可是B幼儿摇摇头说不要，并用手指了指正在玩沙的其他幼儿。

J老师：你是想要玩其他小朋友的玩具吗？

B幼儿点头。

J老师：那我们一起去问一下其他小朋友吧，看他们同不同意把自己的玩具给你玩儿，好吗？

很快，B幼儿就看上了其中一名幼儿的玩具。

J老师：你不可以直接将小朋友的玩具拿走。你要问一下小朋友愿不愿意把玩具分享给你。

在J老师的多次引导下，B幼儿自己主动询问，但是被拒绝了。

J老师：小朋友不同意，那我们不可以拿这件玩具。

这时候，旁边的C幼儿拿出自己的挖土机给B幼儿。

C幼儿：这件玩具没有人玩儿，给你吧。

J老师：你喜欢这件玩具吗？

B幼儿（点头）：可是我还需要一把铲子。

J老师：那我们可以一起去玩具筐里找一找，那边应该还有。

…………

J老师：你终于找到了自己喜欢的玩具，开心吗？以后我们不可以抢其他小朋友的玩具哦。我们可以对其他小朋友说："请问这个玩具可以借我玩一会儿吗？"

J老师边说边带B幼儿重新回到了沙区。

幼儿的争执现象在幼儿园中十分常见，教师的处理方式千差万别。在以上案例中，W老师和J老师的处理非常专业、恰当，充分体现了对幼儿的理解、尊重与信任。以下案例可以更充分地说明这一点。

案例：你们可以自己决定

小班的时装秀上，幼儿身穿由塑料袋、纸箱等改制的衣服。准备开始表演的时候，幼儿的队形乱了，都在互相看着对方的衣服聊天、玩耍。老师过来询问："我们的表演要开始了，请问大家准备好了吗？"幼儿："准备好了。"老师："那准备好了应该是什么样子呢？是要站成一个纵队还是随便站呢？"随即，在老师的帮助下，幼儿主动站成了两队。其间，有幼儿询问老师："老师，是一个一个地表演，还是两个两个地表演呢？"老师回答："一个或者两个都可以，你们可以自己决定。你们觉得怎样表演更好看就怎样表演，好吗？"

LH老师有20年的工作经验，观察力和洞察力都很强，能够非常细致地觉察到每一个幼儿的发展差异和性格差异。

LH老师：有时候，你也可以观察一下我们班的这些特殊幼儿，如××。唉，是有一些发育迟缓，但是呢，有时候又表现得很好，你说他不和别的小朋友交流吧，他自己好像也挺开心的。说不上来，都是有可能的。

你像我，从小班带到大班，再轮下来，就觉得每个年级都非常不一样。你看我们现在的小班，更多的就是保育。活动完了上来，换个衣服就是十几二十分钟，时间就是这样磨走了（笑）。

案例：老师喂你吃饭吧

上午11:15左右，小班亲子游戏结束后，大部分的家长选择将孩子接回家，少数工作忙的家长继续将孩子留在幼儿园。小四班被留下了6个孩子，其中子悦（化名）小朋友情绪反应比较大。看着别的孩子被接走，自己却被留下，子悦哇哇大哭。此时班上只有HL老师一位老师，需要不停地接待陆续回班拿书包的家长和幼儿，一时间难以分身照顾子悦的情绪。子悦一个人跑到阳台，坐在那里哭。终于有一个空隙，HL老师抱起子悦，小声说了几句，子悦的情绪稳定了下来。可是当HL老师又开始接待家长和幼儿时，子悦又开始闹情绪了，坐在凳子上大哭："我要找妈妈！"HL老师再次抱起子悦，子悦的情绪又稳定了。HL老师说："老师喂你吃饭好不好？"

HL老师说："这些都是正常的。她看见别的小朋友都被接走了，就有一些心理不平衡，心里就会难受。唉，别说小孩子，大人看了都会觉得难受。只不过有的孩子表现得明显，有的孩子表现得不明显。小满（化名）今天其实也是有情绪的。她平时不是这个样子的，不需要喂饭，今天也有一些情绪，只不过不太明显。这也不叫分离焦虑，其实挺正常的。"

Y园像HL老师这样经验丰富的教师有很多，他们都特别懂幼儿。当幼儿闹情绪时，他们往往几个动作、几句话就能安抚幼儿。他们还有"眼观六路，耳听八方"的本事，能兼顾多个幼儿。例如，HL老师在安抚子悦的同时，也照顾到了旁边的沐沐（化名）。"沐沐，也要喂吗？""小满，也要喂吗？""悠悠（化名）自己吃。"若没有长期的学习与对实践的反思，这是难以做到的。

第六节 "快乐与压力"：追求卓越的专业情感

一、快乐：Y园教师专业生活的主旋律

Y园教师专业生活的整体感知是快乐，快乐主要来自纯真的孩子、方便照顾家庭和孩子的幸福感、在肯定中收获的强烈的自我效能感。

L老师：我今年才来到这里，还不到半年呢。我挺喜欢这份工作的，我本科也不是在老家读的，毕业的时候根本就没有回去的那种想法。后来来G市继续读书，我觉得我非常喜欢G市这座城市，找工作的时候，G市之外的都没有考虑过。我没才没艺的，想着幼儿园这个面试关我过不了，结果还是挺幸运的，面试过了。

其实学前教育专业还是挺好找工作的，无论是想进幼儿园还是公司，都是可以的。我们那一届，其实算是都找到了自己想要的工作。

我呢，在读硕士的时候去公司做过兼职，每天得对着电脑，很枯燥。我是这样认为的。

你看我现在在幼儿教育的一线教学，虽然有压力，但是整体来说还是比较开心的。每天在这里和孩子在一起，逗逗孩子，感觉还是很不错的。所以我就是喜欢一线，让我去做教研员干离一线远一点的工作，我还不愿意呢。教研员这条路很难，脱离一线也走不远，我个人觉得。

提起幼儿，大家都会想到"纯真""可爱""开心""无忧无虑"等词。Y园教师在谈到自己的择业动机或坚守幼儿教师岗位的原因时，都会说到自己对幼儿的爱。Y园教师可能会感受到压力以及由此带来的烦恼，但"真心喜欢孩子，一切为了孩子"是Y园教师内心最真实的声音，他们也将这种喜欢化作行动，呵护幼儿成长。发自内心的喜欢，使他们在与幼儿互动时爱意满满，也使他们在教育实践活动中更容易收获快乐。

案例：我不是全职妈妈

有一次，我去兴趣班接我女儿。一个女孩的外婆略带迟疑地问我："你自己在家带孩子吗？"看得出来，在这位婆婆的认知里，像我这样年龄的女性，带孩子和工作是两件完全冲突的事情。一旦选择了工作，就不能自己带孩子。果不其然，她接下来就讲自己的女儿工作很忙，有时甚至加班到很晚，根本没时间管孩子。那个时候，我就在想："在幼儿园工作也挺好的，起码这份工作在带给我一份收入的同时，也带给了我快乐。我不是全职妈妈，但是我依旧有时间陪伴家人和孩子。"

Y园教师专业生活的快乐源泉还包括拥有较多的闲暇时间，这使得他们有更多时间参与孩子的成长。

一位受访者：幼儿园的工作挺繁忙的，我也从中学到了很多东西。很多时候，我都非常有成就感。我也有部分同学在小园①工作，有时候也会和他们聊天。他们经常说不怎么忙，每天的事情也不是很多。像我们园的话，任务会更多一些。这样更能激励老师不断发展，理念等各方面也更超前，就是永远向前看。例如，发表更多的论文，做更多有利于幼儿成长的事，然后分享给他人。因为做得多，所以也会获得一些成果、奖项。那个时候就觉得任何努力都是值得的，自我效能感"爆棚"。

Y园为每位教师提供的平台和Y园教师个人出色的工作表现增强了幼儿教师的自我效能感，进而为Y园教师专业生活注入了快乐元素。

二、敬业：Y园教师专业生活的一角

Y园有着一支高质量的教师队伍。Y园教师参加省、市、区各级教学业务比赛、

---

① "小园"是幼儿教师的一种口语化表达，指规模较小的幼儿园。

论文评比等活动超百人次，共获奖 300 余项，发表文章 100 余篇，集体获得荣誉称号近 20 项。诚然，Y 园教师的业务水平有目共睹，但是我们也始终记得本次研究的初衷："以 Y 园为代表的城市幼儿教师对于专业生活的体验如何？或者换种说法，城市幼儿教师专业生活里最真实的体验是什么样的？"在这些硕果背后，Y 园教师的真实体验是什么样的？这些荣誉和奖项对于幼儿教师而言究竟意味着什么？是欣喜、激动，还是疲惫、压力？

在实际生活中，我们常说"天上没有掉馅饼的事儿"。Y 园教师的这些成绩也绝对不是天上掉下的馅饼。在专家、领导、幼儿家长以及同行看来，他们集论文发表、案例获奖等荣誉于一身，但这背后是 Y 园教师无数次的加班加点。

一位受访者：我的一天，平平常常，琐琐碎碎。6:40 起床；7:30 前到幼儿园迎接孩子们入园；整个上午都在班上带班；12:15 左右下班吃午饭；午休时间加班写文案；14:15 继续回到班上带班；16:30 回备课室再工作一段时间；17:30 左右下班回家；回到家 18:10 左右，陪一会儿孩子，18:30 开始准备晚饭；19:20 左右吃晚饭；吃完晚饭，洗洗澡，洗洗衣服，做些家务就 21:00 了，已经比较累了；22:30 休息之前一般是加班、读书、浏览公众号文章或者写东西的时间，然后就睡觉了。

另一位受访者：没有人愿意追求辛苦和劳累，但这也是成长和进步所必需的。幼儿园为我们提供了发展的平台，领导为我们提供了成长的机会，前辈为我们树立了很好的榜样，外界对我们有很高的期待，我们自己也不甘心碌碌无为。因此，除了做得更好，我们似乎别无选择。

与其说 Y 园教师努力拼搏是为了获得荣誉，不如说他们追求的是一种情怀和沉甸甸的责任。Y 园教师大部分都为编内教师，他们的这份工作是公众眼中的"铁饭碗"，但是他们并没有混沌度日，而是以此为契机和起点，接过前人手中的接力棒，继续奔跑。所有加过的班、熬过的夜、缺席的朋友聚会幻化成 Y 园教师头顶最美的光环。他们成绩的背后是坚守与付出。

HL 老师：有时候我们确实会取得一些小小的成绩，但有些东西是旁人看不到的。之所以取得这些成绩，并不是因为我们有多聪明，而是因为我们真的为之付出了很多精力和时间。在幼儿园工作是有竞争的，也是需要努力的。获奖之后，会有同事对我说"你好厉害啊"之类的话。其实，真的不是我有多厉害，奖项背后是加班、熬夜，甚至是家人的不支持和不理解。很多时候，我会为了确定一个小小的细节牺牲节假日休息的时间去查阅资料，结果和努力程度是呈正相关的。

"你必须非常努力，才可以看上去毫不费力。"用这句话来形容 Y 园教师专业生活的状态最合适不过了。Y 园教师以"台上十分钟，台下十年功"的高要求鞭策自己。他们的优秀是一种常态化的表现，没有任何"表演"的性质。我们不否认 Y 园教师的高学历为他们带来专业发展的高起点，但是 Y 园教师在竞赛活动、期末考核、接待活动以及日常保教实践中游刃有余更源于他们日复一日的反思和积累。

三、坚守：Y 园教师专业生活的暗面

(一)经济压力

一位受访者：对于我们这些相对年轻的教师来讲，生活压力还是有的。比如说，我的那份工资发下来的时候，我首先考虑的就是生活。每个月的房贷、自己的吃穿用度、给家里人的补贴、存款等都是我要考虑的事情。这种或隐或显的压力会影响我们的生活状态。

另一位受访者：现在的家长对孩子的教育真的很重视，给孩子报的各种兴趣班都花费巨大。就像大提琴课，都是教授上课，一节课 800 元，一星期上两节。我想对于我来说，别说现在，就算是以后也供不起这样的开销。

尽管体制内教师收入会稳定些，但对于 Y 园部分年轻教师而言，生活在一线城市，房贷、车贷、存款等生活压力在他们身上都有所体现。这些因素会使得幼儿教师的生活呈现出相对紧绷的状态。

(二)"男主外女主内"：家庭与工作的冲突

教师专业生活的主旋律是"永无止境地学、坚持不懈地思、充满激情地教"[①]，而学、思、教的过程，无一可以离开教师的自主意识。叶澜提出的"自我更新"取向的教师专业发展也强调教师要真正成为自我专业发展的主人，自觉地发掘专业生活中的有利因素，使自己的内在专业结构不断更新。[②] 对于幼儿教师而言，只有具有较强的专业发展意愿，愿意主动地学习和思考，才可以在真正意义上提升专业生活的质量，最终达到充满激情地教这一目的。

在 Y 园，影响老教师专业生活的最大因素是家庭。老教师在下班后、周末、节假日等都需要考虑照顾家庭。

C 老师：我们有家庭的老师跟那些刚入职没有家庭的年轻老师是不一样的。像我们，做什么都要考虑孩子，考虑要不要早点回家做饭之类的。像 Z 老师，你看她下班了就可以看看书、写写文章什么的，总之就是可以做自己想做的事。对于我来说，这些都是不可能的。一开始我不太接受这种家庭主妇式的生活，现在，唉，我向生活低头了……

---

① 王卫东：《学·思·教：教师专业生活的核心内容》，载《教育理论与实践》，2013(1)。
② 叶澜、白益民、王枬等：《教师角色与教师发展新探》，267 页，北京，教育科学出版社，2001。

经过在Y园的观察以及与多位老教师进行深入的谈话，我们了解到劳动性别分工对幼儿教师的专业发展影响比较大。

劳动性别分工是指社会依据性别差异分配劳动的方式。① 传统的劳动性别分工主要表现为女性负责家庭内部的工作，男性负责家庭外部的工作。如今，伴随着社会文明程度的提升，人们性别平等的意识日益增强。不可否认的是，自妇女解放运动兴起以来，男女在家庭之外的劳动性别分工方面是有所改变的，但是家庭内部的劳动性别分工并未发生太大改变。"男主外女主内"的传统劳动性别分工观念仍然根深蒂固。这一劳动性别分工思想渗透到幼儿教师日常生活的方方面面，进而对其专业生活产生影响。这种影响主要体现在两方面：一是幼儿教师投入家庭的时间偏多，挤占其专业生活的时间；二是幼儿教师的专业生活得不到家庭成员的支持。

有研究表明："时间资源是制约教师专业发展的重要因素。"② 对家庭投入较多，专业生活时间不足，影响了Y园教师的专业发展意愿。

S老师：下班后我要去接孩子，不接的时候，回到家里也要辅导她做作业，给家里人做饭。唉，小妹，你还没结婚可能不太懂。婚后，你下班回家做个饭啊、洗个碗啊，时间就没了。有时候也确实会把工作带回家里做，但那是迫不得已。有些是作为主班老师必须及时处理的，有些是自己没有及时完成的某些任务，这种情况不是很多。

C老师：就我自身而言，我老公工作比我忙很多，所以我必须多分配一些时间照顾家庭。据我了解到的，很多老师也都是这种情况，尤其是一部分老师，老公特别忙，她们就要多花一些时间照顾家庭。这也是生活所必需的吧，夫妻二人总要有一个人照顾家庭多一些。

案例："不想放假"

幼儿园的这位北方小姑娘，竟然重新燃起了我看雪的愿望。马上就要放假了，我好想去北方看雪啊。作为土生土长的南方人，我至今还没看过下雪，内心真的好期待。可是，我放假，孩子也放假，孩子的爷爷、奶奶也要回老家了。突然不想放假了，放假之后好像有更多烦琐的事情等着我。但我还是想去看雪。

Y园教师在潜移默化中认同了女性以照顾家庭为主的劳动性别分工。"男主外女主内"的劳动性别分工不仅压缩着Y园教师专业生活的时间，还导致家庭成员可能不太支持Y园教师进行专业学习。

D老师：我老公不支持我加班。有时候我也是有一些任务需要在幼儿园完成的，

---

① 佟新：《社会性别研究导论——两性不平等的社会机制分析》，145页，北京，北京大学出版社，2005。

② 王宪平、唐玉光：《时空因素对教师专业发展的影响》，载《教师教育研究》，2006(5)。

回家就会晚一些。有一次,我晚上十点多才回去,我老公就说:"都不管孩子了?下班这么晚回家,你们幼儿园有什么忙的啊?"我也不想和他解释太多,就想着下班确实还是要照顾孩子。

可见,得不到家庭成员的支持,是影响 Y 园教师专业发展意愿的又一重要因素。

案例:老家的人不知道我的职业

我和老公都是农村出身,向往稳定的工作,也希望在大城市有一席之地。刚毕业的时候,如果选择回老家,我可以做高校教师;而留在一线城市,就只能做幼儿园教师。纠结之下,我选择了留在大城市和老公一起奋斗。可是老家的人至今不知道我的具体工作是什么,只是知道我在 G 市工作。尤其是我的公婆,他们不愿意告诉老家的亲戚朋友我是幼儿教师,在他们看来,这份工作并不体面。他们虽然也在帮我带孩子,但还是认为我要以照顾孩子、照顾家庭为重心。唉,或许是他们觉得我这份工作比较方便照顾孩子和家庭,才勉强没有太多不满吧。

家庭成员不支持幼儿教师的专业学习和专业发展,在显性和隐性两方面都有表现。一方面,在日常生活中,他们会用语言直接要求幼儿教师以照顾孩子和家庭为主。这一显性的不支持一般来自幼儿教师的配偶。另一方面,家庭成员会在人际关系等方面非常微妙地表示出女性要以家庭为重的思想。我们的访谈结果表明,无论是显性不支持还是隐性不支持,都会制约幼儿教师的专业学习与专业发展。

第五章　生态系统理论视角下的农村幼儿教师专业生活

幼儿教师的专业生活样态与其所处的环境密切相关。布朗芬布伦纳认为，主动成长的个体与其不断变化的生活环境是双向适应的。在布朗芬布伦纳看来，发展着的个体是不断成长并对环境产生影响的动态生命。人与环境之间存在双向的互动过程，包括各情境间的相互联系及其所植根的大环境。[①] 影响幼儿教师专业生活的因素主要来自周围环境与教师个体。特定情境中产生的个体体验与环境相互作用，形成教师独特的专业生活方式。本章尝试采用生态系统理论探析农村幼儿教师专业生活质量的影响因素。

第一节　宏系统对农村幼儿教师专业生活的影响

结合农村幼儿教师所处的社会发展大背景以及农村社会文化的脉络来理解农村幼儿教师的生存处境，有助于我们深入理解影响农村幼儿教师专业生活的因素。

一、学前教育事业快速发展，农村学前教育资源配置不足

我国学前教育以解决"入园难""入园贵"问题为突破口，以实施学前教育三年行动计划为抓手，取得了快速的发展。2001 年，全国共有幼儿园 11.17 万所，幼儿在园人数 2021.84 万人，幼儿园园长和教师共 63.01 万人，3～5 岁学前儿童毛入园率 35.4%。2010 年，国家颁布《国家中长期教育改革和发展规划纲要（2010—2020 年）》和《国务院关于当前发展学前教育的若干意见》，学前教育发展进入新时期。《国务院关于当前发展学前教育的若干意见》明确提出学前教育是终身学习的开端，是国民教育体系的重要组成部分，是重要的社会公益事业，要求各级政府把发展学前教育摆在更加重要的位置；明确要求各级政府将学前教育经费列入财政预算，新增教育经费向学前教育倾斜。从 2011 年开始，中央财政计划五年内安排 500 亿元，实施四类七个学前教育项目，大

[①] 刘晶波：《师幼互动行为研究——我在幼儿园里看到了什么》，8 页，南京，南京师范大学出版社，1999。

力发展公办幼儿园。2012年,用于改扩建幼儿园的资金提升到106亿元,奖补经费增加到50亿元。2021年,全国共有幼儿园29.48万所,在园幼儿4805.21万人(其中普惠性幼儿园在园幼儿4218.2万人,普惠性幼儿园覆盖率达到87.78%),学前教育专任教师319.1万人,学前教育毛入园率为88.1%。

学前教育虽然取得了快速的发展,但也面临诸多问题,其中学前教育发展不平衡、城乡学前教育差距大就是一个亟待解决的问题。《国务院关于当前发展学前教育的若干意见》要求努力扩大农村学前教育资源,乡镇和大村要独立建园,配备专职巡回指导教师,逐步完善县、乡、村学前教育网络。为了促进教育公平,中央财政设立专项经费,推进农村学前教育项目。针对边远贫困地区和农村学前教育资源匮乏的情况,2010年国家启动中西部农村学前教育推进项目,重点支持农村乡镇中心幼儿园建设。项目实施三年,中央财政投入55.6亿元,在中西部农村地区建设了3149所幼儿园,为63万适龄儿童提供了入园机会。[①] 从2011年开始实施的四类七个学前教育项目,就包括支持中西部农村改建、扩建幼儿园,建立山区巡回支教试点,以及实施中西部农村幼儿教师国家级培训计划等。但是,我国经济发展的不平衡以及政府在教育资源配置过程中出现的"锦上添花"的倾向,导致城市与农村的学前教育存在明显的城乡二元结构。一直以来,我国学前教育实行的是"地方负责、分级管理"制度,教育经费基本由基层政府负责,在农村由基层的乡镇政府或农民自治组织村委会承担,这对欠发达地区学前教育的发展是十分不利的。农村学前教育资源配置不足的问题仍然十分突出。

二、幼儿教师队伍迅速扩大,农村幼儿教师专业化程度仍较低

学前教育的质量在很大程度上取决于幼儿教师的专业素养。为此,《国务院关于当前发展学前教育的若干意见》提出"健全幼儿教师资格准入制度,严把入口关","依法落实幼儿教师地位和待遇。切实维护幼儿教师权益","合理确定生师比,核定公办幼儿园教职工编制,逐步配齐幼儿园教职工","完善学前教育师资培养培训体系",通过多种途径加强幼儿教师队伍建设。

随着国家学前教育事业的发展,幼儿教师队伍迅速扩大并越来越专业化。国家通过职前、职后各种提升学历层次的途径优化了教师队伍的学历结构。2011年,教育部、财政部开始启动幼儿教师国家级培训计划,通过置换脱产研修、短期集中培训、转岗教师培训等不同类型的项目推动各地大规模开展幼儿教师培训。2012年,教育部印发《幼儿园教师专业标准(试行)》。该标准是教师培养、准入、培训、考核等工作的重要依据。2012年9月,《教育部 中央编办 财政部 人力资源社会保障部关于加强幼儿园教

[①] 朱永新总主编:《中国教育改革大系·学前教育卷》,29页,武汉,湖北教育出版社,2016。

师队伍建设的意见》提出，关于幼儿园教师数量不足的对策有幼儿园教师配备标准、幼儿园教师长效补充机制、幼儿园教师待遇保障机制等。2014 年，《教育部办公厅 财政部办公厅关于做好 2014 年中小学幼儿园教师国家级培训计划实施工作的通知(已失效)》，提出重点关注未参训农村教师，特别是对边远、贫困等地区，切实扩大培训受益面，实现对中西部农村义务教育学校和幼儿园的全覆盖。2015 年，《国务院办公厅关于印发乡村教师支持计划(2015—2020 年)的通知》要求，全面提高乡村教师思想政治素质和师德水平，拓展乡村教师补充渠道，提高乡村教师生活待遇，统一城乡教职工编制标准，职称(职务)评聘向乡村学校倾斜，推动城镇优秀教师向乡村学校流动，全面提升乡村教师能力素质，建立乡村教师荣誉制度。这一系列政策的出台为农村学前教育事业以及农村幼儿教师队伍的建设保驾护航，成效显著，如农村幼儿教师数量增多，学历提升，福利待遇得到一定的保障，参加培训的机会增多。

然而，当前我国农村幼儿教师队伍建设也存在突出的问题：教师数量不足，工资待遇整体偏低，待遇保障机制不健全，队伍不稳定，教师的素质水平有待进一步提高。

三、广东学前教育发展成就与问题

广东既是经济大省，也是人口大省，学前教育一直是广东各级各类教育中薄弱的环节。2011 年以来，广东省启动了三期学前教育三年行动计划，积极构建广覆盖、保基本、有质量的学前教育公共服务体系。学前教育三年行动计划启动之初，全省幼儿园为 11785 所；2014 年启动第二期学前教育三年行动计划时，全省幼儿园为 15416 所；2017 年启动第三期学前教育三年行动计划时，全省幼儿园为 18048 所；2020 年年底第三期学前教育三年行动计划结束时，全省幼儿园为 20747 所。10 年间，幼儿园数年均增长 7.6％。全省在园幼儿数 2011 年为 307.8 万人，2014 年增长到 379.3 万人，2017 年达到 441.4 万人，2020 年年底达到 480.2 万人。10 年间，广东在园幼儿数增长 56％，在园幼儿数位居全国第一。学前教育规模的扩大，大幅度增加了入园机会，广东学前教育三年毛入园率从 2011 年的 89.37％增长到了 2020 年的 107.04％，提高了 17.67％。许多孩子能在家门口就近入园，有效地缓解了"入园难"问题。

然而，广东学前教育发展也存在一些亟待解决的问题：学前教育投入不足，城乡差距明显，学前教育资源尤其是公共学前教育资源紧缺；幼儿教师工资和福利待遇偏低，师资队伍整体素质参差不齐；保教质量不高。刘占兰和高丙成就我国学前教育综合发展水平展开的检测研究表明，广东是学前教育发展一般地区。[①] 各地区可按学前教育综合发展水平分为学前教育发达地区、学前教育比较发达地区、学前教育发展一般

---

① 刘占兰、高丙成：《中国学前教育综合发展水平研究》，载《教育研究》，2013(4)。

地区、学前教育欠发达地区,广东学前教育发展位于全国中等偏下的水平。我国学前教育的经费投入基本由当地政府负责。广东是经济大省,国家对其教育经费的投入较少。就广东本省的教育政策、教育法规来看,其重心放在高等教育、职业教育等方面,并且把对学前教育的发展规划归入基础教育。近十几年来,广东出台的学前教育政策和教师培训政策主要有《广东省中长期教育改革和发展规划纲要(2010—2020年)》《广东省教育发展"十三五"规划(2016—2020年)》《广东省教师队伍建设"十三五"规划》等。在总结"十二五"期间教师培训工作的基础上,广东制定了加强"十三五"期间全省中小学教师培训工作的意见,旨在全面提高教师队伍专业化水平。具体措施包括确保每位教师5年内完成360学时(每年72学时)的培训任务;加强骨干教师、校长培训,省、市、县(区)分别按教师总数1%和10%的比例开展骨干教师、校长培训研修;将帮扶乡村教师培养培训纳入计划,乡村教师的培养培训名额每年不低于5%。

尽管《广东省发展学前教育三年行动计划(2011—2013年)》提出加快推进农村幼儿园建设,加大农村学前教育投入,不断改善农村幼儿园办园条件,充实教具、学具、玩具,提出"每个乡镇要建设1所独立建制的公办中心幼儿园,小学附设的乡镇中心幼儿园应逐步剥离,独立建制,并合理配置公办幼儿教师","各地要安排学前教育师资培训专项经费,重点用于欠发达地区、少数民族地区、农村地区普惠性幼儿园教师培训";但由于农村地区经济社会发展水平低,财政经费不足,又缺乏省级财政的专项支持,上述政策的落实遇到很大的困难。例如,我们的一个田野调查点C镇ZX幼儿园仍然附属于小学,没有独立建制,教师是从小学或初中转岗而来的。农村幼儿教师的培训机会也非常少。

党的十八大以来,广东大力实施粤北、粤西、粤东地区振兴发展战略,全省区域差距扩大的趋势有所减缓,但发展差距偏大的格局尚未得到根本扭转。2018年10月,习近平总书记视察广东并发表重要讲话。他明确指出,"城乡区域发展不平衡是广东高质量发展的最大短板"[①]。广东要继续走在全国前列,最艰巨、最繁重的任务在农村,最大潜力和后劲也在农村。无论是国家的教育政策还是广东省的教育政策,都强调向农村倾斜,但我们也要明白,农村学前教育的发展不是一蹴而就的。农村学前教育无论是经费、物资,还是教师培训机会都非常匮乏。农村偏远地区信息相对封闭,若政策关照不够,农村幼儿教师的专业发展必然会受到限制。例如,目前粤北地区R园教师接受的继续教育以网络国培计划为主,会在线上完成相应的学时和作业,但培训作用并不明显。

---

① 《习近平在广东考察时强调:高举新时代改革开放旗帜 把改革开放不断推向深入》,载《人民日报》,2018-10-26。

第二节 外系统对农村幼儿教师专业生活的影响

一、经费支持不足，学前教育的价值尚未得到社会广泛认可

按照我国的学前教育管理体制，区政府、县政府是学前教育发展的责任主体。县域经济、社会、文化、教育的发展，深刻地影响着幼儿教师的专业生活。

以F县为例，F县位于广东省西北部，是"西江走廊"经济区域的重要组成部分，属山地丘陵区。F县总面积2723.93平方千米，辖1个街道、15个镇。全县户籍人口52.68万人，常住人口37.47万人。F县地区生产总值在Z市8个县级行政区排名第六。F县共有41所幼儿园，其中公办幼儿园16所，民办幼儿园24所，村集体办幼儿园1所，基本满足了全县适龄幼儿的入园需求。2017年，F县学前教育毛入园率为98.68%。F县在岗专任教师共456人，编内教师159人（其中48人为中小学教师编制），专科以上学历教师323人，持有教师资格证的教师266人。

C镇位于F县南部，距县城22千米。截至2017年年末，全镇总人口24454人，其中非农人口1588人。全镇总面积152.64平方千米，山地面积100平方千米。除了镇中心，大多数村落被群山环绕，信息相对闭塞。C镇处于高速出口处，水陆交通十分便利。大部分年轻人外出打工，老一辈留在家里耕种和带孩子。留在镇上的居民大多以沿街做小生意为主。在社会保障方面，全镇在岗职工月平均工资为3542元，城镇登记失业率为0.86%。镇上有1家敬老院，收养五保老人16人。镇政府给10个城镇低保户发放生活补贴，每人每月491元；给107个农村低保户发放生活补贴，每人每月339元。①

C镇共有2所幼儿园，一所是公办的镇中心幼儿园（ZX幼儿园），另一所是民办幼儿园。2所幼儿园在园幼儿共426人，专任教师17人。值得注意的是，13个村级教学点中，大部分教学点设有学前班，少数教学点招收中班年龄的幼儿。ZX幼儿园于2011年正式成立，与小学有一墙之隔，由C镇ZX小学管辖。幼儿园有120多名幼儿；有10名教职工，除教师外还包括2名临聘厨房阿姨、2名临聘保育员。

F县经济发展滞后，政府财政收入有限，学前教育经费投入不足。经费和教师编制不足给F县教育的发展带来困境。

L校长（ZX小学）：最近五到七年的新老师都是由其他镇调过来的，没有刚毕业的老师。主要是因为我们县里有个编委办，它对整个县领财政工资的人员做了定编。现

---

① 文中C镇经济和社会保障方面的数据源自我们的田野调查。

在我们学校老师和学生的定编有一个生师比，21.5∶1，相当于全镇有 22 个学生就配一个老师过来。

　　研究者：那现在这里缺老师吗？

　　L 校长：按照乡村的教学来说，是缺老师的。这个比例放在大中城市里是可以成立的，因为这个比例是集中来说的。下面的分教点就不一样了（分教点也占有编制）。现在是将分教点统一进来，一起计算编制的。按文件的要求，我们是没有超编的，但我们招新人进来已经没有编制了。我们也是很头疼的。现在老师不够用，可又说我们已经超编了。省教育厅来 F 县进行政府教育行为督察，到我们这里调研。我们带着领导参观，还进了幼儿园。Z 处长说省教育厅有文件下来，对偏远山区是有优惠的，如编制方面的优惠。偏远山区可增加教师编制名额，住宿的学校可增加教师编制名额，一共有五项优惠政策。但我们地方的编委办已经定编了名额，没有扩张余地了。地方制定政策，再根据地方的财力去实施。在地方财力不足的情况下，只能够在不违反大的文件政策的基础上去调整。

　　研究者：那学校可以招临聘人员吗？

　　L 校长：可以的，但是责任就在学校身上。有责任就学校承担，没出问题就不会管。

　　研究者：学校的收费也不高，那整个学校要怎么维持呢？

　　L 校长：学校的主要收费是学生的统一作业本。每个人每学期 5 元。统一收了，就把作业本发给学生。我们动员学生缴费，收齐之后上交教育部门。这笔钱我们是不能用的。

　　现在是按照省的生均公用经费，统一由省财政拨款的。拨下来分三级。一级是省的，大概占七成。按正常比例，市是两成，县要自己出一成。但现在，像我们县，财政没有钱。所以我们的生均经费是省拨下来的 1150 元。

　　研究者：那 ZX 幼儿园有这个经费吗？

　　L 校长：幼儿园是没有的。因为没有被纳入义务教育，幼儿园没有上面的财政支持，只能有限地结合地方的实际经济，每个幼儿每学期收取 300 元。

　　国家和省关于发展学前教育的相关政策要求加大对普惠性民办幼儿园的扶持力度，但我们在田野调查中发现，政策落实情况并不理想。

　　研究者：像你们普惠性民办幼儿园，政府应该是有一定关注度的吧？

　　L 园长（民办幼儿园）：普惠性民办幼儿园要去争取才有。每年有专项资金，幼儿园要申请成功才有相应的补贴。我们是没有补贴资助的。

　　研究者：那老师的工资是从保教费里支出吗？

L园长(民办幼儿园)：是的。像ZX幼儿园可能更难维持，他们还要聘请临工。

L园长(ZX幼儿园)：都是一样的。拨回来的钱刚好能维持临工的工资。我们请了两个保育员和两个厨房阿姨。

L园长(民办幼儿园)：像我们民办幼儿园，地板要铺，活动场地要扩宽，但是钱不知道从哪里来。

在F县，学前教育的价值还没有得到社会的广泛认可。由于父母外出打工，C镇的留守儿童很多，主要由爷爷、奶奶照顾。老一辈人的教育观念相对落后，认为孩子上幼儿园是浪费钱的事，没有必要三岁就上幼儿园，读一年学前班就可以了。

H老师：虽然现在的幼儿家长都是"80后""90后"，他们出去见识过世面，观念改变了很多，但这里的幼儿都是由爷爷、奶奶带的，爷爷、奶奶还是老观念。

L园长(ZX幼儿园)：一般来说，家长的观念还停留在以前。他们认为孩子不需要读幼儿园，直接读小学就可以了。

H老师：还有一种观念就是，现在的"80后""90后"家长，家庭生活条件稍微好了一点，就觉得自己有钱了，认为我将孩子交给你，我交了钱，你就必须做好。

研究者：所以有些村没有幼儿园，只有学前班，是吗？

L园长(ZX幼儿园)：是的。之前有幼儿说要去上小学，但是小学校长让他回去读了幼儿园再说。你们有没有发觉这里的家长很不尊重老师？我看有一些家长都是直接骂老师的。这些现象反映出在这边的乡镇，幼儿园老师给人的感觉还是停留在以前，就是保姆。所以说，幼儿园老师的社会地位很低。

农村幼儿教师社会地位低，不受尊重，工作价值感和职业认同度普遍不高。我们在田野调查中发现，许多农村幼儿教师对自身工作的定位不准确，认为自己的工作和保姆没什么两样，每天上班就是看好幼儿，最重要的是不让幼儿受伤。这种想法在照顾留守儿童的祖辈中也普遍存在。因此，不理解、不配合和不支持幼儿教师工作的情况时有发生。

L园长(民办幼儿园)：我觉得我们乡镇幼儿园最难开展的就是家长工作和亲子活动。比如，搞个现场的亲子活动，我觉得机会很渺茫。孩子的父母都在外面打工，只有爷爷、奶奶在家。

研究者：今天ZX幼儿园收伙食费，收了两个星期都没有收齐。

L园长(民办幼儿园)：这个不奇怪，很正常。我们有的学费都没有收齐，拖了几个月都有的。我们有一个孩子已经拖了3000多元。但是你没有理由叫孩子回家不要来了。你不会这样做的。

L园长(ZX幼儿园)：那他这样拖着，一直到毕业都交不了学费怎么办？

L园长(民办幼儿园)：那我们只能继续追。没有办法，教育职责所在。我们必须这么做，也只能追学费了。

L园长（ZX幼儿园）：这样说来，宁愿不收这些孩子。

L园长（民办幼儿园）：你们可能可以，但我们不可以。

L园长（ZX幼儿园）：我们也不行的。但是你要一直拖欠学费，我们怎么能收你的孩子呢？

L园长（民办幼儿园）：那些拖欠学费的家长，我们发短信都不回，打电话也不接。我们把伙食费的单子给孩子的爷爷、奶奶，孩子的爷爷、奶奶说不关我的事，你找他的爸爸、妈妈。有一些确定要回村里读学前班的家长，一转身就把我们的联系方式屏蔽了。但也只是个别的，不是每个家长都这样。家长要耍无赖的话，你有什么办法呢？

我们也不会成天去问孩子的。只不过会提醒孩子，把伙食费单给孩子，告诉他提醒爸爸、妈妈要交伙食费了。如果天天去追问孩子，孩子是会受到影响的。

不管是家长还是整个社会环境，都对农村幼儿教师工作的价值有一定的误解，这导致了农村幼儿教师的社会地位整体不高。正如有学者指出的："不管在理论上、在口头上承认幼儿园教师有多么重要，但在现实中、在相当一部分人的观念中，幼儿园教师的工作是一种平凡、普通、令人联想到保姆的'简单劳动'。简单劳动是无须经过专门的训练或者只要经过简单的培训就可以从事的劳动，就像砍柴和摘果子的劳动一样。""一种职业一旦被认定是简单劳动，是任何人都可以随便干的劳动，那种劳动的价值就会大打折扣，从事这种劳动的人员哪怕干得再辛苦，也不可能获得较高的经济地位和社会地位。"[①]

社会性是人的本质属性，幼儿教师的专业生活离不开社会的支持。家长不理解、不支持农村幼儿教师的工作，认为幼儿教师就是照顾幼儿的保姆，使得农村幼儿教师得不到认可和尊重，职业声望较低。这容易打击农村幼儿教师的工作积极性，进而影响其专业生活。

二、农村幼儿教师队伍建设有待完善

总体而言，F县对学前教育的重视程度和投入在逐渐提高。在幼儿园建设方面，每个镇都有一所镇中心幼儿园，基本满足了适龄幼儿的入园需求，学前教育毛入园率接近100%。但在幼儿教师队伍建设方面，F县仍存在幼儿教师编制缺口大、教师配备不足、师幼比过低、教师学历层次不高、未评职称人数较多、教师资格证持证率较低、工资福利待遇保障不足等问题。这些问题制约了农村幼儿教师专业生活质量的提升。

首先，幼儿教师工资福利待遇保障不足。除镇中心幼儿园的工资福利待遇相对较

---

① 步社民：《幼儿园教师的社会地位从哪里来》，载《学前教育研究》，2003(2)。

高以外，民办幼儿园、村集体办幼儿园和其他公办幼儿园中没有编制的幼儿教师收入普遍较低。根据田野调查我们获知，F县幼儿园专任教师月平均收入以2000~2999元这一档次为主，有30.26%的幼儿园专任教师月平均收入低于2000元(表5-1)。公办幼儿园的编外教师月平均收入最低，为1886.46元(表5-2)。在民办幼儿园中，51.87%的幼儿教师购买了社保，4.48%的幼儿教师缴纳了住房公积金(表5-3)。

表5-1 粤西地区F县农村幼儿园专任教师月平均收入情况(一)[①]

类别	总数(人)	百分比(%)
1000~1999元/月	138	30.26
2000~2999元/月	214	46.93
3000~3999元/月	20	4.39
4000元/月以上	84	18.42

表5-2 粤西地区F县农村幼儿园专任教师月平均收入情况(二)

幼儿园性质	编内教师月平均收入(元)	编外教师月平均收入(元)
公办幼儿园	5697.81	1886.46
村集体办幼儿园	—	3129.00
民办幼儿园	—	2288.85

表5-3 粤西地区F县农村幼儿园专任教师福利情况

幼儿园性质	专任教师(人)	购买社保(人)	百分比(%)	缴纳住房公积金(人)	百分比(%)
公办幼儿园	167	136	81.44	120	71.86
村集体办幼儿园	21	21	100.00	21	100.00
民办幼儿园	268	139	51.87	12	4.48

幼儿园为教师参保是法律规定的义务。《中华人民共和国社会保险法》第二条明确规定："国家建立基本养老保险、基本医疗保险、工伤保险、失业保险、生育保险等社会保险制度，保障公民在年老、疾病、工伤、失业、生育等情况下依法从国家和社会获得物质帮助的权利。"幼儿教师自己无须承担工伤保险和生育保险的费用，这部分费用应该由用人单位来缴纳。养老保险、医疗保险、失业保险以及住房公积金由幼儿园教师和用人单位按照相关规定共同承担。同时，用人单位未按时足额缴纳社会保险费的，由社会保险费征收机构责令其限期缴纳或者补足，并自欠费之日起，按日加收万分之五的滞纳金；逾期仍不缴纳的，由有关行政部门处欠缴数额一倍以上三倍以下的

[①] 有关F县农村幼儿教师收入、福利的数据源于田野调查，反映的是2018年9月我们进行调查时的情况。

罚款。然而，在我国广大农村地区，为农村幼儿教师缴纳社会保险困难重重。[①] 目前，我国农村地区幼儿教师缴纳的多为三险一金，但即使是三险一金，很多地区也没有落实到位。我们在田野调查中发现，部分教师不缴纳社保的原因是收入低，交完社保后难以维持生计。

L园长（民办幼儿园）：我们老师的话，每月工资是2200元到2300元。社保的话，我们有补贴。老师一进来，我们会征求他们的意见。愿意缴纳的我们会为他们缴纳，有一部分已经缴纳了。有一些不缴纳，是说家里已经买了医保。还有一部分觉得工资已经这么少了，再买社保的话就没有钱了。老师家庭开支压力大。

L校长（ZX小学）：我们公办学校也面临这个问题，特别是请一些临聘人员，工资不高，他们都不太愿意缴纳社保。

其次，教师配备不足，师幼比过低，幼儿教师专业素质有待进一步提高。例如，C镇ZX幼儿园每班只配备1位教师，师幼比过低，导致教师无法脱身参加县里组织的为数不多的培训；教师工作压力大，身心疲惫，无法利用闲暇时间学习、思考。ZX幼儿园的教师全部是从小学或初中转岗来的，不太清楚幼儿教育的特点以及幼儿身心发展的规律。

L老师：像我们幼儿园，每年都要年检一次。6月到8月那段时间我们会比较忙，要准备很多材料。还有我们的环境布置，每年或者每个学期都要更新。我觉得幼儿教师都挺辛苦的，永远学不停、做不停。一接近开学就要准备去招生，招完生要安抚学生的心情。7月年检，8月招生，9月开学后要稳定学生的情绪。另外，8月还要准备新的早操。10月我们要准备元旦的活动。元旦一过，就又要准备招生了。

每到招生的那段时间，每个村我们都会去。星期日加班去。我们老师的暑假是很短的，就一个星期。

最后，农村幼儿教师缺乏培训机会与平台。以粤北地区Y县为例，近年来，Y县为推进教育现代化，制定了《Y县创建广东省推进教育现代化先进县实施方案》。数据显示，全县预算内教育经费拨款从2013年的2.99亿元增至2016年的4.68亿元，学前教育阶段的投入为948.73万元。Y县对学前教育的重视程度和投入逐渐提高，但力度仍有待加大。2018年Y县有幼儿教师519人，学前教育培训经费投入不足6万元，且培训项目以安全应急管理、骨干培训、预防小学化为主，缺少对学前教育相关政策的学习和解读，尤其缺乏针对幼儿教师保教实践中的问题与困惑的培训（表5-4）。Y县分到的参加国培、省培等高质量培训的名额非常少，只能是公办幼儿园的园长和骨干教

---

① 庞丽娟、洪秀敏、姜勇等：《中国学前教育发展报告：幼儿园教师队伍建设》，192页，北京，北京师范大学出版社，2017。

师轮流参加，绝大多数年轻教师根本没有机会参加。

表5-4　2018年Y县幼儿教师培训"百万工程"培训项目

部门	培训项目名称	人数(人)	培训时间	经费预算(万元)
教育股	全县中小学(幼儿园)安全应急管理培训	100	2018年5月、11月	1.494
	全县幼儿园园长、骨干教师培训	200	2018年8月	1.259
	预防学前教育小学化专题培训	80	2018年12月	1.840
助学中心	2018年学前教育资助管理信息系统应用培训	80	2018年3月	1.047

Y县幼教专干：县教育局每年都会组织1~2次培训，有全县幼儿园园长、骨干教师培训，安全应急管理培训等。培训对象是幼儿园园长、骨干教师及安全管理人员，培训的形式多数以请专家授课为主。另外，还有结对帮扶的活动。帮扶园会针对被帮扶园的薄弱点进行有针对性的培训与帮扶，这类培训的面相对较广。县教育财政中针对教师培训的经费主要由负责学前教育管理的教育股做培训计划，然后按计划组织实施。另外，每学年由教育局制订轮岗计划，由教师自愿申请县城教师对乡镇的帮扶。对教师的考核通过每学年各幼儿园的教师备案、年检、教育专项督导等形式进行，以了解幼儿教师的学历、资质等。对达不到学历和资质要求的，会督促幼儿园通过多种形式鼓励教师取得幼儿教师必备的学历和资质。

农村幼儿教师参加培训的机会不多且培训质量不高。大多数农村幼儿教师的学历是中专，部分为大专，加上有一部分转岗教师，整体专业素质不高，与当前学前教育发展对教师的要求有差距。农村幼儿教师对游戏化课程等内容较为陌生，目前开展的教育活动仍然以集体教学为主，忽视了幼儿的自主探究能力，甚至出现了一定的小学化倾向，因此迫切需要通过培训更新农村幼儿教师观念，改善其保教行为。根据我们调查，大部分农村幼儿园没有学习的条件和氛围，加上教师的主动性和积极性不足，所以幼儿园的教研活动和培训活动难以开展。另外，当地教育局组织的培训活动相对较少，且路途遥远。许多农村幼儿教师参加一天的培训，需要提前来到培训点附近住一晚，培训完第二天早上才有班车回幼儿园。参加一天的培训，前前后后需要花费三天的时间，不仅费时费力，还费钱。这也降低了农村幼儿教师参加培训的积极性。关于培训的内容，我们调查发现，农村幼儿教师喜欢关于实际教学问题的培训，关于学前教育理论知识的培训，大部分教师表示听不懂或无聊，感觉跟自己的日常教学没有多大关系。农村幼儿教师普遍认为，培训重知识、轻实践能力，针对性不强，不实用，不能满足教育教学的实际需要。培训的内容，特别是理论知识，忽视了农村幼儿教师的实际困难，与农村幼儿教师的教学实践脱节，并且前后培训之间没有系统衔接性，降低了培训的实效性和长效性。[①] 培训的机会少、质量不高以及效果不明显，阻碍了农村幼儿教师的专业发展，影响了农村幼儿教师的专业生活质量。

第三节 中间系统对农村幼儿教师专业生活的影响

学校是教师专业发展的现实土壤，对教师专业成长有着直接的影响。学校也是一个特殊的环境，包含很多因素，如各种人际关系、物理因素、制度因素。[②] 幼儿园环境指的是幼儿教师所在的幼儿园组织中的正式和非正式结构以及组织资源等，具体包括幼儿园组织氛围、幼儿教师的亚文化、园长的领导风格、幼儿园规章制度和幼儿园的支持系统。中间系统主要包括幼儿园的物质环境、制度环境、组织环境和学习氛围等。我们的田野调查点普遍存在中间系统无法有效支持农村幼儿教师专业生活的现象。

一、贫乏的幼儿园物质环境影响农村幼儿教师的保教质量

有研究表明，个体会在潜意识里对所处环境不断进行评价，环境会影响个体的情绪等，从而影响个体的工作效率。例如，个体如果没有工作的热情，即使工作能力很高，工作效率也不高。[③] 工作环境是工作的个体每天都要接触的地方，完善的设施设备能有效提高工作效率。幼儿园是幼儿教师开展专业生活的基本场所，幼儿教师工作的每时每刻都在与其相互作用。

单调的环境布置、简陋的设施设备不仅无法施展环境的教育影响力，也降低了农村幼儿教师工作的热情和积极性。

CC老师：第一次看到，说真话，不像是一个已经办了七年的幼儿园。我去的那天是开学的前两天，那时候园长说已经上班很多天，准备开学了。幼儿园的设施设备很落后，面积没有我之前在的乡镇幼儿园大。

A老师：幼儿园条件也不是很完善，硬件设备很落后。大家就一起布置。那时候我们上课的图片都很简单，很多图片都是用手画的。现在好一点了，打算每个班配备钢琴和一体机，上课可以多样化。

---

① 庞丽娟、洪秀敏、姜勇等：《中国学前教育发展报告：幼儿园教师队伍建设》，200页，北京，北京师范大学出版社，2017。
② 陈金菊：《影响幼儿教师专业发展的幼儿园环境因素之研究》，硕士学位论文，广州大学，2007。
③ 兰丽：《室内环境对人员工作效率影响机理与评价研究》，博士学位论文，上海交通大学，2010。

ZR老师：对幼儿园的印象是好小，一看就是农村幼儿园。设施设备不完善，环境也比较差。心里有点失望，就感觉有点后悔考了编制，因为不想待在这样的幼儿园。我以前都是在比较豪华的民办幼儿园，不过现在慢慢习惯了。

根据观察和访谈，我们发现，粤西地区ZX幼儿园的环境条件无法满足幼儿教师专业发展的需求，主要体现为教学场地不足、设施设备不齐全以及教学用具小学化等。

第一，教学场地不足。大多数农村幼儿园附设在小学教学楼里，活动室和户外活动场地不足，且整体教学环境缺乏幼儿教育所要求的活泼感和灵动感。

第二，设施设备不齐全。农村幼儿园教学设备不足，很多没有多媒体设备，幼儿教师平时使用粉笔和黑板进行教学活动；玩具和图书配备不足，各班活动室没有划分区角，更没有投放区角材料。有的班级甚至没有玩教具，幼儿唯一的游戏方式就是在活动室等地方三三两两地追逐打闹。

第三，教学用具小学化。农村幼儿园主要使用教材进行教学，用书一般由当地教育局统一安排，配套的教具是跟教材配套的纸质版挂图。有教师反映，这些教学挂图字号较小，幼儿看不清楚，影响教学效果。

由于幼儿园缺乏必要的设施设备，农村幼儿教师无法很好地开展教学活动，较难提高专业能力。

L老师：我喜欢艺术类课程，所以喜欢教班上孩子唱歌和跳舞。现在由于班上没有多媒体设备，因此很少教孩子这类课程。如果让我教音乐，我肯定平时就会放多点音乐让孩子听，让他们多听、多扭。听得多，节奏感就会好很多。但是没有（设备），所以这是个大问题。

我们幼儿园给每位教师配了办公电脑，我曾建议园长和小学校长把电脑放在活动室，拉条网线到活动室。这样我就能给孩子上音乐课或者舞蹈课了。我申请过，可是学校那边不批准。上面办公室那么多电脑，我只是想把电脑放在活动室里，这样上课方便一些。

也不是怕我们上课玩电脑，就是不知道为什么不批准。办公室上面的电脑就只是摆在那里，有些都已经坏了。只有园长需要处理文件的时候才会用到电脑，我们根本没有时间用，天天都在带班。如果把电脑搬到活动室来，并连上网，我就可以给孩子放音乐了。我有些同事是小学转岗过来的，本身对艺术类课程不是特别了解和擅长，所以都没有上音乐课。

此外，我们调查发现，农村幼儿园的物质环境常常缺乏专业文化氛围，不像进行幼儿教育的文化场所。这些幼儿园没有图书阅览室，没有可供教师阅读的专业书籍、杂志。但是，学习对教师专业发展而言具有非常重要的意义，也是教师专业生活的重要内容。幼儿园应当从真正促进教师发展的实际需要出发，规划和调整幼儿园的物质环境。

农村幼儿园的班级环境也缺乏幼儿教育的专业特点。例如，ZX幼儿园归镇中心小学管辖，位于小学空置的一栋三层教学楼里。教学楼的布局和班级环境的设计都是小学式的，这给幼儿园定下了难以改变的小学化环境基调。此外，由于幼儿教师不重视班级环境创设，班级没有主题墙，仅在活动室后面的黑板上贴着几幅幼儿的美术作品。有老师坦言："幼儿园没有要求做环境布置。有时候领导来检查了，就从废旧的书中剪一些图案贴到后面的黑板上。后面黑板上的画是我带的第一届幼儿的作品，距离现在已经很多年了，一直没有换过。"在整个幼儿园环境的布置中，幼儿教育形式活泼、色彩丰富等特点并不明显。而环境作为重要的隐性教育资源，除了能促进幼儿的发展，还在改善幼儿教师专业生活方面有着不可替代的作用。

二、过于宽松的制度环境难以激发农村幼儿教师的进取心

G老师：我对目前的状态比较满意。我既不喜欢行政工作，也不擅长与成人打交道，比较喜欢和小孩子打交道，感觉能干好这份工作。工作之外顾好家庭就很好了。

F老师：我们的考核主要就是检查备课本、听课本。只要不出什么事故，没有迟到早退，绩效工资一般都会按时发放。有时候也觉得这样的考核没有什么意义，大家都只是为了完成任务。

N老师：幼儿园每学期搞两次比赛的时候还是会认真准备一下的，如钢琴、绘画、讲故事这方面的技能比赛。

幼儿的年龄特征和幼儿园保教并重的教育特点决定了幼儿教师是一个劳心劳力的职业，工作任务重、时间长、压力大，加之幼儿园教职工配备不足，师幼比过低，农村幼儿教师身心疲惫。有研究表明，农村幼儿教师的流动性极大，如从民办幼儿园流向公办幼儿园，从公办幼儿园流向小学。[①] 为了减轻教师的工作负担，农村幼儿园的管理者常常以最低的标准来要求教师，"看好孩子""不出安全事故"即可，并没有形成能促进幼儿教师专业发展的科学有效的管理机制。在奖惩上，通常有惩无奖，或者惩多奖少，严重影响了幼儿教师的工作积极性。例如，R园的Z园长作为新任园长，既没有相应的学前教育经验，也缺乏管理经验，更没有提出幼儿园的发展愿景，导致教师普遍缺乏工作积极性和进取心。

三、缺乏组织资源导致农村幼儿教师的专业发展通道受阻

农村幼儿园的组织资源是普遍缺乏的。例如，C镇ZX幼儿园是F县创建教育强镇

---

① 全国教育科学规划领导小组办公室：《全国教育科学"十一五"规划教育部青年专项课题"中部地区幼儿教师流动问题及对策研究"成果公报》，载《当代教育论坛（综合研究）》，2011(8)。

的衍生品，不是因学前教育受重视而建立的。同时，ZX 幼儿园没有独立建制，附属于小学，由小学校长管理，重大事项的抉择等需经过小学校长的同意，园长只是代为管理幼儿园的日常运作，在人、财、物等方面缺乏自主权。

L 园长：每天早上幼儿来到班上后，我都要检查一遍幼儿的入园卡有没有插满。如果幼儿没来幼儿园，我要先打电话给家长确认幼儿的情况。幼儿都回到班上后，开始分早餐。吃完早餐，休息一会儿就要做早操了。带领幼儿做完早操，我一边看着幼儿不让他们跑来跑去，一边准备接下来上课需要的内容。反正一日生活中的每个环节我都要参与。幸好有保育员阿姨帮忙送饭菜和打扫卫生，减轻了我一些工作负担。最近要收幼儿的伙食费了。我白天要带班，根本没有时间去收这个费用，所以让家长在幼儿放学之后再过来交。如果需要外出开会，我只能让保育员阿姨帮忙照看一下班上的幼儿，因为实在没有别的幼儿教师了，大家都是一个人带一个班。

粤北地区的 R 园由于缺乏学前教育方面的专家资源，对教师的培训大多通过请 L 教育集团的讲师来进行，培训的内容主要是如何使用该集团提供的教材。这样的培训对于教师在保教工作实践中的问题，如教育目标存在偏差、教学方法不够科学、欠缺有效的教学组织等，无法提供有针对性的指导。

由于晋升机制不完善，农村幼儿教师评职称的意愿普遍不强，甚至认为即使可以评职称，平日工作的强度和家庭的事务也让其无法有充足的时间准备相应的材料。特别是从小学或初中转岗过来的幼儿教师，因自身编制属于小学或初中，无法参与幼儿园职称的评定。在我们的调查中，相关负责人表示，由于教师转岗之后的工作内容跟自身编制不符，因此达不到相应职称的工作任务指标，不可以评职称。

我们发现，由于教职工配备标准落实不到位，农村幼儿教师的工作强度很大。他们不仅要完成教学任务，而且要承担保育工作。除此之外，农村幼儿教师还要特别关注幼儿在园的安全问题。一旦幼儿出现事故，幼儿教师不仅要承担一定的责任，还要承受巨大的心理压力。有农村幼儿教师坦言："孩子每天都叽叽喳喳的，从早到晚一刻都不停。我脑袋都是疼的，压力真的很大。有好几个从小学转岗过来的教师，待了几个月就受不了了，转回去了。"

第四节 微系统对农村幼儿教师专业生活的影响

微系统中的园长、同事、幼儿及家长是农村幼儿教师最直接也最频繁的人际互动对象，对农村幼儿教师专业生活质量影响巨大。

一、园长教育领导力不足致使农村幼儿教师专业生活缺乏引领

"一个好园长，就是一所好幼儿园。"园长对幼儿园的经营及组织气氛、教学质量具有关键性的影响，是幼儿园教育质量的把关者，是农村学前教育师资队伍的"领头羊"，也是提升教师专业生活质量的关键。《幼儿园园长专业标准》明确提出："园长是履行幼儿园领导与管理工作职责的专业人员。"园长要秉承先进教育理念和管理理念，不断提高规划幼儿园发展、营造育人文化、领导保育教育、引领教师成长、优化内部管理和调适外部环境等方面的能力。

我们来看一下粤北地区R园Z园长的情况。Z园长于2001年从某教师进修学校毕业后在幼儿园工作了三年；2004年离开幼儿教育行业，在某房地产开发公司工作；2012年经教师公开招聘再次进入幼儿园工作；2015年被任命为园长。再如，粤西地区ZX幼儿园L园长，1977年出生，幼师毕业后被分配到镇中心小学担任小学教师，职称为小学高级教师，教龄20年；2000年，转岗到幼儿园，成为ZX幼儿园小班的带班教师，同时兼任园长，协助ZX小学校长管理幼儿园的日常工作。我们在田野调查中发现，这两位园长的专业素养与《幼儿园园长专业标准》的要求存在一定差距：理论基础弱，管理经验有限，既缺乏对学前教育的专业知识和先进理念的把握，也缺乏科学的管理方法和较强的管理能力。这直接导致幼儿园的日常教学得不到有效的指导和监管，保育和教育出现随意性和盲目性，教师的业务能力无法得到有效的培养和提升。

园长是帮助教师过有意义的专业生活的引领者，科学的管理能指引幼儿教师朝着专业化的方向发展。园长的领导力包括组织领导力，而教育领导力是核心和关键。园长不仅要重视幼儿园行政上的管理，还要重视教师的专业发展，从而促进幼儿园的保教质量以及教师专业生活质量的提升。

二、教师的平庸文化致使农村幼儿教师专业发展动力不足

粤北地区R园的教师队伍自2015年大调动之后趋于稳定，目前有3位编内在岗的教师，4位轮岗的教师，2位借调的教师。她们多为本地人，且大多毕业于县城教师进修学校，学历背景相同，年龄相仿。这使得教师之间关系和睦，交往密切，以至于缺乏工作场域的严肃性，同时也不利于良性竞争。大家都希望彼此的状态保持在同一水平线上，不希望出现"鲇鱼效应"，搅乱目前的平静与祥和。这里的幼儿教师在工作上以应付为主，缺乏热情。

一位受访者：有的老师会不理解，她们会问你，你天天练，是想拿第一名吗？其实我根本没有想过去争什么荣誉，我只想让孩子们接触更多的东西，脸上的笑容更多

一些。所以很多时候，我心里也很纠结，想着做好自己的本职工作就行。

我感觉这种氛围根本不适合学习。有时候你要是积极一点，就会有被大家排挤的感觉，好像大家都不学习，你在这里学习是在装给领导看。于是只好和大家一起聊电视剧、电影、购物、房、车等话题，好像这样才是正常的。

教师习惯遵守幼儿园的种种规定，将日常行为约束在工具理性的影响下，以完成工作为目的，忽视了教育本身的价值和意义。教师认为在工作中只需要完成领导交代的任务，完成自己的保教工作，不应再额外花费时间钻研，扮演另类的角色，这正是平庸文化的突出表现。孔祥源认为，教师的平庸文化首先表现在教师行为完全同化于教育体制。教师更多关注的是自己的行为是否符合制度标准，怎样才能晋升。在很多时候，服从制度等于获得自己的利益。教师也由此逐渐形成服从的习惯，不再思考。在具体的教育领域，教师为了自身或者小团体的利益，在明晰自己行为的不足后可能依然会选择按规则办事。[1]

粤西地区ZX幼儿园的教师都有小学高级教师职称，全部是小学或初中转岗教师，工资待遇也跟中小学教师一样。他们转岗的主要原因是有家庭需要照顾，到幼儿园可以免除为期一年的下乡支教。在幼儿园，他们的工作时间一般是7:00到16:30，不怎么需要加班进行备课、制作区域材料等活动。

研究者：您现在的职称是什么？

L园长：我评了小学高级教师，再往上就是副高。我已经不再考虑评副高了，小学高级教师就可以了。我打算在这所幼儿园干到退休。我们60岁退休，还要熬20年。

三、农村幼儿的特殊性加大了农村幼儿教师保教工作的难度

农村家长外出打工，导致不少农村幼儿滞留在家与祖辈一起生活，成为留守儿童。父母在家庭教育中的缺失给留守儿童情感、认知、社会性行为等方面的发展带来许多负面影响。农村留守儿童在隔代老人的监护之下成长潜伏着危机，最初的对家庭的归属感、对父母的依恋感、安全感没有得到很好的呵护，成长面临着各种恐惧和焦虑。[2] 隔代监护的家庭一般对孩子采取溺爱、放纵、自由的照顾方式，即使孩子犯了错误也很少及时纠正。祖辈主要是满足孩子的物质需求，很少关注孩子的精神和心理状况。[3]

---

[1] 王焜：《教师平庸之恶及其超越》，硕士学位论文，华东师范大学，2016。

[2] 钟芳芳、朱小蔓：《重构爱的联结：乡村教师对留守儿童家庭的情感教育支持》，载《教育理论与实践》，2017(4)。

[3] 周芳：《农村留守儿童情感缺失问题研究——基于依恋理论视角》，硕士学位论文，华中师范大学，2018。

我们在田野调查中发现，农村幼儿园的教育对象以留守儿童为主，留守儿童及其家庭教育存在的问题以及祖辈监护人的教育特点增加了农村幼儿教师保教工作的难度。

在农村，家长的观念是3岁不上幼儿园，4岁才上，然后直接读中班；有的中班都不想读，直接读大班。所以，小班其实招不到几个幼儿。例如，粤北地区R园2018年9月只招收到中、大班的幼儿，这使培养幼儿良好的习惯比较困难。

一位受访者：来到这里（R园）以后，还是能看到那些"花猫脸"。鼻涕挂在脸上，衣服穿一周都不换。有一个孩子，大冷天，裤子破了大洞，说是老鼠钻进衣柜咬的。当看到孩子们不经常剪指甲，不爱洗手，不勤洗头、洗澡、换衣服，咬指甲，用衣袖擦鼻涕、口水时，你会感觉特别头大。现实的无奈和你的教育理想形成巨大的反差。我以前在D市带幼儿的时候，觉得那些幼儿懂的事情很多，经常聊到一些脑洞大开的话题。幼儿穿得一个比一个潮，像小公主、小王子一样。在城市幼儿园培养幼儿思维的时候，我们还在教幼儿要讲卫生，培养他们上完厕所要洗手等很细微和很琐碎的东西。有些幼儿随手乱扔垃圾，学大人吐痰。每次遇到这样的幼儿，我都感觉很无力。我想去帮他，可是我的力量是很有限的，而且这些是与家庭教育相配合的，你和幼儿的爷爷、奶奶说这些也说不通。

L老师（ZX幼儿园）：有些家长送孩子到幼儿园，他们注重的点是孩子不要被人打。有些家长认为一个学期交几千块钱，我的孩子要学到东西。很想去改变家长的观念，但幼儿园对此也常无能为力。幼儿园不可能叫爷爷、奶奶来开一个家长讲座。如果年轻一辈在家，可以定期组织家长会、家庭学习等，但无奈的是年轻一辈基本外出了，你又很难改变老一辈的观念。

农村幼儿教师在开展常规教育时必须考虑农村幼儿的真实情况，以幼儿能接受的方式传递信息，慢慢纠正幼儿的不良行为习惯。

一位受访者：孩子对外界的接触是很少的。他们生活经历少，不像城里的那些孩子，节假日可以去不同景点玩。这些孩子主要是从山里来的，他们见得不多，有些家里连电视都没有。

农村幼儿家庭的教育观念和大班额的保教压力，使得农村幼儿教师在带班过程中以高控行为为主，特别强调纪律与秩序，时刻担心幼儿的安全问题。由于师幼权利关系不对等，幼儿教师在大多数时候扮演的是"规训者"的角色。对幼儿来说，教师是高高在上的，时刻对他们的行为进行规范与评价，因此容易与教师产生隔阂。当幼儿的表达和行为与教师的价值观相违背时，这种隔阂会表现得尤为明显。[1]

---

[1] 袁源：《城市留守儿童不良行为矫正中的家校协同研究》，硕士学位论文，四川师范大学，2018。

四、家长的不合理诉求加重了农村幼儿教育的小学化倾向

家长是一个复杂、多元的群体。在农村，家长对孩子的教育抱有很大期望，迫切希望孩子取得进步，获得成功。但他们对孩子的学习特点、发展特点缺乏了解，对幼儿园的评价就是看孩子能不能学到知识。

在田野调查中我们发现，农村幼儿教师为了避免家长质疑，会进行"填鸭式"教学。因此，农村幼儿教育出现了小学化倾向。

生态系统理论非常强调个体在生态系统中的主体性、能动性。布朗芬布伦纳认为，发展着的个体不是被其所处环境随意涂抹的白板，而是不断成长并时刻对环境产生影响的动态生命。然而，在田野调查中我们发现，农村幼儿教师的主体意识亟待被唤醒。

喊口号很容易，而在不利的环境里做出积极的改变，从来都不是容易的事情。对于农村幼儿教师而言，又何尝不是如此？在幼儿教师专业生活的诸多影响因素中，教师个体因素起着非常关键的作用。农村幼儿教师自身在专业生活方面存在以下问题。

第一，职业认同感不强，专业发展规划不明晰。他们对自身工作的价值认识不足，认为幼儿教师仅是一份工作而已，意识不到自己的工作对幼儿身心健康发展的重要意义。因此，大部分农村幼儿教师对自己的工作要求是不犯错，没有领导批评和家长投诉。他们对自身专业发展的未来规划比较模糊，觉得"稳稳当当地工作到退休就可以了"。

第二，缺乏相应的职前专业学习，专业基础薄弱。这种情况在农村转岗教师中尤为突出。作为农村幼儿教师队伍中的特殊成员，转岗教师的存在为解决农村幼儿教师资源紧张的问题做出了重要贡献。不过，目前转岗教师的专业能力有待进一步提升，农村幼儿教师专业生活仍面临较大的挑战。

Z老师：我是2010年从初中转岗到幼儿园的，在此之前，我从来没有接触过幼儿教育。经过市教育局组织的转岗培训，我就上岗了。第一次给幼儿上课，我其实有点不知所措，只能将自己以前的那一套教育方法搬到幼儿园。我想应该都是大同小异的吧。虽然偶尔也会有幼儿教师的专业培训，但由于没有经历过系统的学前教育专业的学习，我觉得自己现在也不能算是个专业的幼儿教师。

第三，自主学习意识不强，专业发展动力不足。自主学习意识属于内在动机，对个体在所从事领域中的创造力及个体的专业发展有着至关重要的作用。此外，内在动机能为个体提供促进学习和发展的力量，能促使农村幼儿教师在没有外在奖赏和压力的情况下主动学习。在农村幼儿园中，大部分幼儿教师的自主学习意识不强，主要体现在对教研活动和培训活动的积极性不高、评职称的意愿不强等方面。我们在访谈和日常交流中发现，农村幼儿教师容易安于现状，追求职业发展以及自我实现的热情不

高。可以说，缺乏自主学习意识是农村幼儿教师专业发展的最大障碍。

Z老师：结束一天的幼儿园工作和家里的大小事情后，我已经没有多余的精力去学习了。我觉得现在的生活自己也挺满意的。家里没有什么需要操心的，工作和收入也算稳定，自然就没有像以前那样的学习动力了。

第四，闲暇生活形式单一，利用效率不高。优质的闲暇生活有利于凸显教师的生命价值，提升教师的专业水平。农村幼儿教师在闲暇生活中较少进行自我提升的学习，更多是照顾家庭、休闲娱乐或开展副业等，缺少必要的闲暇智慧。这对其专业发展存在一定的影响。

Z老师：一般放假的时候，我会在家带孩子，收拾收拾家里的东西。一天很快就过去了。而且家附近也没有什么好玩的地方，与其出去人挤人，还不如多在家休息一会儿。其实有时候我觉得放假比上班还累。家里有太多东西要整理了，又要照顾孩子。孩子的精力太旺盛了，一会儿这一会儿那的。一眨眼，还没做什么，假期就过去了。如果可以的话，我想在家躺一天，什么都不做。感觉这样我才能恢复元气。

幼儿教师除了扮演教师角色外，还兼顾子女、配偶和父母等多种角色，所以常常出现角色之间的冲突。部分农村幼儿教师会把自家孩子带到幼儿园照顾，甚至出现抱着自家孩子上课的现象。工作与家庭之间的冲突会给农村幼儿教师的专业生活带来消极的影响。

L园长：平时我一岁多的小儿子都是爷爷、奶奶在照顾。这两天由于奶奶要照顾生病的爷爷，因此我只能把小儿子接过来。儿子太小了，让他一个人在家是不可能的，所以我只好把他带到幼儿园来。

X老师：我四十几岁才生下二孩。孩子的爷爷、奶奶和外公、外婆都年纪大了，自己都照顾不好自己，把孩子丢给他们带我是不放心的。由于孩子还没有断奶，因此我请了堂妹到幼儿园帮我带孩子。孩子饿了的话，我可以及时地给孩子喂奶。

第六章　日常生活批判理论视角下的农村幼儿教师专业生活

农村幼儿教师的专业生活占据了他们日常生活的大部分时间，是他们每天都需要面对的。本章以日常生活批判理论为参照，选择粤东地区 L 县 X 园作为主要田野点，以镇里的 T 园、村里的 S 园和县城的民办 G 园作为参照观察点，采用深度访谈、参与式观察、实物分析等方式，从教师职业观、反思、教学、学习以及闲暇生活等几个方面呈现农村幼儿教师专业生活状况。

第一节　田野概况

L 县位于广东省东北部，曾是贫困县。当地政府有重视教育的传统，电视台设有专门的教育频道，经常走访中小学，报道中小学的最新动态。我们在调研期间，多次从当地居民，如出租车司机、饭店老板口中了解到教育在 L 县的重要地位。一位出租车司机说："我们县就学校最多，幼儿园啦，小学啦，没走几步路就有一所。"

全县共有 142 所幼儿园。教职工 2573 人，其中专任幼儿教师 1449 人。在专任幼儿教师中，大专以上学历的有 724 人，高中以上学历的有 725 人。

X 园是该县幼儿园的"领头羊"，创建于 1956 年，由县教育局主办，2001 年 6 月被评为市一级幼儿园，是当地一所窗口式、示范性的幼儿园。全园占地面积 4800 平方米，建筑面积 9345 平方米，户外活动面积 2800 平方米，拥有美工室、科学启蒙室、音乐室、图书室 4 个功能室。全园现有 15 个教学班，在园幼儿 630 多名；教职工 66 人（本科学历的有 6 人，大专学历的有 24 人，中专学历的有 20 人），其中高级教师 14 人，一级教师 17 人，二级教师 1 人；配有专职保健医生，并按要求配备"两教一保"。X 园汇集了全县最好的教师资源。X 园也申报了市级课题，依托客家文化资源开发园本特色课程。每学期 X 园都要接待 L 县幼儿教师同行百余人进行参观与跟岗学习，具有较强的带动和示范辐射作用。

调查期间，我们多次前往镇公办T园、乡村民办S园和县城非普惠性民办G园。

本研究采用目的取样的方法，从农村幼儿园性质、农村幼儿教师基本情况以及话题相关人员三个方面进行研究对象的选择。参与式观察旨在了解农村幼儿教师专业生活状况，研究场域包括但不局限于日常教学活动、教研活动、教师例会以及工作以外的日常生活等。本研究的观察在X园、T园、S园和G园多个场域展开，以扩大资料收集范围，提高资料饱和度。研究者会选择不同时间点，在征得在场幼儿教师同意后进入教学班进行观察，有全园性活动时也会参与其中。当教师下班后，研究者会和他们一起吃饭、逛街，参与他们的日常生活。通过观察，研究者确定了深度访谈对象。最终接受访谈的共23人，基本情况如表6-1、表6-2所示。访谈提纲的制定建立在文献分析和现实情况的基础上，在访谈的过程中根据被访谈者反馈和专家建议进行修订，最后编制而成。访谈提纲详见附录。

表6-1 L县受访幼儿教师的基本情况

序号	姓名	年龄	教龄	职称	第一学历/最后学历	编制情况
1	W老师	22	2	幼儿园三级教师	大专/本科在读(函授)	编内
2	T老师	40	20	幼儿园一级教师	中专/本科(函授)	编内
3	K老师	45	10	小学二级教师	高中/大专(函授)	编内(小学编制)
4	YH老师	40	14	幼儿园三级教师	中专/大专(函授)	编内(小学编制)
5	Z老师	29	4	幼儿园三级教师	大专/本科(函授)	编内
6	L老师	19	1	未评职称	中专/大专在读(函授)	编外
7	ZX老师	48	24	幼儿园一级教师	中专/本科在读(函授)	编内
8	LG老师	31	5	幼儿园二级教师	大专/本科(函授)	编内
9	XC老师	30	4	幼儿园三级教师	大专/本科(函授)	编内
10	LQ老师	26	4	幼儿园三级教师	大专/本科在读(函授)	编内
11	CY老师	43	11	未评职称	大专	编外
12	H老师	36	12	未评职称	中专	编外
13	WL老师	32	14	幼儿园二级教师	中专/大专(函授)	编内
14	LX老师	30	12	幼儿园二级教师	中专/大专(函授)	编外
15	SXH老师	26	5	未评职称	中专/大专(函授)	编外
16	SXZ老师	29	3	未评职称	中专/大专(函授)	编外
17	Y老师	29	8	未评职称	大专	编外

表 6-2　L 县其他受访者的基本情况

序号	姓名	身份
1	Y 园长	X 园园长
2	Z 园长	X 园副园长
3	Q 园长	G 园副园长
4	GY 园长	G 园园长
5	Z 幼儿家长	Z 幼儿的家长
6	G 政府人员	幼教专干

第二节　日常生活气息浓厚
——农村幼儿教师专业生活的异化状态

一、生存取向的职业观

职业观是人们对工作的看法和观念，具有一定的价值取向。从不同角度来看，它是工作情感、评价、信念、态度、倾向、情绪等综合作用的结果。本研究侧重从工作态度和工作情绪两方面描述农村幼儿教师生存取向的职业观。

（一）工作态度——被迫

1."工作是上级命令的"

在农村幼儿园，教师专业对口率偏低。很多教师都是非专业出身，并在中小学任职。他们通过上级命令借调到幼儿园，属于中小学教师编制，入职后再考取幼儿教师资格证。在被问"既然选择了汉语言专业，且已经积累一定的小学教学经验，为何调动来幼儿园"时，K 老师说："后来说工作要调动。唉，反正上面说怎么样就怎么样。这样我才来到幼儿园。"也有一些是在职教师的亲属或者朋友，以前从未从事过教育行业。他们可凭健康证上岗，等工作后再考取幼儿教师资格证。

CY 老师已经在中学工作了几年，习惯了中学的教学方法，当年刚来到幼儿园工作时非常不习惯。"我是学音乐的，然后出来就教中学，一直没转正。后来结婚生子，陆陆续续地在幼儿园教。我在那边的幼儿园教了八九年，这个学期才来（这个幼儿园）。""开始教幼儿的时候，我整整适应了一个学期。我在中学上完一节课就下课了，可以回办公室。在幼儿园呢？一来就是从早上工作到晚上。时间太长了，我真的很难适应。我感觉学生越小越难教。"

还有一部分教师由于园所师资缺乏，只能暂时接替其他教师的工作。YH 老师原来是保育员。这个学期主班教师休产假，副班教师刚来没多久。园长见 YH 老师教龄较长，人也比较精干，于是让她做了主班教师。"其实之前我没答应园长，我说我不能胜任这项工作。但园长说：'没事的，尽自己最大努力，不会的就问其他老师。'就是这样。"YH 老师也感到自己需要提高专业能力。"以前我做保育员，就没有这样想过（提高专业能力），就想做好本职工作，把孩子看好。安全第一。"谈起职业观，YH 老师认为，幼儿教育工作成为日常生活中的一部分，是充实日常生活的事情。"反正上班就比较充实。你不上班，在家里带小孩没事做，是不是更加无聊？有一份工作应该过得比较充实，对我来说还是挺好的。只要不给老师太大的压力，不搞太多什么开放日。"农村幼儿园师资缺乏，当地会对在中小学任教或担任保育等工作的教师在区域内实行工作调动。这部分教师缺少学前教育相关知识和技能，对幼儿教育的内涵和特性缺乏系统的了解，不太能认识到幼儿教育工作的重要性，因此工作动力不足。

2."*为评职称或者转行*"

L 县教师接受函授教育、参与课题，既是工作的一部分，也是入职后提升自己专业发展水平的有效途径。值得注意的是，教师在选择这些方式时的态度。若这些只是职业升迁的手段，未免会使教师专业化诉求产生偏差。

L 县大多数幼儿教师接受了函授教育，只有少数年龄较大的教师由于身体或者家庭，工作后一直没有再提高学历。对于刚入职的大专及以下学历的新教师，园长会建议继续进修。函授大专或本科基本上需要三年时间，课程比较轻松，通常是在网络上听课、完成作业和考试。L 老师目前是中专学历，作为临聘教师进入幼儿园工作，现在正在函授大专。她说："我是一定要参加函授的，因为我还没有考到教师资格证。上次去考的时候，那个人说我没有大专文凭。只有拿到大专文凭，才能去考教师资格证。""函授并不难，考一次试就可以了。"ZX 老师对函授教育的看法是这样的："我今年才能本科毕业，然后也要做那些作业。其实很多东西本身就是一项任务。有了这项任务，你就必须去做，你就会去参与。要说函授是为了让自己怎么怎么进步，对我来说好像并不是。"

一部分教师入职后函授的专业并不是学前教育。这主要出于两个原因：有教师认为，只要是教育相关专业，和学前教育就没有太大区别，能拿到学历即可；有教师只是把幼儿教师工作当成一个过渡的阶段，为实现自己下一目标做准备。YH 老师入职后函授了大专，报的是教育管理专业。她说："那时候学前教育已经报满了。这是我哥帮我报的，他说教育管理也没事，也包括学前教育。"有些教师在访谈结束后表示，自己通过函授拿到本科文凭后有可能考虑转行，如去小学教书。毕竟小学的待遇比幼儿园好，而且在学生安全方面，家长工作好做一些。XC 老师认为自己是偶然进入学前教育行业的，考虑转行。

XC老师：我是在学校里面，在大一的时候就报了自学考试，但不是学前教育专业，是汉语言文学专业。

研究者：怎么考了汉语言文学呢？

XC老师：我当时也是想着，唉，我不太想学习这个专业，觉得本科如果可以学其他专业也好，所以就去学了汉语言文学专业。

研究者：可能去小学那边会更方便。

XC老师：对。我本来就不太想从事学前教育行业，后来偶然进入了学前教育行业。

研究者：你以后打算转行吗？

XC老师：如果是从我自己的规划来讲，我觉得非常有可能。

L县教师参与课题时的态度引起了我们的关注。农村学前教育的科研在科研人员数量、专家引领、资源经费等方面存在诸多困境，符合课题申报条件的幼儿园少之又少。X园条件稍好，在园长的带领下坚持科研兴园，积极开展保教课题研究。这几年陆续推进课题研究，目前有几项课题已经结题了，成果颇丰。

X园的教师，不论是参与课题的教师还是未参与课题的教师，对课题的态度相当一致，普遍认为参与了课题就等同于踏上了评职称的路。ZX老师是一位老教师，负责园内许多行政事务。她已多次参与课题，并且是全园唯一和园长一起评副高职称的教师。她自己感到在这方面很有经验了。当谈到课题与职称的关系时，她认为："不管是课题呀还是什么，它（评职称）都有一个条件，要求在市里面、县里面上的公开课获得荣誉证书，是优秀班主任或者优秀的其他什么，这样才可以评上副高。"

W老师没有参与课题，每次一开课题会，她都早早下班。问她为什么没有参与课题，她说："参与课题要做好多事情，而且好像是对评职称有用。""我还在函授本科，想先拿到本科文凭再想那些。我现在还没有想法。"

在幼儿园三个课题的中期报告会上，Y园长在听完汇报后进行了点评，最后说了这一段话："当初让大家参与这些课题，是自愿报名的。大家呢，也知道课题对评职称的重要性。所以不管你们抱有什么样的目的，大家既然决定来了，就要用心去做这件事情，不要忘记初心。"

我们在访谈中发现，大部分教师参与课题是为了评职称。园长也不回避这个问题，但更希望教师们通过做课题提高专业水平。

一位受访者：你说我们申报课题，很多老师都是冲着职称来的，当然这不可否认，老师们都想要工资高一点，但是我也希望我们老师能够在做课题的过程中得到提升。比如，我们做童谣、剪纸两个课题，你那天也在，你觉得哪个更好？（我就说，剪纸那个课题能够用到数据，很棒。）我们都说要用数据说话，对吧？你们做课题也是这样吧？

像以前，老师可能对这个没什么概念，但现在通过做课题都学会了。这就是一种提升，是不是？不是我就想弄个名字上去。如果你想弄，我可以帮你弄，但是这样没有用，对不对？

目前农村幼儿教师在专业上存在不同程度的认同危机，对专业水平不自信，对专业发展目标不清晰，久而久之会在专业成长方面产生无助感、失落感，使幼儿教师仅仅成为一份职业，一种谋求或维持生存的手段。教师也常认为唯有达到某种学历水平或职称等级，自己才是专业的。教师接受函授学习、参与课题的主要动机，并不是自己专业成长的需要，更多是为了职位晋升。这无异于将专业生活视作"求生存"的日常生活，最终指向个人职业生存。从访谈和日常观察中我们看到，这种生活状态即重复性教学思维、固定性学习模式以及缺乏反思。这种异化倾向是教师将工作仅仅视为个体生产劳动。而个体再生产需要实现和超越自我，社会再生产需要为社会其他成员的自我实现提供服务。把专业发展的机会和途径视为职业升迁的机会和途径，显然无法很好地满足个体和社会再生产的需要。不可否认，教师的专业发展水平在这个过程中可能获得不同程度的提升，但很多教师只是将其视为职位升迁手段。期望通过继续教育提升专业素质、促进专业成长的教师较少。对于幼儿教师来说，无论是函授教育、课题活动、教学活动，还是和幼儿进行简短的对话、与同事围绕工作闲谈，都是进入专业生活领域的入口，值得认真反思、总结。这也正是教师专业生活有别于日常生活的重要体现。固然学历是衡量教师素质的标准之一，也是教师薪酬的直接影响因素，但不能形式化地成为教师专业化的单一诉求和指向，否则教师的专业发展会狭隘地变成技能训练。

(二)工作情绪——压力大

1. 不专业带来的压力

在田野调查期间，为了拉近和教师的距离，研究者经常和他们闲聊。当研究者进一步表示想对他们做一次正式的访谈，聊一聊专业发展的相关内容时，他们都会表示惊讶，克制不住紧张的情绪。

K老师已经工作10年了，是所在幼儿园教龄最长的一位教师。园长推荐说K老师教龄长，经验丰富，可以多聊一聊。正式访谈开始时，她表示很乐意接受访谈，但不太理解为什么选她进行访谈。

K老师：我不是学这个专业的。你怎么不去找一下中班的×××老师，她比较年轻。

我高中毕业后到广播电视大学参加大专函授，专业是汉语言文学教育，毕业后在小学代了7年课。

有些家长认为幼儿教师就是带一下人（幼儿），尤其是乡镇家长。但幼儿园教育真的是很全面的，弹唱说跳什么事都要做。担任幼儿教师是有专业要求的，但我不是这个（专业）出来的，所以感觉很有压力。

Z老师也不是科班出身，刚考上编制来幼儿园那两年，她的感受并不好："当时觉得好像就自己不是这个专业的。那时候也年轻，觉得整天盯着孩子，好累。"

《中华人民共和国教师法》第三条明确规定："教师是履行教育教学职责的专业人员。"这是在法律层面上认可教师劳动的专业性，保障教师的权益。遗憾的是，目前农村幼儿教师在专业身份自我认同上还存在信心不足、角色模糊等问题。农村幼儿教师对自己的专业水平不自信，对专业成长产生无助感，原因有二。其一，大部分教师不是学前教育专业出身。一部分教师由于工作调动从中小学转过来，专业观念和专业知识都停留在中小学教育阶段。一部分教师是在职教师的亲属或者朋友，从未从事过教育行业。这部分教师自身也感到非常欠缺专业知识和教学经验，但又不知该如何学习、学习什么。其二，少部分学前教育专业的教师经历了写字、读书、算术等小学化的教学阶段，在接触新的教学模式后，学习起来有心无力，于是表示自己"不专业"，要么直接将"专业"等同于"优秀"。

2. 活动多让教师产生压力

L县教师提及幼儿园活动很多，让他们感到很有压力。他们所说的"活动"是指区域比赛、安全教育讲解等不在每日教学计划内的活动。他们把这些视为额外的任务。

在访谈中，T老师多次强调她现在压力很大。T老师的工作一直能得到园长的认可，但凡幼儿园有接待活动，园长都会让T老师以优秀教师的身份讲公开课。因为公开课太多，所以T老师很有压力。T老师也和园长沟通过这个问题。"其实上个学期我都跟副园长说过了，不要什么比赛都是我参加。我说你不要压我，我好累，也要喘口气。在这种高压下我会得抑郁症。"园长减少了她上公开课的频率，全园的活动则照常进行。她表示这确实能减少一部分压力，但幼儿园的整体节奏很快，活动实在太多了。

T老师：那种节奏很快，就是感觉……现在又是什么"创现"，老师要现代化。什么叫现代化？你的理念、观点都要创新。

我们经常有活动，一个接一个，我感觉真的喘不过气来。比如，学校要搞一个区域比赛，我从开学就开始准备。肯定每个区域的材料要更新，然后有些环境布置要换掉。你看我马上又要整改一个区域，因为你的区域有时幼儿不感兴趣。

所以我有时候好想建议园长，要适当。一个月搞一次活动就稍微好一点，现在每个星期都要搞。比如，一到元宵节就要搞活动，还是开放的，家长日也是活动。我们才开学多久啊，就搞了不少活动，一个星期一个，然后感觉有好多任务都完成不了。

YH老师表示刚做主班教师的时候，一上来就接手了很多活动，感到很有压力。

YH 老师：刚开始觉得有点累，因为活动比较多。有的活动要图文并茂，你要给小孩子讲解安全常识，防溺水、交通各方面都要讲，还要拍照上传到主班教师群，个人要上传公众号。

LQ 老师说如果没有活动，工作就会比较轻松，不会有太大压力。一旦有活动，压力就会增加。

LQ 老师：工作上压力最大的时候，就是事多的时候，或者是准备搞活动的时候。个别的时候，如今天这样，就不会说（有压力）怎么样，就还好。

研究者：幼儿园的活动多吗？

LQ 老师：这个学期还好，之前一个学期有两三次、三四次。

农村幼儿教师提到的有压力的活动，基本上属于幼儿园常规活动，与日常教学具有同等地位，而不是安排给教师的额外的工作任务。活动中所需要的技能是幼儿教师工作中应当具备或提升的专业能力。农村幼儿教师的专业能力不足成为工作阻碍，从而使他们感到有压力，对工作产生抗拒。

3. 能力不足使教师产生无助感

T 老师在幼儿园工作 20 年了，家庭负担加上工作压力，使她对工作感到有些倦怠。

T 老师：我觉得我有时好累，好想放弃当老师，但是我又不知道做什么好。事情尽量能做就做。小学教师资格证又好难考，我看到那个书就想睡觉。已经到了年纪了，不想再去考试了。

LQ 老师和 YH 老师认为苦恼于活动多的主要原因是自己能力有限，尤其在电脑操作方面。LQ 老师曾在全园大会上向园长提出电脑培训的需求，因为不会电脑操作给她的工作带来了很大的阻碍。

LQ 老师：其实你说完全没压力是不可能的，因为像有些方面自己能力不足，如电脑，可能人家弄一个文件、一个档案什么的，可以半小时、一小时搞定，我要几小时。我肯定也有压力，是不是？就是这样子。

YH 老师表示自己到了城市幼儿园才知道上课可以用课件，于是她学习了一些方法，回来教幼儿园的教师制作课件。

YH 老师：我回来这里，说实话，像我姐她用课件都是我教的。还是有用的。也是机缘巧合，当时跟我一起住的朋友的姐姐也在幼儿园教书。她当时需要做课件，我就看着她做。我说上课还可以这么轻松。当时是 2006 年。以前的话，我们要用幻灯机把图片弄出来，很麻烦。我也是从那时候开始接触课件的。

能力是影响教师工作效率的首要因素。能力低不仅增加工作时间，还会给教师带来负面的情绪，使教师产生无助感和疲惫感。

LX 老师是一名专业出身的教师，但她依然在专业上没有自信。她总是认为"专业"

即优秀,或有某方面的才能。

LX老师:专业方面,我就觉得我的应对能力是比较差的,遇到什么事情,我不会冷静地、彻底地分析。那种专业知识,我不知道怎么说。比如,有些老师觉得他可能在手工方面,东西老做不出来;有些老师觉得在组织方面,小朋友很乱等。我也怕,像手工、绘画方面我也没那么强。

工作压力是教师在工作中受内外因素影响而产生的一种消极情感状态,可能表现为紧张、焦虑或无助。农村学前教育的发展不断对幼儿教师提出新要求,教师自身专业水平和社会环境如果无法很好地提供支持,教师在工作过程中会情感衰竭,工作投入减少,简化非必需的工作环节,逐渐形成生存取向的职业观。在理想情况下,教师专业生活应当超越日常生活,教师也应当从被动接受工作向主动发现工作中的问题转变。

二、日常重复性思维占主导的教学

教学是教师有计划、有目的地引导幼儿掌握必备生活经验和知识的认识活动,属于幼儿教师专业生活的常规活动,也是幼儿教师个人经验、教学内容与幼儿身心发展水平三者不断互动的过程,需要大量高级思维参与。

(一)反思比较少——教学前后个人意识缺位

L县有些幼儿教师看起来每天都非常忙碌。当被问及他们在工作这么忙的情况下,是否还有时间和精力去反思时,T老师和Z老师说出了自己的想法,承认自己确实较少反思。她们感觉每天工作都很忙、很累,而自己精力和时间有限,仅完成工作就已经很辛苦了。

T老师:(反思)我比较少,就好像我们都是想快点把任务完成。反思很难,很少。只会说我这件事还没完成,那件事还没完成。我每次都用笔记本记上哪些没完成。上一周最多了。很快又开放日了,又是一个活动,唉!

Z老师:有时候会反省自己,但是我也是很头疼。反正反思的话,我觉得有时候心比较累。

WL老师认为反思就是班里的三位教师平时相处时相互指出不足。

WL老师:就是做得不好的话,班里老师会说一下。比如,一个班三个人闲聊,然后就说哪一方面做得不好,大家一起进步,一起改进。

教学过程中的专业反思至关重要。它既是教师对教学实践经验的总结,也能让教师得到有效反馈,从而在专业生活中产生更多动力。反思不是专业生活中可有可无的环节,不是随意思考和总结,也不是主、副教师之间简单的经验交流。反思是对某事物或观念进行正确、必要或充分的思考,需要高级思维的参与,并对实际行动有一定指导作用。对于教师来说,反思是对日常教学及结果的深刻分析与评价。教师要主动思考并建构适合自己的教学模式,积极提升专业素养。

(二)教案、课件是提前完成的——缺乏高级思维参与

为了应对教学以外的活动任务,在短时间内完成工作,提高"效率",L 县很多幼儿园都要求教师在假期将自己负责领域的教案写好。这样下学期开学,再处理园内其他事务时就不易产生冲突了。

T 老师:我们的教案已经在寒假写完了,要不我们更惨。我们的寒假是怎么过的,你知道吗?整天做课件,还要写教案、做课题。寒假真的没闲着。一开学,活动加过来,都没时间写教案了。所以还好提前完成了。

课件方面,每个主题经常由各班轮流负责做,然后全年级共享。YH 老师表示,自己以前在乡镇做教师的时候不做或者极少做课件,到了县城的幼儿园才发现原来教师还要做课件。

YH 老师:我自己没做过课件,都是其他教师上学期结束时就已经把课件做好了。如果没找到课件,一看课程表上又没有那节课,我就带学生上体育课。下午就是分组教学。

农村幼儿教师提前完成教案或直接用现成的课件进行活动,对幼儿身心发展的规律欠缺考虑。幼儿的兴趣、个性和学习方式存在差异,提前完成教案无法有效开展适宜性教学。幼儿教师教学方法也不尽相同,采用相同的课件进行教学,势必限制教学过程中创造性思维的发挥。日常教学是幼儿教师专业生活的重要内容,是教师学习、思考以及与专业经验融合之后呈现的结果。这个过程需要大量高级思维参与,具有创造性。若简化为以重复的、单一的思维为主导的教学活动,教师专业生活也会是机械的、单调的,无法满足幼儿发展的需要。农村幼儿教师专业生活中理想的日常教学情境,用 Z 老师的话来说,是"一定要有敬畏之心"。敬畏之心不仅是对待教学的严谨态度,而且是使专业生活不沦为日常生活的体现。

一位受访者:可能因人而异。我自己要上的课,我会备课、做课件。好像现在的教案,他们说每个班可以共享。每个学期,所有教案、课件都是我自己做的。我觉得自己做过之后,再来上课的话,我心里就有了基本的思路。流程都是通的,我不需要共享。这是我个人的做法。

另一位受访者:可能还是一种战战兢兢的状态,我也是。不能每次上课连今天上什么也不知道,只是去看那些课件、网上的资源等。虽然我的课上得不是很好,但是我从来没有做过那种事情,不敢。你自己没底的话,你站在讲台上,真的挺愧对小朋友的。

农村幼儿教师在专业生活中应警醒自己面对的教育对象是具有可塑性的幼儿，每一次日常教学都可能对幼儿发展具有长远的、深刻的影响。教师劳动的价值具有滞后性，无法立即彰显，幼儿教师的工作尤为如此，但这不可成为幼儿教师随意简化工作流程的缘由。

(三)毕竟有经验——依赖经验

刚入职的教师并不会过多依赖经验。他们表示自己需要多学习，尤其是学习那些"非专业知识"的经验。LG老师谈到和家长沟通是需要一定技巧的，而她在这方面经验欠缺。

LG老师：我之前跟了老教师一年，学到她一些跟家长沟通的技巧。比如，（问题儿童）每天来就要叫他抱一下家长，一个学期过去，他慢慢会好一点，一年下来就赶上其他孩子了，有话也会说了。有时候他妈妈就会抱怨老师，觉得老师没有做好，说孩子没有吃饭是老师怎样怎样了。有时候就觉得自己有点委屈。我们全心全意对待孩子，孩子妈妈还是每天都不给我们好脸色，不是说笑哈哈的。她就是这样，老说孩子怎么样，不会从自身找原因。有时候这样的家长让我们比较头疼。

教龄较长的ZX老师承认自己由于精力有限，很多时候只是依靠经验来面对工作，没有学习新的东西。她也没太意识到学习的必要，觉得工作已经成为无须太多思考的事情。

ZX老师：很多事情已经逼着你去做很多了，我觉得我真的是没什么精力再去学习了。而且这么多年了，我觉得很多都是经验，慢慢也就变成这样子了。

其他老师也会说压力什么的，在我身上我确实觉得好像没有。然后他们问为什么，我就只能说可能是习惯了。很多东西习惯了，你也就没什么感觉了。

另外，许多教师感慨现在的孩子越来越不好带了。从中我们可以看出，教师依靠经验只能勉强完成工作。

YH老师：我毕业后，教了三年学前班。后来结婚生小孩，就没有教了。2007年到2015年春季，我在乡镇中心幼儿园工作，大、中、小班都带过。乡镇的孩子比较好带一点，没那么调皮。以前的孩子都比较单纯。

一位受访者：以前的孩子好像单纯一些。现在的孩子就比较难带，可能是因为他们接触网络比较多。

另一位受访者：我觉得现在的孩子比较调皮，比较难教。以前的孩子好教一点。现在的孩子越来越调皮。

综上看来，农村幼儿教师在教学活动和管理幼儿等方面的问题，归根结底是日益提高的对农村幼儿教师专业能力的需要同农村幼儿教师相对较低的专业素质之间的矛盾。一方面，随着科技发展，幼儿接触新事物的途径越来越多，知识也越来越丰富，同时幼儿的身心也在快速发展，这就需要幼儿教师不断更新自己的专业知识；另一方面，教学经验并不能完全套用于当前的教学实践。

重复性思维占主导的工作模式使农村幼儿教师过于依赖经验，无法应对身心快速发展的幼儿。经验是人们在实践中产生的，又能反过来指导实践。柏拉图认为，经验是"用视觉、听觉或者其他官能感觉到一件东西的时候，可以由这个感觉在心中唤起另一个已经忘记了的、与这件东西有联系的东西"[①]。在教育领域，经验更多是指参与者的直接经验，即"由实践得来的知识或技能"[②]。对幼儿教师来说，积极的教学实践经验在一定程度上也被认作专业知识。这些专业知识无疑是重要的。但随着每日教学活动不断被强化，教学流程和内容逐渐被教师熟识并慢慢固定下来。教师不再费力思索，不再对经验进行加工和改造，而是直接采用非理性思维进行教学活动，形成重复的工作模式。这势必使教师专业生活沦为平庸的日常生活。

三、过于注重实用性学习

教师专业学习是教师通过他人教育和自我教育两种途径，引起个体行为相对持久的变化，从而提高专业素养的活动。农村幼儿教师的专业学习往往过于注重实用性，注重完成工作任务所需要的技能或知识，使学习浮于表面。杜威认为，思想、观念、理论是人行动的工具，它们是否具有真理性的标准在于能否指引人们的行动取得成功。[③] 赫勒认为，人们在日常生活中的行为基本上是实用主义的，遵循高效原则。实用主义关系意味着理论与实践的直接统一。我们并不批判事物的实用特征，实用确实是我们应对生活事务的重要原则。但对于幼儿教师的专业学习来说，只将目光停留在"有用"上而不去思考事物的存在价值，会丧失很多专业发展的机会。

(一)学习过程浮于表面，知识获取碎片化

学习是教师专业生活的核心内容，但许多幼儿教师工作之后只有单向输出，或者只有在工作上遇到问题时，才感到自己需要学习。

从学习内容来看，农村幼儿教师认为自己缺乏一些实用技能，需要学习，如电脑操作、课件制作、写比赛方案等。在环境创设方面，农村幼儿教师普遍认为这是占用个人时间多、消耗精力大的工作，公众号提供的资源可以帮他们节省不少思考的时间。

---

① 邓晓芒、赵林：《西方哲学史》，52页，北京，高等教育出版社，2005。
② 《辞海》，2213页，上海，上海辞书出版社，2020。
③ 周小明：《美国工具主义高等教育思想的产生、发展及其影响》，硕士学位论文，湖南师范大学，2007。

LG 老师：有什么"幼师口袋"。特意学习倒是没有，可能做环创的时候就会去搜一下。

LX 老师：我就是在网上看看什么"幼师口袋""师乐汇"。自己想的话，就特别困难，我需要看一下人家是怎么做的。没有每天看，偶尔看。一般开展什么主题，要做什么，我就去看一下。

SXH 老师：会（学习）呀，像"幼师口袋"。我们现在要进行"六一"表演了，需要选舞蹈，自己学，然后再教。

这些学习内容在一定程度上可以改变教师短期内的行为，对完成工作十分有用，但实际上教师只是充当了知识的搬运工。

从学习频率来看，虽然农村幼儿教师外出学习的机会在逐渐增加，但部分教师由于家庭负担等，外出学习频率很低。有些教师只能退而求其次，学习其他教师带回来的经验。

T 老师：好累，再也不想去了。上次有骨干教师培训，我走不开，因为要出去学习一个月。别人说的好理念，你带回来我也可以学，但是你让我去外面学我是真的没时间，让那些年轻人去比较好，那些年轻人没家庭呀。

不可否认的是，教师在追求实用性学习成果的过程中，也促进了自身的专业发展，但从实践结果来看，主要还是停留在浅层。例如，农村幼儿教师在学习方面最大的转变是从小学化到去小学化。在这个转变中，农村幼儿教师要解决的主要矛盾是如何转变教学模式和教学内容，摒弃小学化倾向。我们从一些老教师口中得知，L 县幼儿园以前并不规范，小学化倾向较为严重。许多农村幼儿园都经历了从小学化到去小学化的改革阶段。随着去小学化理念不断推进，农村幼儿教师开始受到影响。

H 老师：我觉得，刚开始可能学前教育还没有抓这么严。近两年重点抓学前教育，主要是去小学化。现在没有小学化的现象了，因为这方面抓得比较严。

新的教学模式要求幼儿教师从教写字向设计主题课程、开展自主活动转变。许多教师表示，他们以前会教具体技能，如读、写、算。通过校内外学习和培训，他们接受了去小学化理念，会开展绘画、手工和语言等游戏活动，同时认识到应当把知识学习换成符合幼儿身心发展的内容。这是教师学习结果的直接表现。但通过进一步观察我们发现，这只是表面现象。教师在教学角色、教学方法、教学评价等方面依然体现出小学化倾向。例如，在 S 园中，虽然教材是某研究机构声称根据《3—6岁儿童学习与发展指南》编写的，但教师依然在带幼儿逐字识认和朗读。

我们也看到有一个班的教师在教"用手指数数算加减法"。教师说："小手准备！"幼儿大声喊："我就准备！"随后伸出双手，开始准备数数。教师说："31 减 9。"幼儿齐声和教师一起数："减1，减2，减3……减9，等于22。"除了中间上厕所、喝水以外，这个班的小学化教学持续了一个多小时。

公众号等提供的实用性学习资源确实迎合了幼儿教师的需求,但大部分农村幼儿教师只是扮演了知识搬运工的角色,只是将学习资源原封不动地运用于教学实践。对于幼儿教师来说,何为"实用"?其目的只是完成工作,还是兼而促进专业学习与成长?目前网络资源日趋丰富,我们鼓励农村幼儿教师积极学习和模仿有创意的教学经验,但同时也希望农村幼儿教师对资源进行反思和内化。以下Z老师的做法值得借鉴与学习。

Z老师:其实很感谢现在的网络,虽然不像专业学校教的那样成体系,但是很丰富。我觉得是一个挺好的平台。我会在手机上打开一些应用软件,看看人家的分享。你可以去找关于幼儿的舞蹈,还有绘画。因为我教过美术,我觉得老师要去找那种简单的、适合本班孩子的案例,你不能找虽然很好看,但是自己班的孩子未必能够操作的来模仿。你要会挑。

目前农村幼儿教师的学习方式集中于囤积学习资源,接受新的教学理念,但大多停留在简单的模仿层面,未在个人经验的基础上与新知识对话,缺乏对新事物的反思。新教学理念、方法不能只是口号,而不落实在教学实践中。学习资源作为拿来即用、用过即忘的材料,无法促使农村幼儿教师形成新的、深刻的教学模式。农村幼儿教师关注、模仿实用性的学习资源,并将其运用到教学实践中,不仅是学习专业知识和专业技能的过程,也应当是不断建构、改进和更新自己专业知识结构的过程。将新事物内化于自己的专业知识结构,从而形成一套完整的教学体系,促进专业成长,应当是农村幼儿教师真正意义上的专业学习。

(二)那些知识好像没用到——对理论学习态度消极

农村幼儿教师在学习过程中会遇到许多抽象的知识或理念。例如,L县一些教师提到自己亟须学习"专业知识""理论""反思记录""课题学习"等。正如T老师所言:"专业知识也很重要,如对待小朋友的方式。像心理学、教育学那些理论上的东西,你也是学了的,你要运用理论,探究孩子的心理是怎么样的。"但也有不少教师认为理论学习几乎与教学实践相分离,理论知识无法很好地指导实践,他们对学习理论知识态度消极。

Z老师感到有时并不能将理论知识与教学实践联系起来。"有些东西可能会忘记,以前考试的时候也复习过一些。我觉得理论知识,读的时候好像是在看蚂蚁乱爬,但如果能记住,可能对行为还是有点影响的,会有帮助的。""更多的是要自己去实践。我学了不少理论,但有些在现实中用不到。"LG老师是幼儿教育专业毕业的,在学校时学过不少理论知识,工作后感觉自己的那些知识"好像没有怎么用到,整天都是琐琐碎碎的事情"。LX老师认为理论不可或缺,但自己学习得不好:"可能我真的是理解能力比较差，记忆力又不好，没有那种想要的收获。"由于理论知识未能及时、准确地转化成专业能力并用于教学实践，农村幼儿教师普遍认为理论不实用。一方面农村幼儿教师认为理论知识与自己的专业息息相关，通过学习也能道出一二；另一方面，农村幼儿教师认为这些知识属于专家研究的范畴，与自己的教学实践存在一定距离。

在访谈中，一些教师提到，虽然自己坚持学习教学相关理论，但又会不自觉地受家长需求影响，感到矛盾。

SXH老师：教字是很多家长的需求，我们有时候很难应付这些家长。他们不认为幼儿园教育是以集体生活或集体游戏为主的，他们想的是万能的那种，全方面都要教。我都不知道该怎么教了。

农村幼儿教师对"学习"的理解与应然的专业生活中的"学习"有所不同。我们认为，学习不仅包括暂时的行为变化，而且包括持久的、深刻的行为变化。

尽管部分农村幼儿教师已经认识到专业学习的价值所在，但囿于自身专业水平和外界家长需求，学习效果并不显著，或者说尚停留在较浅层。对于容易模仿和迁移的方面，如教学内容、教学组织形式等，农村幼儿教师的学习效果显著；而对于教师角色、教学方法、教学评价、幼儿个性化指导等需要通过思考、内化才能呈现的内容，或者较为抽象的理论知识，农村幼儿教师只有浅显的印象。这导致农村幼儿教师对新的教学模式一知半解，不能很好地实施。人们总是追求运用最经济的方式、最高效的手段、最省事的方法快速积累生活经验，这体现出日常生活的实用性。对于教师而言，专业学习不能只追求最实用的学习成果，而不考虑和深究学习成果存在的意义、合理性以及与之类属相似的其他东西。另外，新的教学模式使农村幼儿教师感到不习惯，好像失去了工作中的"固定点"，由此缺乏安全感和成就感，认为这些学习成果并不实用。幼儿教师在专业上获得的安全感和成就感不能依赖于固定的工作流程、单一的教学模式等，而要通过不断更新教学理念来满足幼儿身心发展的需要，让教学走在幼儿发展前面。这些需要更多思维参与的学习成果才是教学工作中最佳的"固定点"。

四、闲暇生活与专业生活的割裂

在考察中我们发现，乡镇幼儿园的教师很早就能下班。家长接完孩子后，教师简单清扫一下活动室，基本四点半下班。县城里的幼儿教师事务稍微多一些，但也都能在五点准时下班。农村幼儿教师在闲暇生活中用于专业发展的时间少之又少。也就是说，农村幼儿教师对工作界限划分清晰，专业生活往往被限定在制度时间内，闲暇生活与专业生活几乎割裂。

（一）工作会占用下班时间——非自主的闲暇生活

当研究者和县城幼儿园的教师聊起下班后的专业生活时，他们基本都会说下班后也要继续完成工作。

LQ老师：肯定会占用自己的时间，因为上班时间又不能弄，所以只能下班时间弄。因为上班要照看小朋友的安全，所以很多时候像那些文案类的工作都是自己利用下班时间弄的。

T老师：唉，我们有很多工作。比如，我们有些表格，不单单是这边的，网上还有一些表格，如观察记录表，都要填；还要制订什么计划，这也要写；还有每个星期你搞什么活动，还要反思。上次我们搞区域比赛，我们还要写出方案。这些都是下班之后你还要干的。

这些任务型工作占用了教师下班后的个人时间，被视为下班后专业生活的一部分。这些任务确实与教师的工作有关，也属于专业生活的一部分，但并不属于教师的闲暇生活。闲暇生活的主要特征是自发、自主，非自主的闲暇生活只是工作时间的延长，未必与专业水平契合。在这个过程中，思维可能是机械与重复的，无法体现教师闲暇生活与专业生活之间稳定的联系。

在工作之余自发地进行与专业相关的活动，丰富专业生活，是我们期待的闲暇生活与专业生活产生交集的状态。例如，ZX老师自愿担任了一些幼儿园行政事务和课题任务，每天下班后和周末经常会在备课室查阅资料，专业水平在一定程度上得到了提高。

ZX老师：我从头到尾参加了五个课题，你要完成每个课题的话，不可能说别人帮你做，所以你必须去找一些东西，这样才会有思路。

我今年参加了两个课题，一个是市级的，另一个是县级的，所以要做材料的整理。我觉得下班后接着忙幼儿园的事，会占用许多闲暇时间。你在忙那些事情时，也是在学习。

可见，农村幼儿园也不乏较为突出的幼儿教师，他们能充分利用闲暇时间提升专业水平。

(二)压力大，下班后只想休息——教师闲暇生活常态

大部分农村幼儿教师下班后呈现出两种生活状态。一种是已婚的教师下班后回归家庭，处理家务事，带孩子，照顾父母。这部分教师不在少数。他们扮演着多重角色并肩负着多份责任。他们几乎没有闲暇时间。出于对传统家庭理念的尊重和理解，这种生活状态情有可原，也势必与教师专业生活产生冲突。另一种是未婚教师的生活，或家务事较少的已婚教师的生活。这部分教师的闲暇时间相对充足，也具备更从容的心态。但由于活动类型相对单一，消遣娱乐型活动成为满足农村幼儿教师闲暇需求的主要方式。

LG 老师：下班后，如果没有家庭，就会跟同事或比较好的朋友出去聊一聊，吃点东西。如果有家庭，可能就会回归家庭。其实大多数人，说实话，一天这样下来，会感觉很疲惫，回到家里真的就没有什么精力再工作了。

研究者：那周末呢？

LG 老师：周末基本上就是按摩、爬山之类的。我周末就想在家，自己睡好之后可能带孩子出去走走，玩一会儿。用这两天缓冲一下，在一个新的星期开始时会感觉好一点。生活节奏比较慢。这可能是因为在小县城，你要是在城市，那肯定就不是这样了。

LQ 老师认为，工作除了会在时间上影响自己的生活外，在情绪上也会影响自己的生活。

LQ 老师：我觉得在闲暇时间，其实每个人都不想工作，工作跟生活最好分开。但是有时候我控制不了自己，可能就像刚才说的，我很忙的时候，就感觉工作会影响自己的情绪。

L 县大多数教师表示工作会给他们带来压力，这些压力使得他们下班后不想再接触工作。

XC 老师：一般下了班之后，我会跟我的同学出去聊天，跟朋友聚会，有时候也会看一些书，不过跟专业相关的书倒没有很多，因为我觉得上班已经那么累了。我还会听听音乐，我就想着下班之后应该放松一下，没有必要把自己逼得太紧，所以会找一些比较放松的活动。

反正我觉得下班之后，不要有太多安排，应该有自己的空间，不要让工作上的事情或者其他一些事情影响到自己。

XC 老师在聊天过程中，多次提到在工作之余想要有自己的时间和空间，认为人不是为了工作而活的。

WL 老师在谈到婚前的闲暇生活时说："基本上就那时候活动比较多，跟同事打打羽毛球之类的，去逛街，或者是出去玩。周末都会约好出去玩。"

农村幼儿园里主、副班教师的工作量有很大差异，副班教师的工作量相对较少。

T 老师：主班教师很累的，主、副班教师真的差别很大。因为副班教师没有那种压力，有什么意见，就是直接找主班教师。副班教师只是有什么任务就帮忙做一下。

副班教师很轻松，不那么强调责任。你看像现在（中午），副班教师吃完饭就睡了，很爽地睡两个多小时。给我十分钟我都很满足了。

在对 T 老师进行访谈的时候，她感慨副班教师个人生活时间比较充足，而且在专业方面的投入相对较少。

W老师是副班教师，没有结婚，工作以外的时间基本属于自己。

W老师：下午下班没什么事的话，我就待在宿舍打游戏。一般饿了，我就约朋友吃饭，有时候吃完饭也会去洗个头发，唱唱歌。反正下班了我就很少再想工作的事。

在调查期间，研究者经常和W老师在一起，所以对她下班后的生活比较熟悉。如果没有额外的工作，下午五点以后都是W老师的个人时间。有时她觉得比较累，就先躺在宿舍的床上玩手机。某日，研究者和她一同去吃晚饭。晚饭后，W老师觉得现在回住处，时间还早，回去也不知道要做什么，于是提议去看电影。在去看电影的路上，研究者询问W老师平常下班后都做些什么，她说："以前办过一张舞蹈卡，想着下班后能去锻炼一下，跳跳舞。但去了一次就没去了，太懒了。"看完电影，快十点了。W老师觉得有些饿，想再去吃点东西。等回到住处洗漱完，差不多是凌晨一点。第二天，W老师要七点半上班。

在调查中我们发现，无论是主班教师还是副班教师，无论结婚与否，将个人闲暇时间用于专业生活的普遍较少。一部分教师想找一个属于自己的、与工作不相关的空间放松一下，但过度娱乐导致闲暇生活仅仅成为一种消遣，无助于教师专业生活的丰富。另一部分教师一下班就回归家庭，缺少闲暇时间。农村幼儿教师普遍将工作与闲暇对立起来，认为这是存在冲突并不可调和的两个方面。实际上，与工作相对立的不是闲暇，是机械劳动；闲暇对应的不是劳动，是无意义的放纵与消遣。闲暇生活和专业生活之间并非泾渭分明，而是在一定程度上有所交织、有所融合、互为灵感来源。专业生活质量是在教师的不断反思、学习中提升的，专业的情感和观念也是在专业活动中形成和建立的。闲暇时间不仅应当是教师自主安排的时间，还应当是教师提升专业水平的宝贵时间。优秀且富有创造性的幼儿教师重视闲暇生活为专业生活及时补充能量和动力的作用，会好好利用下班后的时间学习、反思、总结，进行自我"充电"，并在这个过程中逐步提高专业发展水平。目前农村幼儿教师闲暇生活与专业生活呈现二元对立的局面，制约着农村幼儿教师专业生活水平的提高。

第三节 日常时空塑造
——农村幼儿教师专业生活异化的原因

重新审视农村幼儿教师专业生活，要使专业生活超越"日常状态"而达到具有创造性的"非日常状态"，需要深究其背后的根源。

列斐伏尔提到的"日常生活革命""空间的生产""节奏分析"这三个视角构成了现代哲学分析的理论模型。在参照众多学者对日常生活基本结构的划分，以及农村幼儿教师专业生活涉及对象和场域的基础上，本研究以"空间的生产"与"节奏分析"两个视角作为架构，对农村幼儿教师专业生活异化的原因进行分析。一方面，列斐伏尔所指的"空间"是通过集体意志和思想逐渐建构而成的。这个空间不仅包含事物，还包含各种社会关系。至于"生产"二字，从社会学的角度来理解，是指创造、建构等。"列斐伏尔的'空间的生产'理论所推崇的'生产'，主要不是指马克思意义上的物质生产与社会关系的生产与再生产，而是具有尼采式的'生命的(身体的)生产'这种更广泛的内涵。"①也就是说，这种生产并不直接产生生产资料，而是可能产生新的社会关系、观念、意识等。对空间生产的辩证思考即对现存社会关系的辩证思考。因此，本研究从空间生产力的角度，聚焦与农村幼儿教师产生社会关系的空间，分析其对农村幼儿教师专业生活的影响。另一方面，从节奏分析的视角来看，日常生活是人们依照时间表进行作息的节奏，非日常生活是人们按照领域特有规律进行活动的节奏。"人们的时间主要是受现代社会建制的摆布和群体作息时间的控制，劳动与休闲时间都是被社会经济的生产、运行、交换和消费系统所操纵的生活过程。"②但时间具有双重性，因此生活既是不断重复循环的过程，也是不断发展前进的直线性过程。③另外，农村幼儿教师专业生活与日常生活之间存在不同程度的张力，即列斐伏尔提出的"二重性辩证"。要提高农村幼儿教师专业生活的质量，就要从冲突与对立中找到一种动态的平衡，让教师合理规划工作时间，并利用闲暇时间自主进行专业活动。

一、空间生产力不足，农村幼儿教师专业生活停留于生存层面

农村幼儿教师既是专业人，也是社会人，其专业生活的空间场域涉及社会环境、幼儿园环境和家庭环境等。列斐伏尔提出的"社会空间"的概念认为空间不只是静态的地点和"容器"，同时也反映着各种社会关系。④ 在农村社会空间中，哪些因素在不断将农村幼儿教师专业生活推向异化？

(一)社会地位低，使农村幼儿教师专业生活改造力不足

社会环境是一个庞大的体系，囊括各种组织和社会关系。在农村社会空间中，政府和社会公众的功能与角色会以制度、政策或舆论的方式影响幼儿教师的社会地位，

---

① 刘怀玉：《日常生活批判的瞬间、差异空间与节奏视角——以列斐伏尔为例》，载《哲学分析》，2016(6)。

② H. Lefebvre, *Rhythmanalysis: Space, Time and Everyday Life*, London, Continuum, 2004, p. 94.

③ H. Lefebvre, *Critique of Everyday Life: From Modernity to Modernism (towards a Metaphilosophy of Daily Life)*, London, Verso, 2005, vol. Ⅲ, pp. 10-14.

④ 许大平：《日常生活批判及其当代意义》，博士学位论文，复旦大学，2003。

使幼儿教师专业生活缺少足够的改造力。

1. 经济收入低

"低收入""编制少""没保障"成为农村幼儿教师身上的标签，农村幼儿教师整体收入状况并不乐观(表6-3)。

表6-3 L县幼儿教师收入情况①

收入(元/月)	人数(人)	百分比(%)
1000～3000	884	89.5
3000～5000	79	8.0
5000～7000	22	2.2
7000～10000	3	0.3

从表6-3可以看出，L县幼儿教师的收入集中在1000～3000元/月，占89.5%，月收入在3000元以上的幼儿教师所占比例为10.5%。在访谈中，教师们多次提到收入偏低的问题，并表示自己的工作和收入不能达到平衡。

L老师：怎么去衡量呢？其实大多时候你会觉得这个(工作)好累，然后也就这点儿工资，还要这么拼命去做。我可能是从这个学期开始有这种感觉的。上个学期好像也有，但是没有这么强烈。这个学期每天下班之后，我是真真实实地感到很累很疲惫。

XC老师：刚开始的时候好像才2000多元。那个时候消费比较大，又要租房，又要买菜，要吃要用，还有人情世故。各方面就是基本上够用。现在也是，现在消费水平更高，主要是小孩子消费比较高。现在差不多是4000元。

ZX老师：确实好多人不会去(做幼儿园这个工作)，没有想到这个，总是觉得几千元不多。你可以把它分开来，对吧？分开了，其实你上班时间没多长，是吧？你一小时挣多少钱？你一小时做了什么事情？所以你就应该全神贯注地对待每一个孩子，对待每一天待在幼儿园的时间。

财政拨款除了提高公办幼儿园教师薪酬外，也有必要加强扶持普惠性民办幼儿园。例如，L县各类型幼儿园中，公办幼儿园较少，编制名额有限，民办幼儿园数量较多(图6-1)。

---

① L县幼儿教师收入的相关数据源自田野调查，本次田野调查抽取L县部分幼儿教师，反映的是2019年3月我们所了解的情况。

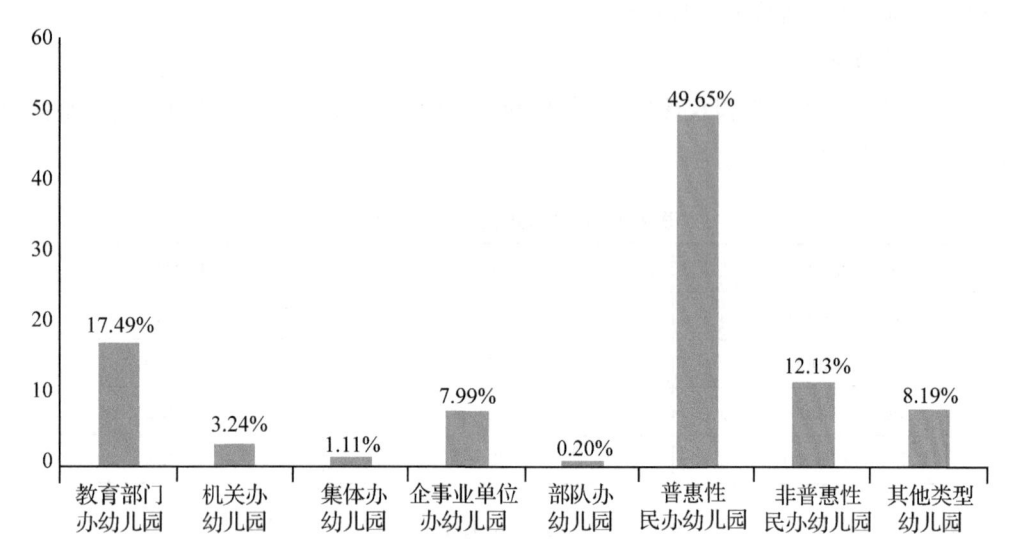

图 6-1 L县各类型幼儿园数量占比情况①

教育部门办幼儿园 17.49%
机关办幼儿园 3.24%
集体办幼儿园 1.11%
企事业单位办幼儿园 7.99%
部队办幼儿园 0.20%
普惠性民办幼儿园 49.65%
非普惠性民办幼儿园 12.13%
其他类型幼儿园 8.19%

要提高农村幼儿教师整体收入水平，相关政策是极为重要的。政策是否贴合当下学前教育发展情况，能否为各级各类学前教育机构营造良好的发展空间，直接关乎幼儿园的生存状况和幼儿教师的社会地位，尤其是幼儿教师的福利待遇。从理论上看，通常我们以政策对社会产生影响的程度来检测政策实施成效。卡尔·波兰尼(Karl Polanyi)等人指出政策具有嵌入性。嵌入性是指一事物内生于或根植于他事物，体现了一事物与他事物的联系以及联系的密切程度。"一味强调个体的自由意志和理性算计，忽视行动者所处的社会环境"，或"过度突出制度、规范和习俗文化的影响"，会导致"个体行动者被忽略了"。②《中共中央关于推进农村改革发展若干重大问题的决定》等多个文件提出保障和改善农村教师工资待遇和工作条件，省、市、县根据实际情况，大力发展普惠性学前教育。这些政策基本指向农村幼儿教师的收入。在现实研究中，学者可能更习惯于将研究兴趣与热情倾注到讨论制度的构成和起源、制度的变迁与创新、需求与供给。③

在访谈中，普惠性民办幼儿园的园长和教师表示："教师工资是硬伤，我们不会再去想其他需求，只要能按时按数发工资就好。""资金非常紧张。"当地教育局确有向普惠性民办幼儿园提供补助，如L县从2017年开始对普惠性民办幼儿园的保教费做了明确

---

① L县各类型幼儿园数量的相关数据源自田野调查，反映的是2019年3月我们所了解的情况。
② 刘巍:《"嵌入性"理论及其在中国研究中的发展》，载《淮阴师范学院学报(哲学社会科学版)》，2010 (4)。
③ 庄西真:《教育政策执行的社会学分析——嵌入性的视角》，载《教育研究与评论·小学教育教学》，2011(3)。

规定，当地普惠性民办幼儿园保教费收费标准不超过每生每月 2000 元。在此基础上，教育局向普惠性民办幼儿园提供每班每月 8000 元的补助。近几年，保教费标准不断提高，2019 年下半年教育局又增加了每生每月 300 元的经费补助。虽然普惠性民办幼儿园的经费得到了一定程度的支持，但由于经费依旧紧张，当地没有任何一家普惠性民办幼儿园将这些补助用于教师津贴，更有一些非普惠性民办幼儿园不愿转成普惠性民办幼儿园，宁愿自定报价以维持教师工资。这样一来，农村除了少数公办幼儿园教师的待遇有一定保障，大部分民办幼儿园教师都只拿基本工资，"五险一金"等保障和福利基本不存在。

幼儿教师的收入水平在一定程度上可以体现社会对幼儿教育工作的认可，体现幼儿教师的劳动价值。教师若常为生计发愁，又如何能够将心思放在钻研工作上？如果农村幼儿教师普遍呈现这种状态，那么农村学前教育的发展实在令人担忧。如果工作与收入能够达到相对平衡的状态，那么农村幼儿教师对专业的态度和需求将不再"唯收入是从"，而是将外部需求逐渐转化为内在需求，会思考该如何充实自己、如何将知识转化为能力、如何做研究者等问题，主动进行专业学习。在这种趋势下，农村幼儿教师能从专业发展中找到动力，增加对专业的热情，而不是以生存为目的重复每天的日常工作，专业发展能力也能得到有效提升。《中华人民共和国教师法》第二十五条规定："教师的平均工资水平应当不低于或者高于国家公务员的平均工资水平，并逐步提高。"但幼儿教师实际收入情况显然与政策规定有出入，尤其在我国广大的农村地区，幼儿教师的福利待遇是政府需要进一步关注和重视的。收入不仅标志着幼儿教师职业的社会地位，也影响着幼儿教师的职业观和学习动机，影响着幼儿教师的幸福感，最终影响着幼儿教师专业生活的质量。

政策制定与幼儿教师地位互为因果，相互制衡。政府制定并有效落实学前教育相关政策，保障幼儿教师的权益，能提高幼儿教师的社会地位；幼儿教师社会地位的提升会进一步促使政府关注和重视学前教育发展情况，发现亟待解决的问题与矛盾，为政策制定提供真实的实践经验。因此，提供良好的政策支持、提升农村幼儿教师薪酬待遇，对提高农村幼儿教师专业生活质量的正向影响毋庸置疑。

2. 职业身份定位产生偏差

幼儿教师职业身份由谁来建构？如何建构？应该建构成什么样态？这些问题会使幼儿教师产生不同的社会认同，对幼儿教师的专业生活产生影响。在农村，幼儿教师的工作是有目共睹的，是否有口碑成为评价幼儿教师的标准。

H 老师：你把这个班照顾好了，其实不仅得到了领导的认同，还有家长的认同。这些都是很重要的。像我们这个小地方，大家几乎都是认识的。你做得好不好，大家也是有目共睹的。口碑好了，就会有生源，所以我们都不需要去招生，对吧？你做得好，肯定家长工作会相对好做一些。

不少教师表示家长工作成为工作压力的主要来源。

H老师：我觉得主要是家长。因为家长一给老师压力，老师就会感觉自己的工作压力变大了。本来幼儿园工作就比较琐碎，很多东西别人做不到的，我们都已经在做了。但是就算平时做得再好，家长一说你不好，你心里就会很不舒服。很多老师都是因为家长的一句话，转变了自己的想法，不想再去做了。

在一些农村幼儿家长的观念中，幼儿教师教授小学知识，便是专业，或者满足了家长"调位置""不让幼儿磕着碰着"等需求，便是专业，是"好"教师。农村幼儿家长的需求和非理性期待无意中形成一个失真的空间，幼儿教师会不自觉地滑入该空间，导致对专业发展定位不清。幼儿教师本应"求发展"，最后却演变成"求生存"。在农村幼儿家长眼中，幼儿教师是看孩子的角色。有研究认为，处于不同社会环境的家长会对幼儿教师产生不同的期待，而"知识的超前传递者""全权负责者""家长意志的绝对服从者"普遍成为农村幼儿家长对幼儿教师的非理性期待。[①] 作为幼儿教育工作者，重视家长工作实为必要，理解家长心声、尊重家长话语权也是应当做到的，但这不等同于将家长的一切需求和期待当成教师专业发展的目标和动力。农村幼儿家长对幼儿教师职业价值的认识尚待转变，而农村幼儿教师长时间置身其中，难免会降低自己对专业发展的要求。有国外学者指出，"职业"的本质在于重复某一行业的基本操作行为，并不需要过多的心智，"专业"的本质在于不断地改进、完善和创造。[②] 世界教师职业组织联合会（WCOTP）在1955年的会议上提出，教师工作属于专业范畴。教师是具有专业性的职业，有明显的内行与外行之分。农村幼儿教师常被视为"谁都可以从事"的职业，不需要具备相应的理论素养和实践技能。久而久之，农村幼儿教师也倾向于将工作视作谋生的职业而非专业，只关注满足家长的需求，忽视学习专业相关理论、反思教学分法、改进教学策略等。这致使农村幼儿教师的专业定位发生偏差，从而偏离教师专业化的轨道，进入一个只是表面显得专业的空间。从符号互动论的视角来看，教师身份通常通过两种方式得以确认：一种是通过和他人互动，发现个体身份与外部意义的关联；另一种是通过与情境互动，不断探寻能动性与情境之间较为适当的内在意义。农村幼儿教师更多追寻教师身份的外部意义，将更多的精力投入满足家长需求而非自己的专业发展上。这不但使教师专业身份的建构产生偏差，而且会给教师自己带来压力。农村幼儿教师的专业性应当更多体现在对专业的反思、学习、教学等核心能力方

[①] 杨大伟：《社会分层视野下家长对幼儿教师期待的研究——以武汉市三所幼儿园为例》，硕士学位论文，华中师范大学，2016。

[②] 陈新文：《论教师专业化及其发展》，硕士学位论文，华中师范大学，2003。

面。尤为重要的是，农村幼儿教师要重审自己的职业定位，明确专业发展的正确方向。

3. 专业自主权缺少社会保障

利伯曼（Lieberman）认为一门职业要成为专业，需要具备高度理智技术、自治组织、在专业范围内进行直接的判断和采取专业的行动等特征。教师专业自主权是教师专业发展中不可或缺的内容。幼儿教师的权利保障与权力行使空间更多指向幼儿园环境，它是决定幼儿教师多大程度发挥和行使专业自主权的最终场所，但社会大环境对幼儿教师专业自主权的支持也必不可少。众多学者将专业自主权表述为"教师教育权""民主管理权""教师教育行为自主"等，可从法理、学理和实践三个层面来论述。① 本研究认为，教师专业自主权可从权利与权力的关系角度进行解读。权利是法律层面上教师享有的基本权利，与义务具有一致性，如教育权、管理权、获得报酬权等《中华人民共和国教师法》规定的教师基本权利。它们不可被剥夺，也常与教师的权益相关。权力是指教师参与学校教育目标与政策决策的权力，针对学校有关教育的事务，如课程、教学、设备等。② 权力是教师主动争取的，在参与教学教研活动、政策决策活动中确立主体意识而拥有的力量。从上可知，教师唯有确保权利，方能行使权力。教师的权利与权力并不是二元对立的，而是随着教师专业的发展不断转化并走向融合的。

一定的社会权利与社会身份挂钩。社会身份决定了社会权利，社会权利保障缺失意味着社会身份受到威胁。从农村幼儿教师的身份来看，目前 L 县农村地区有 78.7%的幼儿教师未获得职称，85.1%的幼儿教师未获得幼儿园教师编制。总体来说，农村幼儿教师群体存在职称情况不理想、公办幼儿教师缺编等问题。在农村社会空间中，教师专业身份经常被忽视。这导致幼儿教师弱化专业自主意识，逐渐丧失专业自主权，不能从重复、机械的工作中找到新的灵感，重新焕发工作活力。农村幼儿教师依靠固有的经验进行教学工作，久而久之难以跳出重复性思维的泥沼，开启新的专业生活之路。国家应当从法律地位上加强对农村幼儿教师的身份和权益的确认，如提高专业对口率、完善职称评定制度和资格证认证制度等，让农村幼儿教师感受到他们从事的是有明确制度保障的工作。在权利受到保障的基础上，农村幼儿教师方能发挥和行使权力，达到专业自主，提高对职业的认同感并专注于专业发展。

在社会环境中，农村幼儿教师专业地位与收入、声望与权利是相辅相成、互为前提的，某个单一方面的提高无法给农村幼儿教师专业生活带来实质性转变。政策保障力度不足、收入较低以及家长不合理的期待，使得农村幼儿教师普遍存在"失权"的现

---

① 吴小贻：《教师专业自主权的解读及实现》，载《教育研究》，2006(7)。
② 姜勇、庞丽娟：《论教师的意识唤醒》，载《教育研究与实验》，2006(5)。

象。"失权"又让农村幼儿教师逐渐陷入"我不专业"的空间，形成恶性循环，导致专业生活异化程度越来越高。

（二）工作和家庭之间的角色冲突，使农村幼儿教师丧失提升专业生活质量的动力与机会

格林豪斯（Greenhaus）和比特尔（Beutell）于1985年将"工作—家庭冲突"定义为一种角色间冲突的特殊形式，在这种冲突中来自工作和家庭生活领域的角色互不相容。[①]后来的研究者大多接受了格林豪斯等人依据双向性对工作家庭冲突结构所持的二分法观点，但往往较少涉及"工作—家庭冲突"。[②] 我们应当重新审视农村幼儿教师家庭环境对其专业生活的影响。在农村，幼儿教师大都承担着养育两个或以上数量的子女的重任，普遍注重家庭观念，家庭事务也较为烦琐。女性回归家庭是农村社会比较典型的特征。家庭在女性心中占首要地位，而女性构成幼儿教师的绝对主体。部分研究将家庭对农村幼儿教师的影响归为教师个人因素，但在农村环境中，随着越来越多的妇女进入职场，工作与家庭的冲突存在一致化与同质化的情况。因此，传统的家庭环境对幼儿教师专业发展的影响逐渐成为一个社会议题，引起关注。参与工作使女性在推动家庭发展上发挥积极作用。但反过来，家庭能否为女性专业发展提供良好的支持空间？

从社会功能理论来看，社会角色意味着一个位置和一种行为模式。[③] 它是与人们的社会地位、身份相一致的一整套权利、义务的规范与行为模式。在本研究中，教师的社会角色是L县中只承担农村幼儿教师角色的群体的身份，所对应的是农村幼儿教师的社会地位、权利和义务以及规范与行为模式。农村幼儿教师大都面临工作与家庭之间角色冲突的问题。

T老师：我们都是有家庭的，回去还要干活。我老公还好，我回去说好累，他就会去做饭。我就好很多。

Z老师：我经常跟我老公说，我觉得我结婚生了小孩子，没有一点自己的时间，就好像这个社会给我们女性的定位就是这样子的。你知道吧，结婚之后你要回归家庭，如果你晚上出去跟朋友聊一下，他就会催你赶紧回来带宝宝睡觉。

许多教师难以协调这种角色冲突，会为了家庭放弃外出学习的机会。

一位受访者：有时在想工作做那么好有什么用，自己小孩没教育好就等于0。有时会这样想，就像天平一样，你顾了这头，那头就没了。

[①] 沈俊、母远珍：《幼儿园女教师工作家庭关系研究》，载《幼儿教育（教育科学版）》，2007(4)。
[②] 宫火良、张慧英：《工作家庭冲突研究综述》，载《心理科学》，2006(1)。
[③] 邱德亮：《论社会角色责任与角色道德建设》，博士学位论文，东北师范大学，2007。

上次有一场骨干教师培训，我走不开，因为要出去学习一个月。我实在去不了。有家庭，我走不了的。两个小孩，我老公带不了。大的那个要上学了，小的那个还没起床。我就和园长说我去不了。

农村女性在面临母亲角色和社会角色之间的冲突时，还要面临转变和突破传统观念的压力。现在大多数农村女性不会固守于家庭，简单追求相夫教子，但在工作中依然表现出家庭本位。有研究表明，幼儿教师工作与家庭冲突的维度对其职业倦怠有显著的正向预测作用。[①] 也就是说，幼儿教师工作与家庭冲突越多，越容易在工作上产生倦怠感。农村幼儿教师目前面临的最大困境是教师角色上的失调。日常重复性思维和固定的学习模式能够让农村幼儿教师快速完成工作流程，进入家庭角色。农村幼儿教师工作以外的时间几乎都被卷入家庭事务，家庭事务削减、挤压了农村幼儿教师可以用于专业反思和学习的精力与时间。在这种情况下，农村幼儿教师只能依赖教学经验应付教学工作。但农村幼儿教师面对的是快速发展的幼儿，这种经验依赖不仅让农村幼儿教师无法较好地履行和实施幼儿教师角色的规范，而且会加重他们的职业倦怠，不利于他们重新调整工作与家庭的关系。

然而，从社会学的角度来看，影响事物的因素从来不是线性的、单一的。传统家庭观念让农村幼儿教师回归家庭，在一定程度上妨碍了农村幼儿教师在专业发展和家庭事务上取得平衡，对农村幼儿教师专业生活产生了阻力。但家庭事务占用教师闲暇时间，仅是影响教师自主进行专业生活的一个因素。除此之外，教师闲暇生活的节奏对专业生活的影响同样值得我们关注。

(三)幼儿园环境过于宽松，使农村幼儿教师缺乏改善专业生活的外推力

幼儿园是幼儿教师进行专业活动的主要场所，农村幼儿教师的专业生活会受到幼儿园各种条件的制约。由表6-4可以看出，不同学者对幼儿园环境中各因素的关注既有交集，也有差异。这些因素均对幼儿教师专业发展产生不同程度的影响，且彼此之间也会相互制约。根据L县幼儿园及幼儿教师的实际情况，本研究将"幼儿园组织氛围或文化""领导者""幼儿园规章制度"作为主要影响因素，探讨其对农村幼儿教师专业生活的支持与制约作用。

---

① 岳亚平、冀东莹:《幼儿园教师工作家庭冲突特点及与职业倦怠的关系》，载《学前教育研究》，2017(1)。

表 6-4　影响幼儿教师专业发展的幼儿园环境因素[1]

学者	教师文化	幼儿园组织氛围或文化	领导者	幼儿园规章制度	幼儿	课堂	组织结构	幼儿园物质条件	专业发展时间	课程
班克斯（Banks）	√		√		√	√				
沙因（Schein）	√	√								
哈格里夫斯	√									
富兰		√							√	
费斯勒			√	√						
凯尔克特曼（Kelchtermans）	√	√					√			
王秋绒	√		√		√					
吴清山	√	√	√						√	
傅道春	√					√		√		
袁贵仁	√		√							
陈方	√	√	√					√		√
甘金球	√				√					

1. 良性竞争机制不完善，影响教师的进取心

农村教师职称评定存在制度性困境，职称数量占比不高，教师晋升难度大。除了少部分县城内的公办幼儿园教师，大部分教师对职称评定没有期待，参与职称评定动机较弱。园内也缺乏相应的竞争机制，导致教师在专业生活上缺乏进取心。

H 老师：园长经常问我们在这里工作开不开心，也会为我们分担一些事情，就感觉像家人一样。在这里做事情很开心，觉得挺好。

有些老师需要帮忙的时候，大家就帮一下，大家相处得都挺和睦的。你做得比较好，就给你评职称或什么东西，钩心斗角会少一点。

农村幼儿教师对工作形成的共同认知与感受，包括教师的职业观、进取心、事业心等塑造出的特定的氛围空间。这种氛围空间可能影响教师的工作满意度、工作潜能、心理健康、反思意识与能力、专业认同感和职业倦怠等。[2] 在库尔特·勒温（Kurt

---

[1] 陈金菊：《影响幼儿教师专业发展的幼儿园环境因素之研究》，硕士学位论文，广州大学，2007。

[2] 姜勇、刘爱云：《幼儿园组织氛围的访谈研究》，载《学前教育研究》，2007(2)。

Lewin)的场动力理论中,有两个基本的概念,即心理紧张系统和生活空间。其中心理紧张代表个体的心理需求。[①] 幼儿教师的心理需求与外在的生活环境共同组成幼儿园氛围,其中个体内在的心理场和外在的环境场之间会产生互动。具有不同心理场和环境场的不同组织会形成相应的组织氛围,具有以下共同特性:它是在组织内各因素相互作用后形成的一种整体特性,它包括各成员的价值观、规范、态度、行为及感受,它无形地影响各成员的行为模式,它是可以被感知和描述的。[②] 也就是说,组织氛围是个体主观建构下对环境感知的集合,既包括该组织成员的趋同性和经验,也会成为一种影响组织成员行为模式的外在力量。组织的动力机制,如压力、从众、模仿、暗示等,都会对成员各种观念和习惯的形成产生影响[③],使成员的行为成为一种"惯习"。

农村幼儿园和谐、融洽的氛围虽然为教师合作学习奠定了良好的基础,但也会让教师群体逐渐失去对环境的创新与改造能力。行为学家约翰·亚当斯(John Adams)提出了社会公平理论,又称社会比较理论,认为个体会关心自己的劳动及所得,与他人进行横向比较后确定是否合理。对比的结果会直接影响个体对工作的认知、情感,影响个体的工作积极性。农村幼儿教师通过比较看到其他同事对工作的付出和回报与自己相差无几,心理便会平衡。教师之间收入相近,再在工作上额外付出,心理便会不平衡。教师耽于和睦的幼儿园氛围,不愿在工作上付出更多时间和精力,倾向于实用和固定的学习模式,并且专业发展与日常生活之间交集甚少。这使得教师专业生活止于日常教学,也就是说,完成日常教学活动便是他们全部的专业生活。教师职称评定既与教师薪酬有关,也会影响教师在工作上的积极性、进取心和成就感。农村幼儿教师职称评定面临制度性困境,园内缺乏良性竞争机制,成为农村幼儿教师专业生活失去外推力的重要原因。

2. 园长处于知识权威地位,压缩教师独立思考空间

在任何社会学的单位中,都有交互作用关系及其形态。这构成了权力与权威结构,成为影响组织中各类基本活动的主要因素。农村教育从上到下有一套完整的教育行政体系,各幼儿园也有相应的组织架构。组织架构决定着组织功能的发挥。林清江指出,支配组织中交互作用形态的是个人在团体中的"特别角色"。这种角色影响着组织成员彼此之间的关系,具体包括影响他人的地位及声望、维持特殊活动的规则与程序以及影响分工的体系。在农村大部分幼儿园中,园长基本充当"特别角色",是权威人物。《幼儿园工作规程》明确指出,幼儿园园长负责幼儿园的全面工作,领导教育、卫生保

---

① 申荷永:《勒温心理学的方法论》,载《心理科学通讯》,1990(2)。
② 周燕:《学生心理与行为问题的社会学研究》,82页,广州,新世纪出版社,2003。
③ 陈孝彬、高洪源、刘淑兰等编:《教育管理学》,338页,北京,北京师范大学出版社,2008。

健、安全保卫工作,负责建立并组织执行各种规章制度等。我国幼儿园基本以"园长负责制"为主,园长在教学管理、经费使用、人员聘任等方面拥有较大自主权。一方面,这有利于集中权力,确立了幼儿园最高权威的象征,统一了幼儿园制度的制定者和决策人,提高了管理和执行效率;另一方面,权力过于集中势必会压制教职工的自主性。农村幼儿园园长的领导力主要体现在教学管理方面。在农村地区,园长的学历层次基本高于幼儿教师,拥有相对丰富的专业知识、专业技能。园长是幼儿教师专业成长的引路人,是幼儿教师眼里专业性、权威性的化身。幼儿教师与园长之间差距较大,他们之间的专业交流容易沦为一种上传下达、上行下效的单向传递。教师将园长的要求视为每日工作的标准,缺乏对教学实践的自主思考。在"标准"中前行,让幼儿教师拥有极大的安全感和稳定感。但有质量的教师专业生活并不是完全依照他人的指示前进的,而应在教学实践的基础上建构自己的专业标准框架,敢于质疑习以为常的理念和观点,从"他人教育"转化为"自我教育",不断进行反思和学习。

3. 工作制度标准低,缩小教师专业生活范围

幼儿园制度会让教师形成一定的工作模式。这种隐蔽于空间之中的秩序对生活在其中的每个人的价值观都起到了潜移默化的改变作用,从而进一步改变了人们的思想方式与行为方式。[①] 农村幼儿园日常工作事务较少,对幼儿教师的要求普遍较低,这无疑缩小了教师专业生活范围,导致教师不断降低自己在教学工作中的要求。

塔尔科特·帕森斯(Talcott Parsons)在《社会系统》中谈到什么是制度化:"对于某一价值取向标准的服从,满足自我的服从与其他人的服从趋于一致,既是满足自己需要倾向的方式,也是'优化'其他有影响力行动者的反应条件,那么这个标准就可以说被'制度化'了。"[②] 制度化对人的影响是模式化、固定化甚至机械化的。在帕森斯看来,人们在社会系统的情境中扮演一定角色,并按照对应的规范秩序和价值要求去行动。个体不过是制度的支持者,虽然允许不破坏社会系统平衡的变异存在,但个体最终会失去自主性。农村幼儿教师在幼儿园潜移默化的影响下,将制度标准内化为自己的行为标准,影响着专业活动的思想和行为。一位农村幼儿教师在谈到工作时间以外的生活时说:"都是上班、下班,基本上没什么啊。我们会做一些环境布置,每个学期都换。每周都要上一节美术课。我们要准备那些材料,或者是准备第二天的课。"农村幼儿园规章制度相对简单,基本是在幼儿教师的工作时间、师德和家长工作等方面做出规定,缺少教师专业发展长期规划、激励机制等,对教师专业发展的定位也缺乏高度和深度。低标准制度下,教师固守着"幼儿照看者"的角色,

---

① 冯雷:《理解空间:现代空间观念的批判与重构》,15页,北京,中央编译出版社,2008。
② T. Parsons, *The Social System*, New York, The Free Press, 1951, pp.38-39.

从未想过成为研究者、反思者，教师专业生活的节奏与结构产生异化——将低标准的工作要求视为专业成长的目标与动力，不违规或达到标准便止步不前。制度的一致性又使教师对教什么、怎么教形成固定的模板，限制教师思考的空间，进而让教师逐渐丧失专业自主意识。遵守制度是农村幼儿教师履行职业道德的体现，但过于恪守制度，不进一步提升专业水平，教师的专业生活会变得乏味。所以，出于丰富教师专业生活、适应幼儿发展的需要，农村幼儿园对教师的要求有待重新审视与考量。

通过文献分析和多元线性回归分析，本研究发现，社会环境、家庭环境和幼儿园环境是影响幼儿教师专业生活的主要因素。如表6-5所示，社会环境、家庭环境和幼儿园环境这三个自变量与农村幼儿教师专业生活这一因变量的相关系数为0.740，相关系数平方和为0.547，即可解释农村幼儿教师专业生活效标变量54.7%的变异量。在三个自变量的标准化回归系数中，社会环境为负数，其他为正数。这表明家庭环境、幼儿园环境对农村幼儿教师专业生活的影响均为正向，而社会环境不利于农村幼儿教师专业生活的发展。在回归模型中，幼儿园环境回归系数达到显著且β系数绝对值较大，表明其对农村幼儿教师专业生活有显著影响。社会环境和家庭环境这两个自变量的回归系数不显著，表示它们对农村幼儿教师专业生活的解释力较小。这与有些研究者的调查结果类似：社会地位影响农村幼儿教师专业发展，其影响途径主要由幼儿园环境的中介发挥作用。[1] 我们可以初步判断，社会环境、家庭环境和幼儿园环境均对农村幼儿教师专业生活有影响，且前两者通过幼儿园环境这一中介变量起作用。综合看来，三者对农村幼儿教师专业生活均有一定的支持力，但目前三者所形成的社会空间生产力有限，无法很好地提供动力支持，导致农村幼儿教师专业生活产生异化。

表6-5　农村幼儿教师专业生活影响因素的多元线性回归分析

影响因素	B	标准错误	Beta	T	Sig
常数	44.928	3.018	—	14.886	0.000
社会环境	−0.126	0.069	−0.049	−1.822	0.069
家庭环境	0.109	0.119	0.027	0.913	0.361
幼儿园环境	1.438	0.050	0.744	28.541	0.000

注：$R=0.740$，$R^2=0.547$。调整后，$R^2=0.546$，$F=396.743$，$Sig=0.000$。

---

[1] 乔中彦：《广州市农村地区幼儿教师专业发展影响因素之研究》，硕士学位论文，广州大学，2011。

二、专业生活节奏失衡，农村幼儿教师专业生活机械单调

在列斐伏尔看来，节奏是指社会时间实际作用于人们日常生活的方式。① 时间是日常生活的重要维度，指引着自然界的日夜更替、季节变化及生物的生老病死。人们不断认识和掌握时间的节奏，并据此有规律地安排工作和生活。农村幼儿教师专业生活节奏是我们探求其专业生活异化原因的另一视角。以下班时间为切割点，农村幼儿教师的时间可分为工作时间和工作以外的时间。这两类时间有着不同的节奏：他者节奏和自我节奏。在他者节奏里，农村幼儿教师在园的专业生活受到幼儿园制度的规训。农村幼儿教师工作时间几乎被控制，呈现出一定的碎片化的、相互冲突的线性节奏。久而久之，农村幼儿教师会将时间的重复等同于经验的重复。在自我节奏里，农村幼儿教师闲暇生活表现为无差异的娱乐生活，与专业生活界限分明。"节奏是生活'体验'的一部分，但并不意味着它是'真知'的一部分。"②规训内外的农村幼儿教师专业生活机械而单调，不断走向异化。

（一）教师专业生活在他者节奏中深受困扰

1. 时间冲突与碎片化——他者节奏使教师对专业生活时间失去掌控

法国社会学家涂尔干（Durkheim）及其追随者最早从社会学视角来研究时间，将时间分为自然时间与社会时间。自然时间即从物理层面关注的钟表时间。那么，何为社会时间？社会时间是"通过各种各样的标志、符号、事件、仪式或活动，实际上构成一个连贯的整体，是通过其自身的节奏而体现着社会组织的一个象征性的结构"③。由此看来，一定范围内的社会成员对时间有着同样的理解，社会时间在一定意义上是社会成员的集体意识的产物。它不仅被赋予社会意义，而且意味着规训、秩序和准则，引导着人们的生活。而社会学意义上的教学时空，其社会特征既呈现于人际交往，也体现在此刻角色定位、互动类型、知识分配、话语权力等相关问题上。④ 因此，工作时间在一定程度上表现为一种权力、纪律、制度和观念。农村幼儿教师的工作时间既外在于个体意识，又受其支配。在他者节奏中，农村幼儿教师专业生活也深受时间分配及其结构的影响。

农村幼儿教师的工作被分割成不同的组成部分，并有各自的时间结构。开会、培

---

① 刘怀玉：《论列斐伏尔对现代日常生活的瞬间想象与节奏分析》，载《西南大学学报（社会科学版）》，2012(3)。
② H. Lefebvre, *Key Writings*, New York, Continuum, 2003, p. 190.
③ 吴国璋：《西方社会学对社会时间的研究》，载《学术界》，1996(2)。
④ 马维娜：《教学时空的双重建构》，载《课程·教材·教法》，2004(12)。

训、写记录表、剪辑早操音乐、家长工作、保育工作、上级检查等,农村幼儿教师一天的工作时间被分割成大小不一的碎片。农村幼儿教师常提起"琐碎"一词,这恰巧能形容他们工作的状态。在琐碎的时间里,农村幼儿教师对工作的精细度与投入程度有所降低,专业生活水平明显受到影响。同时,这种琐碎也是不同权力关系与制度要求的反映。不同工作任务的背后势必存在时间冲突。农村幼儿教师在活动多的情况下,会根据轻重缓急进行优先选择,制度要求式的工作会获得绝对的优先权。那些在制度要求之外的持续的、长期的、浸入式的专业思考或学习往往不知不觉地被淡化、边缘化。在这种状态下,农村幼儿教师专业生活逐渐偏离轨道。

2. 时间机械循环——在他者节奏中专业生活以直线思维为主导

列斐伏尔认为,节奏是重复的,但并非任何一种重复都可被称为节奏。节奏是有差异的而不是千篇一律的。① 所以,日常时间可用两种方式测算:一种是基本的循环节奏的保持,另一种是时钟所表示的量化的机械重复。② 在农村幼儿教师专业生活中,他者节奏过于刻板,会抑制教师的主动意识,使教师失去对专业生活的控制能力,迷失方向。

农村幼儿教师按照幼儿园规定,不断地在小班、中班、大班轮回调动,工作包括备课、上课、组织活动、参加培训、开例会等。教师就像摆渡人,在循环往复中送走一届又一届幼儿。在这个过程中,教师工作的时间是固定的,部分教学内容是重复的,呈现了基本的循环节奏。但教育过程不应是单一节奏的,教师工作也不应是既定秩序下的机械产物。教师的劳动是富有创造性的。苏霍姆林斯基认为,教师劳动创造性的最重要特征之一是他的工作对象——儿童经常在变化,永远是新的,教师不可能采用循环往复的方法对待每届学生,不可能采用一成不变的方法对待每个学生而收到良好的教育教学效果。③ 同一届幼儿不会按照相同的发展速度直线前进,不同的幼儿成熟程度、经验水平不同,在不同年龄阶段也有不同的发展。所以,教育的方法、形式和顺序不能一成不变,而应当适时调整。一种长期的、单一模式的教学极有可能产生教学偏差。若教师忽视幼儿的年龄特点和经验,一直按照固定的专业经验开展教学,不对当下教学实际情况进行反思和调整,教学势必不能站在幼儿生活经验的基础上,幼儿也只能被动地接受外界信息。这不仅使幼儿教育变成单调的训练与灌输,还会使教师专业生活走向墨守成规的机械化道路。

---

① H. Lefebvre, *Key Writings*, New York, Continuum, 2003, p.194.
② 刘怀玉:《论列斐伏尔对现代日常生活的瞬间想象与节奏分析》,载《西南大学学报(社会科学版)》,2012(3)。
③ 王道俊、郭文安主编:《教育学》,445 页,北京,人民教育出版社,2009。

(二)教师在自我节奏中缺少对专业生活的投入

若说工作时间是功能主义的产物，对教师的活动具有硬性规定，那么个人闲暇时间则体现的是人道主义，教师工作以外的生活节奏由个人自定。这也意味着教师需要在接受与反抗日常生活自然节奏之间做出抉择。对于幼儿教师来说，他们需要在闲暇时间对消遣娱乐和进行专业生活做出选择，并使之与自己的生活节奏相一致。而农村幼儿教师在自我节奏中闲暇生活与专业生活分界明显，专业生活缺少必要投入。其主要原因在于农村幼儿教师闲暇生活的社会意义未被完全挖掘。

农村幼儿教师闲暇时间虽然受个人支配，但与世界、事物的新关系及其带来的变化不局限于个人，其存在的意义超出了个人。从这个角度来看，个人闲暇时间在一定程度上具有社会意义。简言之，闲暇时间是一种以时间形态存在的社会资源。当我们确定闲暇时间具有社会意义之后，它对幼儿、对农村学前教育发展的意义也就不言而喻了。教师在工作时间需要遵守统一秩序和规训，其在专业上获得的发展是有限的。而在闲暇时间，教师可以更加充分地调动主动性和创造性，根据自身专业发展需要选择活动内容和方式，自定步调提升专业发展水平。在自由的时间里，人不再把劳动仅仅当作外在生存的必需，而是作为自身的内在驱动。① 农村幼儿教师成长是一个复杂的过程，他们在专业生活中会产生各种各样的经验、情感、想法、感受等。大部分关于专业生活的经历都会在教师的闲暇时间中沉淀下来。若有意识地去关注它们并好好加以整合与完善，使心灵和经验达到内在的统合，那么工作对于农村幼儿教师来说就不仅是谋生的手段，而且是扮演幼儿生命中的"重要他人"、扮演幼儿发展关键期的"伯乐"的具有回馈性的幸福事业。但目前农村幼儿教师闲暇生活常被日常生活自然的节奏取代，呈现出无差别的休闲消遣状态。工作与生活截然二分，这无异于使农村幼儿教师把专业仅仅当成谋生的手段，而未上升到专业自主发展的层面。因此，我们应关注农村幼儿教师的闲暇时间所呈现的生活状态。教师闲暇时间不仅是教师个人的自由时间，而且是社会赋予教师提升专业水平的必要时间。只有帮助农村幼儿教师找到闲暇时间与专业生活之间的平衡点，才能让他们的专业生活充满不竭的动力，变得更加丰富。

---

① 马惠娣、成素梅：《关于自由时间的理性思考》，载《自然辩证法研究》，1999(1)。

结　语　迈向有质量的专业生活

一、让农村幼儿教师被看见

质性研究的目的不在于找到一种可以推而广之的普遍规律，而是对某一现象进行深入的调查，尽可能真切地再现其本质。真正的教师和教学存在于真实的生活里，而不是教育委员会、决策小组或研究机构里。"质性研究的力量在于它能帮助揭露潜在的复杂性。"[1]在历时3年的田野研究中，我们秉持现象学强调的"回到事情本身"的理念，走进农村幼儿教师平凡的生活世界，呈现农村幼儿教师专业生活的实然样态，在他们的生活场域中去了解他们的专业生活状态，理解他们平凡专业生活中的生命意蕴和教育意蕴。通过描述农村幼儿教师在教育情境中的活动体验，生活世界的本体地位得以彰显。[2]

长期以来，农村幼儿教师都是较为沉默的。他们拥有幼儿教师与农村教师的双重身份，却又被孤立隔绝在两种身份之外。谈到农村教师时，人们主要关注的是农村的中小学教师；提到幼儿教师时，人们的目光主要聚焦于城市的幼儿教师。记得在采访一位农村幼儿教师，问她"希望政府部门为农村幼儿教师做点什么"时，她情绪非常激动，说："在幼儿园做老师这么久，还从来没有人问过我这个问题。"威廉•富特•怀特提道："我只想尽量了解这些情况，把它们写出来。"他的研究对象多克表示："我认为你用这个办法可以改变这儿的情况。把它们写出来——事情通常就是这么被改变的。"[3]我们也希望借此研究，让农村幼儿教师走进人们的视野，让他们实然的专业生活状态受到关注，让他们心中最真实的声音被倾听，让他们不再沉默，不再被边缘化。

"学术并非都是绷着脸讲大道理，研究也不限于泡图书馆。有这样一种学术研究，

---

[1] [美]科瑞恩•格莱斯：《质性研究方法导论》，王中会、李芳英译，123页，北京，中国人民大学出版社，2013。
[2] 朱光明：《透视教育现象学——论教育现象学研究中的三个基本问题》，载《外国教育研究》，2007(11)。
[3] [美]威廉•富特•怀特：《街角社会：一个意大利人贫民区的社会结构》，黄育馥译，379~380页，北京，商务印书馆，1994。

研究者对一个地方、一群人感兴趣，怀着浪漫的想象跑到那里生活，在与人亲密接触的过程中获得他们生活的故事，最后又回到自己原先的日常生活，开始有条有理地叙述那里的所见所闻。"①在田野研究的过程中，当我们阐明研究的意图时，无论是校长、园长还是教师都非常配合和支持我们的调查，希望我们的研究能反映农村幼儿教育的问题以及他们工作的困境。这份托付让我们一方面深感责任重大；另一方面深感不安，担心文本不能反映他们真正的专业生活状态，难以传达他们的心声，无法说清楚他们的困境，辜负了他们对我们的信任。"我们所处的日常生活，其中的绝大部分我们都不能给出任何解释。我们就是这么穿着打扮，就是这么到处走动的［还有其他数不清的日常活动］……这些活动是未被解释的社会行动组织结构的一部分。很难说我们为什么要做这些事情，我们只能说，它们就在那，我们做了而已。"②对此，我们只能尽力用拙笔把我们看见的、听到的以及感受到的写出来。就像 L 校长所说："其实让更多的人了解和关注我们现在的这个情况，这才是根本。"

（一）农村幼儿教师专业生活的实然状态

在田野调查中，我们为农村幼儿教师对幼儿以及对幼儿教育事业的执着坚守而感动，同时也强烈地感受到了他们的隐忍、无奈、困惑。

1. 爱与坚守

教育是需要真诚和爱的事业，教师对教育事业的热爱是体验生命美好和实现自身价值的基础。叶澜曾说："教师，是一种使人类和自己都变得更美好的职业，是一种使每个从事并愿尽力做好这份工作的人，不断去学习、充实和发展自身的职业，是一种不仅具有越来越重要的社会价值，而且具有内在尊严与欢乐的职业。"③尽管农村工作条件艰苦，工作压力沉重，工作收入微薄，但农村幼儿教师没有选择放弃和离开。他们怀着朴素的教育情感，深深地扎根于农村，在大量平凡而琐碎的工作中忠于职守、任劳任怨，在奉献中感受快乐和幸福。农村幼儿教师的这份坚持和执着源于他们对幼儿和幼儿教育事业深深的爱。农村幼儿教师在生活的磨炼中也形成了积极、乐观、坚强、豁达的性格。

2. 隐忍与迷茫

农村教育资源贫乏、教学条件落后、师幼比过低，农村幼儿教师工资待遇和社会

---

① ［美］詹姆斯·克利福德、［美］乔治·E. 马库斯编：《写文化——民族志的诗学与政治学（25周年纪念版）》，高丙中、吴晓黎、李霞等译，总序 1 页，北京，商务印书馆，2022。

② ［英］戴维·英格利斯：《文化与日常生活》，张秋月、周雷亚译，3 页，北京，中央编译出版社，2010。

③ 中共上海市教育工作委员会、上海市教育委员会编：《今天我们怎样做老师——上海教育名师讲坛报告集》，97 页，上海，上海教育出版社，2000。

地位低、晋升难，家长教育观念滞后……面对这些问题和困境，农村幼儿教师深感无助与无奈。隐忍与默默承受成为大部分农村幼儿教师的选择。由于缺乏完整的农村幼儿教师培训、评价和学习保障体系，加之学习资源不足，工作负荷重，获得荣誉和职称晋升的机会少，农村幼儿教师自主发展的途径少，内生动力不足，对自己的专业发展前景深感迷茫。

(二)农村幼儿教师专业生活的多重困境

应该说，《国务院关于当前发展学前教育的若干意见》公布以来，农村学前教育事业有了长足的发展，农村幼儿教师的整体素质也有了较大的提升。党的十八大以来，广东大力实施粤北、粤西、粤东地区振兴发展战略，全省区域差距扩大的趋势有所减缓，但发展差距偏大的格局尚未得到根本扭转。农村学前教育一直是广东学前教育中的薄弱环节。长期以来，农村幼儿教师在社会基层工作，待遇和社会地位低。本研究呈现了不尽理想的农村幼儿教师专业生活样态，若以"永无止境地学、坚持不懈地思、充满激情地教"来进行审视，我们会发现它与高质量的专业生活相去甚远。

"冰冻三尺，非一日之寒。"农村幼儿教师问题存在已久。农村幼儿教师呈现出来不尽理想的专业生活样态，既有外部原因，也有教师自身的原因。

通过田野调查我们发现，农村幼儿教师的专业生活面临多重困境，主要表现在以下方面。第一，政策对农村幼儿教师的支持不足，或政策缺位或政策执行不到位，这在较大程度上使农村幼儿教师的工作价值和社会地位得不到应有的承认。第二，农村幼儿园的工作条件有限，难以支撑农村幼儿教师过上有质量的专业生活，如师幼比过低、玩教具匮乏等。第三，农村幼儿教师的家庭生活羁绊较大，相当一部分农村幼儿教师对自身角色的定位是家庭妇女，接着才是幼儿教师。农村幼儿教师的闲暇时间多用于照顾家庭，较少用来促进自身的专业发展。第四，农村幼儿教师的自我学习、自我提升意识不足，缺乏清晰的专业和职业发展规划，容易安于现状，失去对工作的热情，产生职业倦怠，把本应充满挑战和创造的教师专业生活过成平淡而重复的日常生活。第五，农村幼儿教师的专业培训机会较少，且培训内容常常脱离农村幼儿教师的实际需要。

二、外部支持：助力农村幼儿教师过上有质量的专业生活

良好的外部空间条件是农村幼儿教师过上有质量的专业生活的前提条件。保障农村幼儿教师专业生活的外部支持主要包括社会层面、幼儿园层面和家庭层面。

(一)社会层面

政府应加大对农村幼儿教师的政策支持和倾斜力度，保障农村幼儿教师的物质生

活。例如,增加农村幼儿教师编制名额,提高农村幼儿教师的工资待遇,特别是农村编外幼儿教师的工资待遇,不断缩小城乡差距、编内与编外的差距等。2018年《中共中央 国务院关于学前教育深化改革规范发展的若干意见》提出:"有条件的地方可试点实施乡村公办园教师生活补助政策。"这实际上给地方政府留出了改善农村幼儿教师生存状态的政策空间。

此外,政府应尊重农村幼儿教师的工作价值,提高其社会地位和社会认可度,增强农村幼儿教师的职业认同感和满意度,在职称评审、评优评先方面向农村幼儿教师倾斜;要处理好农村幼儿园转岗教师的职业发展问题,保障其职业晋升的机会。

(二)幼儿园层面

第一,幼儿园领导要坚持民主的管理方式,营造和谐民主的精神环境,增强幼儿教师的归属感。幼儿园要制订系统的幼儿教师职后培养计划,重视幼儿教师专业素养的提升;要激励幼儿教师积极参加教科研活动,借此提升专业能力,增强职业幸福感。苏霍姆林斯基说:"如果你想让教师的劳动能够给教师带来一些乐趣,使天天上课不致变成一种单调乏味的义务,那你应当引导每一位教师走上从事一些研究的这条幸福的路道上来。"①

第二,幼儿园领导要创设具有专业性的幼儿园工作环境,确保幼儿园的环境创设符合标准;要按照国家规定的师幼比例标准配备专任教师和保育员,尽力避免一人带一个班的情况;要搭建农村幼儿教师与家长的沟通桥梁,灵活引进沟通媒介,如购买幼儿成长手册,配置家园沟通平台等,让幼儿家长支持并配合幼儿教师的工作,推进家园共育。

(三)家庭层面

家庭要增加对农村女性幼儿教师的关怀。面对家庭与工作之间的冲突,农村女性因面临着转变和突破传统观念的压力,承担着比城市女性更大的压力。因此,从性别关怀视角出发,增强女性生活幸福感、职业自豪感也是提升农村幼儿教师专业生活质量的有效途径。

三、内部力量:做专业生活中的智慧者和创造者

叶澜认为:"教育是一个使教育者和受教育者都变得更完善的职业,而且,只有当教育者自觉地完善自己时,才能更有利于学生的完善与发展。"②教育不仅是使学生日臻

---

① [苏联]瓦·阿·苏霍姆林斯基:《给教师的建议》下册,杜殿坤编译,354页,北京,教育科学出版社,1981。

② 叶澜、白益民、王枏等:《教师角色与教师发展新探》,3页,北京,教育科学出版社,2001。

完善的实践活动,也是教师的生命活动;教师职业不只是一个为稻粱谋的工具,还是一种生活方式。教育面对的是一个个活生生的人,教师内在的精神特质会潜移默化地影响学生的认知、情感和人格发展。因此,教师的专业生活质量直接影响着学生的成长,影响着教育的质量。

幼儿教师是一个生命的存在,是活生生的人。幼儿教师在注重专业发展的同时,也应体验到自己生命的成长,即能对生命有所领悟,能在自己专业发展的价值和人生价值之间建立起有机联系,从而提高自身的生命意识,增强对自我价值的认可。①

农村幼儿教师不要一味地埋怨所处环境,消极等待,而要认清形势,调整心态,发挥自己的能动性和创造性,努力创造更好的环境。

城市幼儿教师专业生活的样态告诉我们,幼儿教师身体的超越性是其专业生活中最重要的属性。身体的超越性给予 Y 园幼儿教师选择的权利和自主发挥的空间。他们在工作与家庭的冲突中尽力保持二者平衡,在参与培训后身体疲惫的情况下仍然选择觉知收获。可见,良好的外部支持是幼儿教师过上有质量的专业生活的可能性条件,幼儿教师身体的超越性带来的自主选择的权利是幼儿教师过上有质量的专业生活的决定性因素。外部支持只有经过农村幼儿教师的转化,才会对其专业生活产生影响。要切实提高农村幼儿教师的专业生活质量,需要真正走进农村幼儿教师的生活世界,了解、关注、理解和尊重他们,从而唤起他们的主体意识以及他们的主动性、创造性。农村幼儿教师需要通过自己的努力过上有质量的专业生活。

(一)农村幼儿教师要树立自主专业发展的意识

"凡是自动的才是动的初始。"②农村幼儿教师要树立自主专业发展的意识,摒弃被动接受学习的方式,积极寻求促进自身专业成长的学习途径和方法,善于发现学习和工作中的问题。

(二)农村幼儿教师要树立终身学习的信念

幼儿园的工作充满未知和挑战。农村幼儿教师要树立终身学习的信念,重视向优秀的园长、幼儿教师和幼儿学习,不断反思教学过程中的不足并加以改进;要利用闲暇时间积极参与专业培训或继续教育,不断更新教育理念,学习先进的幼儿教学模式和方法,并将之灵活运用到实际的教学活动中;要学会用专业理论知识解决现实工作中遇到的问题,不断地提高自身专业素养,从而提升自身专业生活的质量。

---

① 刘艳金:《生命哲学视域下幼儿教师专业发展的内涵及其路径重构》,载《陕西学前师范学院学报》,2017(1)。

② [古希腊]柏拉图:《文艺对话集》,朱光潜译,119 页,北京,人民文学出版社,1963。

(三)农村幼儿教师要具有自我管理能力

自我实现是马斯洛需要层次理论中的最高层次需要。农村幼儿教师追求有质量的专业生活，实际上是追求自我的完善和发展。这不仅需要强有力的外部管理，还需要农村幼儿教师自觉的内在管理，即自我管理。在发展目标管理上，农村幼儿教师要明确自身的专业发展方向，树立适宜的发展目标并为之努力；在人际关系管理上，农村幼儿教师要重视教师与教师之间、教师与幼儿之间的互动交往，互相理解和信任；在压力管理上，农村幼儿教师要学会合理宣泄压力，调整心态，构建健康的心理环境；在时间管理上，农村幼儿教师要合理安排工作与生活，掌握科学管理时间的方法；在责任意识管理上，农村幼儿教师要保持对工作、幼儿和自己的责任意识，明确自身工作的重要性，学会自我监控，为自我发展负责。

四、重构与夯实农村幼儿教师专业生活的现实基础

近年农村幼儿教育迎来了新的发展机遇。农村幼儿教师逐渐走进人们的视野，受到越来越多的关注。党中央、国务院高度重视学前教育。党的十九届五中全会强调完善普惠性学前教育保障机制。《中共中央 国务院关于学前教育深化改革规范发展的若干意见》要求到2035年全面普及学前三年教育。教育部等九部门印发《"十四五"学前教育发展提升行动计划》，明确提出："进一步提高学前教育普及普惠水平，到2025年，全国学前三年毛入园率达到90%以上，普惠性幼儿园覆盖率达到85%以上，公办园在园幼儿占比达到50%以上。""覆盖城乡、布局合理、公益普惠的学前教育公共服务体系进一步健全，普惠性学前教育保障机制进一步完善，幼儿园保教质量全面提高，幼儿园与小学科学衔接机制基本形成。"党的十九大提出实施乡村振兴战略，以习近平同志为核心的党中央对"三农"工作做出重大决策部署。

2018年广东省人民政府办公厅印发《广东省促进学前教育普惠健康发展行动方案》，提出"加大学前教育经费投入"，"将学前教育经费列入财政预算"，"2019年省全面实施公办幼儿园生均拨款制度"，"省统筹安排中央和省级学前教育资金，对各地尤其是经济欠发达地区扩大学前教育资源进行奖补"。为从根本上转变发展差距偏大的格局，推进乡村振兴，促进区域协调发展，广东省委、省政府印发了《广东省实施乡村振兴战略规划（2018—2022年）》《关于构建"一核一带一区"区域发展新格局促进全省区域协调发展的意见》等文件，提出增加农村公共服务供给，优先发展农村教育事业，大力发展农村学前教育，丰富农村普惠性学前教育资源；深入实施乡村教师支持计划，在业务培训、职称评聘、表彰奖励等方面向乡村教师倾斜，加强乡村教师队伍建设；精准补充乡村学校紧缺学科教师，统筹配置城乡教师资源，提高乡村教师待遇保障水平；强化

乡村教师思想政治教育、师德养成、专业培养，提高乡村教师整体素质。

2011—2020年，广东省幼儿园教职工数增长迅猛。全省幼儿园教职工从2011年的27.0万人增长到2020年年底的61.1万人，专任教师从2011年的15.0万人增长到2020年年底的32.1万人，生师比从20.6∶1缩小到14.9∶1。全省学前教育经费保障能力明显增长。2020年，全省学前教育经费总投入为484.28亿元，是2011年的4.25倍。在各级各类教育中，学前教育的经费增幅最快。省财政持续加大对学前教育的投入力度，发挥示范引导作用。2018—2020年，省财政安排学前教育专项奖补经费分别为5.75亿元、7.9232亿元和12亿元。全省加强公办乡镇（街道）中心幼儿园和村级幼儿园建设，建成1所以上规范化公办乡镇中心幼儿园的乡镇所占比例达98.7%，建成规范化村级幼儿园的行政村所占比例达93.6%。

综上，我国学前教育开始迈入全面提高质量的新阶段。教育部等九部门印发的《"十四五"学前教育发展提升行动计划》针对农村地区师资力量弱的问题，鼓励各地结合实际，加大对农村和欠发达地区幼儿教师的培养力度，为这些地区的幼儿园补充稳定而有质量的师资。针对培训质量不高的问题，要求各地制订幼儿园教师和教研员培训计划，实施全员培训，突出实践导向；鼓励高校、教科研机构和优质幼儿园结对，帮扶基层、边远和欠发达地区幼儿园。尽管目前农村学前教育仍是教育系统中薄弱的环节，农村幼儿教师仍是教师队伍中的短板，但我们相信在好的政策的引领下，随着研究的深入和各方支持的加大，农村学前教育将迎来更有质量的发展，农村幼儿教师的专业生活质量将得到较大的提升。

五、尾声

至此，田野调查已告一段落。我们一方面为农村幼儿教师的那份坚守而感动，另一方面为农村幼儿教师不尽如人意的专业生活而揪心。当听到来自田野点的好消息时，我们会为之兴奋。粤东地区X园拿到了广东省基础教育校（园）本教研基地项目"创新教研机制，促进幼儿教师专业发展"，经费有60万元。X园作为龙头，将带领L县幼儿教师走上专业发展的快车道，幼儿教师的专业生活质量将会有大的提升。粤北地区R园的新教学楼建成了，办园条件得到了很大的改善，孩子们终于有了富于童趣的幼儿园环境。

2019年3月，当我们再次回到粤北地区的田野点时，R园已完成了新一轮的环境改造，从新建教学楼到购买设施设备共计投入200多万元。新教学楼通过了验收，新购买的设施设备全部投入使用。R园活动室全部搬到了新教学楼。户外的水泥场地铺上了塑胶跑道，增添了攀登墙、滑梯和新的玩教具、体育器材等。活动室空间变大，睡室与活动室隔开。活动室还设置了不同的区域，配备了丰富多样的区域材料。每班活动室都配备了钢琴和多媒体。有了滑梯的R园和"儿童乐园"的形象更为接近。硬件设施设备以及环境的改善为R园教师的专业生活带来新的改变。

为了规范幼儿园的保教工作，2015年广东省教育厅印发了《广东省幼儿园一日活动指引（试行）》。2019年，R园开始学习并执行这份指导性文件，采用了两小时户外活动和区域教学的教育建议。早上一小时进区操作活动，一小时户外活动，午睡过后半小时室内活动，一小时户外活动。R园的课程模式也发生了改变，开始实施以幼儿自主探究、自主学习、自主游戏为主的课程。课程模式的改变对教师的角色提出了新的要求，R园教师在环境的设置、区角材料的投放、幼儿的观察与支持等方面有很多学习需求。县机关幼儿园的骨干教师ZL老师主动申请到R园轮岗支教，帮助R园教师提升专业素养。R园教师组织的集体教学活动形式由原来秧田式的座位变成了半圆形的座位。R园还举办了班级环境创设、自制玩教具比赛，教师备课、教研、交流的形式和内容变得更加丰富，教师的专业热情和工作积极性也更高了。R园的设施设备越来越完善，园长和教师逐渐开始关注和探索民间传统游戏，尝试开发属于自己的园本课程。

当然，硬件设施的改变相对容易一些，农村幼儿教师的专业素养是无法在短时间内快速提升的。农村幼儿教师较低的专业发展水平仍然制约着当前和今后一段时期内农村学前教育的发展。不过，我们相信，农村幼儿教师凭借有力的外部支持和自身的努力，终将过上有质量的专业生活。

参考资料

一、中文类

(一)著作

[1] [丹]马丁·贝尔,[丹]乌尔夫·布瑞克. 教育现场的专业学习[M]. 郭华,郑玉飞,宋国才,译. 北京:人民教育出版社,2010.

[2] [德]埃德蒙德·胡塞尔. 欧洲科学危机和超验现象学[M]. 张庆熊,译. 上海:上海译文出版社,2005.

[3] [德]埃德蒙德·胡塞尔. 现象学的方法(修订本)[M]. 倪梁康,译. 上海:上海译文出版社,2005.

[4] [德]埃德蒙德·胡塞尔. 现象学的观念[M]. 倪梁康,译. 北京:人民出版社,2007.

[5] [德]雅斯贝尔斯. 什么是教育[M]. 邹进,译. 北京:生活·读书·新知三联书店,1991.

[6] [法]莫里斯·梅洛-庞蒂. 知觉现象学[M]. 姜志辉,译. 北京:商务印书馆,2001.

[7] [加]马克斯·范梅南,[荷]巴斯·莱维林. 儿童的秘密——秘密、隐私和自我的重新认识[M]. 陈慧黠,曹赛先,译. 北京:教育科学出版社,2004.

[8] [加]马克斯·范梅南,李树英. 教育的情调[M]. 李树英,译. 北京:教育科学出版社,2019.

[9] [加]马克斯·范梅南. 教学机智——教育智慧的意蕴[M]. 李树英,译. 北京:教育科学出版社,2001.

[10] [加]马克斯·范梅南. 生活体验研究——人文科学视野中的教育学[M]. 宋广文,等译. 北京:教育科学出版社,2003.

[11] [美]查尔斯·赖特·米尔斯. 权力精英[M]. 王崑,许荣,译. 南京:南京大学出版社,2004.

[12][美]杰弗瑞·戈比.你生命中的休闲[M].康筝,译.昆明:云南人民出版社,2000.

[13][美]瑾·克兰迪宁.叙事探究——原理、技术与实例[M].鞠玉翠,等译.北京:北京师范大学出版社,2012.

[14][美]科瑞恩·格莱斯.质性研究方法导论(第4版)[M].王中会,李芳英,译.北京:中国人民大学出版社,2013.

[15][美]洛伦·S.巴里特,[美]托恩·比克曼,[荷]汉斯·布利克,等.教育的现象学研究手册[M].刘洁,译.北京:教育科学出版社,2010.

[16][美]曼弗雷德·S.弗林斯.舍勒的心灵[M].张志平,张任之,译.上海:上海三联书店,2006.

[17][英]艾弗·F.古德森.专业知识与教师职业生涯[M].刘丽丽,译.北京:北京师范大学出版社,2007.

[18][英]艾沃·古德森.教师生活与工作的质性研究[M].蔡碧莲,葛丽莎,等译.北京:教育科学出版社,2013.

[19][英]戴维·英格利斯.文化与日常生活[M].张秋月,周雷亚,译.北京:中央编译出版社,2010.

[20][英]丹尼·卡瓦拉罗.文化理论关键词[M].张卫东,张生,赵顺宏,译.南京:江苏人民出版社,2006.

[21]陈向明.旅居者和"外国人"——留美中国学生跨文化人际交往研究[M].北京:教育科学出版社,2004.

[22]陈向明.质的研究方法与社会科学研究[M].北京:教育科学出版社,2000.

[23]程妍涛,徐鸿.幼儿教师专业生活论[M].济南:山东人民出版社,2010.

[24]戴伟芬.农村教师培训的第三空间路径研究[M].北京:科学出版社,2017.

[25]冯雷.理解空间:现代空间观念的批判与重构[M].北京:中央编译出版社,2008.

[26]郭华.静悄悄的革命:日常教学生活的社会构建[M].北京:北京师范大学出版社,2003.

[27]郭元祥.生活与教育——回归生活世界的基础教育论纲[M].武汉:华中师范大学出版社,2002.

[28]黄甫全.新课程中的教师角色与教师培训[M].北京:人民教育出版社,2003.

[29]姜勇,严婧,徐利智.国际学前教师教育政策研究[M].上海:华东师范大学出版社,2012.

[30]教育部师范教育司.教师专业化的理论与实践(修订版)[M].北京:人民教育出版

社，2003．

[31]刘捷．专业化：挑战 21 世纪的教师[M]．北京：教育科学出版社，2002．

[32]刘晶波．师幼互动行为研究——我在幼儿园里看到了什么[M]．南京：南京师范大学出版社，1999．

[33]刘铁芳．走向生活的教育哲学[M]．长沙：湖南师范大学出版社，2005．

[34]刘占兰．促进幼儿教师专业成长的理论与实践策略[M]．北京：教育科学出版社，2006．

[35]罗儒国．教学生活的反思与重建——基于生存论的审视[M]．济南：山东人民出版社，2009．

[36]上海市社会科学界联合会．人文教育 文明·价值·传统：上海市社会科学界第五届学术年会文集(2007 年度)：哲学·历史·人文学科卷[M]．上海：上海人民出版社，2007．

[37]宋农村．中国乡村学前教育发展研究[M]．北京：人民出版社，2014．

[38]唐松林．中国农村教师发展研究[M]．杭州：浙江大学出版社，2005．

[39]王枬，等．教师印迹：课堂生活的叙事研究[M]．北京：教育科学出版社，2008．

[40]王卫东．教师专业发展探新——若干理论的阐释与辨析[M]．广州：暨南大学出版社，2007．

[41]王晓东．日常交往与非日常交往[M]．北京：人民出版社，2005．

[42]熊和平．课程与生活——基于西方课程思想史的考古学判读[M]．哈尔滨：黑龙江教育出版社，2011．

[43]薛烨，朱家雄，等．生态学视野下的学前教育[M]．上海：华东师范大学出版社，2007．

[44]叶澜，白益民，王枬，等．教师角色与教师发展新探[M]．北京：教育科学出版社，2001．

[45]叶澜．回归突破："生命·实践"教育学论纲[M]．上海：华东师范大学出版社，2015．

[46]中国大百科全书出版社编辑部．中国大百科全书·社会学[M]．北京：中国大百科全书出版社，1991．

(二)期刊

[1]蔡宝来，王慧霞．教师专业发展研究的新视阈：生活体验研究[J]．教育研究与实验，2009(3)．

[2]陈乃林，孙孔懿．终身教育理论视野中的闲暇教育[J]．教育发展研究，2000(2)．

[3]陈琴. 农村幼儿教师的生存环境及相关建议[J]. 当代教育论坛，2007(4).

[4]陈向明. 对教师实践性知识构成要素的探讨[J]. 教育研究，2009(10).

[5]陈向明. 实践性知识：教师专业发展的知识基础[J]. 北京大学教育评论，2003(1).

[6]程良宏，杨淑芹. 论教师专业生活中的理论意识及其提升[J]. 全球教育展望，2009(12).

[7]杜洁，屈陆. 反思制度化学校生活对学校教育的异化[J]. 中国德育，2009(11).

[8]范显芬，王琳. 生态学视野下的农村幼儿教师的现实困境[J]. 基础教育研究，2014(21).

[9]宫火良，张慧英. 工作家庭冲突研究综述[J]. 心理科学，2006(1).

[10]郭朝红，王彬. 教师专业生活质量的国际比较[J]. 外国中小学教育，2003(9).

[11]郭祥超. 论教师专业生活的勇气[J]. 教育学报，2012(2).

[12]何雪松. 迈向日常生活世界的现象学社会学——舒茨引论[J]. 华东理工大学学报（社科版），2000(1).

[13]贺苗，杨静，管小其. 中国日常生活批判多学科研究综述[J]. 学术交流，2011(6).

[14]洪秀敏，罗丽. 研究生进入幼儿园工作的价值实现、发展困境与诉求：自我评估的视角[J]. 教师教育研究，2018(6).

[15]姜勇，刘爱云. 幼儿园组织氛围的访谈研究[J]. 学前教育研究，2007(2).

[16]姜勇，柳佳炜，戴乃恩. 论教育研究的现象学范式与实证主义范式的差异[J]. 华东师范大学学报（教育科学版），2018(6).

[17]姜勇，庞丽娟. 论教师的意识唤醒[J]. 教育研究与实验，2006(5).

[18]姜勇. 个人生活史与教师发展初探——一种解读教师专业成长的新视角[J]. 外国中小学教育，2004(3).

[19]李长吉，孙培培. 教育叙事研究述评[J]. 当代教育与文化，2011(5).

[20]李树英，王萍. 教育现象学——一门成人与儿童如何相处的学问[J]. 江苏教育研究（理论版），2008(9).

[21]李树英，王萍. 教育现象学的两个基本问题[J]. 华东师范大学学报（教育科学版），2009(3).

[22]李树英. 教育现象学视野下的教师课程决定研究[J]. 河南大学学报（社会科学版），2011(1).

[23]李树英. 用"心""看"教育——评《教学机智——教育智慧的意蕴》[J]. 人民教育，2010(2).

[24]李祉含. 农村教师闲暇生活的调查与分析[J]. 淮海工学院学报（人文社会科学版），2012(24).

[25]梁岩岩，崔友兴. 乡村教师专业生活、困境及走出思考[J]. 教育与教学研究，2018(10).

[26]刘胡权．论日常教育生活批判[J]．当代教育科学，2014(2)．

[27]刘怀玉．列斐伏尔与20世纪西方的几种日常生活批判倾向[J]．求是学刊，2003(5)．

[28]刘怀玉．论列斐伏尔对现代日常生活的瞬间想象与节奏分析[J]．西南大学学报(社会科学版)，2012(3)．

[29]刘怀玉．日常生活批判的瞬间、差异空间与节奏视角——以列斐伏尔为例[J]．哲学分析，2016(6)．

[30]罗儒国．论教学的生活意蕴[J]．南京师大学报(社会科学版)，2008(2)．

[31]马惠娣，成素梅．关于自由时间的理性思考[J]．自然辩证法研究，1999(1)．

[32]马维娜．教学时空的双重建构[J]．课程·教材·教法，2004(12)．

[33]宁虹，钟亚妮．现象学教育学探析[J]．教育研究，2002(8)．

[34]沈俊，母远珍．幼儿园女教师工作家庭关系研究[J]．幼儿教育(教育科学版)，2007(4)．

[35]谭斌．论教育学中关于"生活世界"的话语[J]．南京师大学报(社会科学版)，2001(1)．

[36]王夫艳．教师专业实践能力的三维构成[J]．高等教育研究，2012(4)．

[37]王建军，陈寅，吴海燕，等．我国普通高中教师专业生活状态调查[J]．基础教育，2010(8)．

[38]王杰．贫困地区农村幼儿教师专业成长的现状、问题及对策——以甘肃农村幼儿教师为例[J]．学前教育研究，2009(1)．

[39]王攀峰，张天宝．论教师"日常生活"的批判与改造[J]．江西教育科研，2004(6)．

[40]王萍．教育现象学的发展历程[J]．河北师范大学学报(教育科学版)，2011(9)．

[41]王萍．教育现象学视域中的教师教育[J]．教育科学，2008(6)．

[42]王守纪，杨兆山．美国促进农村教师专业发展的策略及启示[J]．外国教育研究，2010(4)．

[43]王卫东．教师专业生活的理论阐释：以日常生活批判理论为参照[J]．教育学报，2013(2)．

[44]王卫东．学·思·教：教师专业生活的核心内容[J]．教育理论与实践，2013(1)．

[45]王宪平，唐玉光．时空因素对教师专业发展的影响[J]．教师教育研究，2006(5)．

[46]魏薇．可能的专业生活：教师与教学理论从疏离走向结合[J]．中国教育学刊，2007(10)．

[47]吴峰林．促进幼儿园教师队伍稳定的基本策略[J]．学前教育研究，2015(10)．

[48]吴国璋．西方社会学对社会时间的研究[J]．学术界，1996(2)．

[49]吴荔红．试析影响幼儿教师专业成长的核心因素[J]．学前教育研究，2005(9)．

[50]肖正德，邵晶晶．农村初中教师的闲暇生活境遇及闲暇教育路径[J]．教育研究，

2016(1).

[51]熊华夏.新时代乡村教师职业理想构建[J].中国教育学刊,2018(11).

[52]徐甫颖,黄明坤.时间节奏初探——新技术革命引起时间观念的变化[J].哲学研究,1986(2).

[53]杨怀明,张礼平.教师自主成长:高品质办园的核心诉求[J].教育科学论坛,2020(2).

[54]姚计海.教育实证研究方法的范式问题与反思[J].华东师范大学学报(教育科学版),2017(3).

[55]岳亚平,冀东莹.幼儿园教师工作家庭冲突特点及与职业倦怠的关系[J].学前教育研究,2017(1).

[56]张建雷.回归生活世界的教师专业成长[J].教育评论,2018(6).

[57]张金运,程良宏.变革时代教师专业生活的勇气及其提升[J].当代教育与文化,2015(6).

[58]张妮妮,张宪冰.论教师专业生活的三重意蕴[J].东北师大学报(哲学社会科学版),2014(3).

[59]张友山.教师课程决定研究的教育现象学取向[J].当代教育科学,2011(21).

[60]赵昌木,徐继存.教师成长的环境因素考察——基于部分中小学实地调查和访谈的思考[J].湖南师范大学教育科学学报,2005(3).

[61]赵蒙成,张伟琴.综合实践活动课程的顽疾与疗救——日常生活批判理论的视角[J].宁波大学学报(教育科学版),2018(1).

[62]折延东,龙宝新.论教师的专业教育生活重建[J].教育研究,2010(7).

[63]郑震.当代西方社会学的日常生活转向——以核心理论问题为研究路径[J].天津社会科学,2012(5).

[64]郑震.列斐伏尔日常生活批判理论的社会学意义——迈向一种日常生活的社会学[J].社会学研究,2011(3).

[65]朱光明.透视教育现象学——论教育现象学研究中的三个基本问题[J].外国教育研究,2007(11).

[66]庄西真.教育政策执行的社会学分析——嵌入性的视角[J].教育研究与评论·小学教育教学,2011(3).

(三)学位论文

[1]陈浩.梅洛-庞蒂身体哲学视阈下的幼儿教师专业发展[D].西安:陕西师范大学,2017.

[2]范勇. 成都市幼儿园男教师生存状态调查研究[D]. 成都：四川师范大学，2011.

[3]方艳. 农村小学教师专业生活状态研究——以乡村小学L校为例[D]. 上海：华东师范大学，2011.

[4]冯莉芳. 闲暇生活与教师专业发展[D]. 上海：华东师范大学，2009.

[5]高田幸子. 中学教师专业生活世界调查研究[D]. 金华：浙江师范大学，2017.

[6]郭振方. 身体现象学视域下普通高校公共体育教学中学生体验研究[D]. 长春：东北师范大学，2018.

[7]韩璐. 农村幼儿教师专业成长个案研究——教师生活史的视角[D]. 太原：山西师范大学，2012.

[8]何敏. 教育时空问题初探[D]. 上海：华东师范大学，2003.

[9]李晨. 基于梅洛-庞蒂身体现象学的声景研究[D]. 广州：华南理工大学，2017.

[10]李存金. 身体芭蕾——日常生活视野下的新教师成长研究[D]. 上海：华东师范大学，2018.

[11]李昕桐. 施密茨的身体现象学及其启示[D]. 哈尔滨：黑龙江大学，2013.

[12]刘玲. 一位中学英语教师专业生活的个案研究[D]. 北京：首都师范大学，2005.

[13]刘荣棠. 促进幼儿教师专业发展的因素分析——一位幼儿教师专业生活的叙事研究[D]. 兰州：西北师范大学，2013.

[14]刘新伢. 一名乡镇幼儿教师生涯发展的叙事研究[D]. 昆明：云南师范大学，2015.

[15]刘宣. 幼儿园男教师专业发展个案的叙事研究[D]. 上海：华东师范大学，2006.

[16]马丽群. 山村的述说——"走进"一位西部农村幼儿教师的职业生活[D]. 长沙：湖南师范大学，2011.

[17]毛华威. 梅洛-庞蒂身体现象学研究[D]. 长春：吉林大学，2019.

[18]屈冠廷. 崇左市高中历史教师专业生活调查[D]. 南宁：广西民族大学，2017.

[19]王焜. 教师平庸之恶及其超越[D]. 上海：华东师范大学，2016.

[20]王凌雪. 从离身到具身：论教学思维中的身体转向[D]. 重庆：西南大学，2015.

[21]王雅琴. 走进生活：一位幼儿园优秀教师专业生活的叙事研究[D]. 南宁：广西师范学院，2017.

[22]王泽美. 农村优秀教师专业发展影响因素的质性研究[D]. 沈阳：沈阳师范大学，2018.

[23]徐鸿. 幼儿园教师专业生活的个案研究[D]. 南京：南京师范大学，2007.

[24]许大平. 日常生活批判及其当代意义[D]. 上海：复旦大学，2003.

[25]闫伟鹏. 农村幼儿教师生存状态的叙事研究[D]. 重庆：西南大学，2010.

[26]易洪湖．湖南省学前教育"送教下乡"活动研究[D]．长沙：湖南师范大学，2012．

[27]张妮妮．在耕耘中守望——乡村幼儿教师专业生活的叙事研究[D]．长春：东北师范大学，2012．

[28]张晓晓．农村幼儿教师专业发展的现状研究——以山西省孝义市农村幼儿教师为例[D]．大连：辽宁师范大学，2012．

[29]张秀芬．小学教师教育机智的教育现象学研究——从孩子的体验出发[D]．长沙：湖南师范大学，2015．

[30]张尧均．隐喻的身体——梅洛-庞蒂的身体现象学研究[D]．杭州：浙江大学，2004．

[31]张云亮．国家扶贫县农村幼儿教师精神生活状况考察[D]．上海：华东师范大学，2012．

[32]赵思．社会性别视角下农村女教师专业发展现状的实证研究[D]．金华：浙江师范大学，2014．

[33]郑小燕．农村幼儿教师专业发展的困境及对策研究——以四川省安岳县为例[D]．成都：四川师范大学，2018．

[34]周卫蔚．研究生学历的幼儿教师专业生活的叙事研究[D]．长沙：湖南师范大学，2015．

[35]朱光明．表扬与批评的意义——教育现象学的视角[D]．北京：北京大学，2008．

[36]朱琳．特岗女教师专业生活叙事研究[D]．扬州：扬州大学，2018．

二、外文类

(一)著作

[1]Bronfenbrenner, U. . The ecology of human development[M]. Cambridge: Harvard University Press, 1979.

[2]Fessler, R. . The teacher career cycle: Understanding and guiding the professional development of teachers[M]. Boston: Allyn & Bacon, 1992.

[3]Lefebvre, H. . Rhythmanalysis: Space, time and everyday life[M]. London: Continuum, 2004.

[4]Shuard, H. & Quadling, D. . Teachers of mathematics: Some aspects of professional life[M]. London: Harper & Row, 1980.

[5]Veblen, T. & Chase, S. . The theory of the leisure class: An economic study of Institutions[M]. New York: New American Library, 1953.

(二)期刊

[1]Erickson, K.. The professional life of professional TAs[J]. Teaching Artist Journal, 2003(3).

[2]Loughran, J. & Kelchtermans, G.. Teachers' work lives[J]. Teachers and Teaching: Theory and Practice, 2006(2).

[3]Qing, Gu. The work, lives and professional development of teachers in China[J]. Asia-Pacific Journal of Teacher Education, 2013(3).

[4]Rodd, J.. A day in the life of an early childhood professional: A comparison of the work of child care staff, teachers and administrators[J]. Early Child Development and Care, 1999(1).

附 录

访谈提纲

一、幼儿教师访谈提纲

1. 为什么会选择做一名幼儿教师？请说说您的专业成长经历。
2. 幼儿教师是专业人员吗？请说说您的理由。
3. 外出学习的机会多吗？
4. 对自己的收入满意吗？
5. 如何协调工作和家庭之间的关系？
6. 家庭成员支持您从事幼儿教师这一职业吗？
7. 在工作上经常感到有压力吗？这些压力主要源于哪些方面？
8. 会经常反思您的专业生活吗？有没有具体的案例？
9. 幼儿园的领导对您的专业生活有哪些方面的影响？
10. 幼儿园的环境对您的专业生活有哪些影响？
11. 自己会主动去学习一些专业知识或专业技能吗？
12. 业余时间或节假日一般会做些什么？
13. 工作中遇到的最大困难是什么？
14. 工作中遇到问题一般怎么处理？
15. 县里或者镇上经常组织培训活动吗？参加的机会多吗？一般多久参加一次？您觉得培训对您的工作有帮助吗？
16. 幼儿园的场地和设施设备能满足老师们的工作需要吗？
17. 对自己的职业有什么规划？
18. 在专业发展方面希望得到哪些支持与帮助？
19. 平常的闲暇时间多吗？幼儿园的工作会占用您的个人时间吗？
20. 有多少闲暇时间会用来进行专业学习和"充电"？

二、幼儿家长访谈提纲

1. 您如何看待幼儿教师这一职业？您认为幼儿教师应该具备哪些方面的素养？
2. 您希望您的孩子在幼儿园有怎样的老师？
3. 您认为幼儿教师对孩子最大的影响在哪方面？有没有具体案例？就目前而言，您认为××幼儿园的老师这方面做得怎么样？（好的地方有哪些？哪些方面需要改进？）
4. 您认为幼儿园成立家委会有哪些意义？平时家委会的会议或者活动多吗？
5. 您平时一般用什么方式跟幼儿教师联系？主要内容有哪些方面？

三、幼儿园园长访谈提纲

1. 您认为当地学前教育发展有何特点？师资如何？
2. 您认为影响学前教育发展的关键因素有哪些？
3. 您认为幼儿教师的社会地位怎样？
4. 和其他行业相比，当前幼儿教师的待遇如何？
5. 园所在教师职后培养方面有哪些举措？效果如何？
6. 园所教师之间经常合作吗？包括哪些方面？
7. 幼儿教师群体在专业学习方面的需求强烈吗？
8. 目前园所教师主要来源、年龄结构、流动率等基本情况如何？

四、乡镇主管领导、教育局幼教专干访谈提纲

1. 您认为当地学前教育发展有何特点？师资如何？
2. 您认为阻碍当地学前教育发展的关键因素有哪些？
3. 当地有何政策扶持学前教育？学前教育的社会地位怎么样？
4. 当前幼儿教师的整体情况如何？收入和其他行业相比如何？

农村幼儿教师专业生活调查问卷

尊敬的老师：

　　您好！

　　本次调查旨在了解农村幼儿教师专业发展水平，从而为农村幼儿教师专业培训提供建设性意见，提高农村幼儿教师专业生活质量。问卷采用匿名的方式填写，答案没有对错之分，只表明个人的想法。问卷结果将做整体处理，不做个别分析，不会给您带来任何不良影响。请您仔细阅读问卷，根据实际情况选出相应的选项，在您所选的答案序号上打"√"。请不要漏题。

　　十分感谢您的帮助，祝您生活愉快！

国家社会科学基金教育学一般课题
"农村幼儿教师专业生活的田野研究"课题组

一、基本情况

1. 您的年龄：

A. 18～25 岁　　B. 26～30 岁　　C. 31～35 岁　　D. 36～40 岁

E. 41 岁及以上

2. 您从事学前教育工作的时间：

A. 3 年及以下　　B. 4～6 年　　C. 7～10 年　　D. 11 年及以上

3. 您的文化程度：

A. 高中阶段以下　　B. 高中阶段（含中职、中专）

C. 专科毕业　　D. 本科毕业　　E. 硕士研究生及以上

4. 您的职称：

A. 幼儿园正高级教师　　　　　　B. 幼儿园高级教师

C. 幼儿园一级教师　　　　　　　D. 幼儿园二级教师

E. 幼儿园三级教师　　　　　　　F. 未评职称

G. 其他职称

5. 您的收入范围：

A. 1000～3000 元　　B. 3001～5000 元　　C. 5001～7000 元

D. 7001～10000 元　　E. 10001 元及以上

6. 您现在所教的班级：

A. 小班　　　　　B. 中班　　　　　C. 大班　　　　　D. 托儿班

E. 混龄班　　　　F. 其他

7. 您的岗位编制：

A. 在编　　　　　B. 非在编（合同制）

C. 非在编（临时）　　D. 其他

8. 您所在的幼儿园属于：

A. 教育部门办幼儿园　　B. 机关办幼儿园　　C. 集体办幼儿园

D. 企事业单位办幼儿园　　E. 部队办幼儿园　　F. 普惠性民办幼儿园

G. 非普惠性民办幼儿园　　　　　　　　　　H. 其他类型幼儿园

9. 您所在幼儿园的评估等级为：

A. 省一级园　　　B. 市一级园　　　C. 区一级园　　　D. 未评估园

二、幼儿教师专业生活调查

附表 1　幼儿教师专业生活调查

题目	完全符合	基本符合	不确定	不太符合	完全不符合
1. 幼儿教师是一种具有专业性的职业					
2. 幼儿教师的社会地位较高					
3. 幼儿教师收入不低于或者高于当地公务员的平均工资水平					
4. 幼儿教师收入与当地中小学教师平均工资持平					
5. 幼儿教师工资待遇基本实现同工同酬					
6. 乡村公办幼儿园幼儿教师可以得到政府的生活补助或山区补贴					
7. 我能按时收到应得工资					
8. 幼儿园实行绩效工资能调动我工作的积极性					
9. 在编与非在编的幼儿教师工资差距不大					
10. 家庭经济压力不会阻碍我的专业发展					

续表

题目	完全符合	基本符合	不确定	不太符合	完全不符合
11. 家庭总收入可以满足家庭的日常生活开销					
12. 我在选择幼儿教师职业时受到了家人的影响					
13. 家人支持我的工作					
14. 若职业晋升后工作时间增加,我会考虑以职业发展为主					
15. 工作以外,我有充足的时间照顾家庭					
16. 我们幼儿园的人际氛围比较和谐、融洽					
17. 我经常主动和同事进行工作上的交流和沟通					
18. 教师之间会有除工作以外的交流和往来					
19. 我会受优秀教师的影响而更加努力地工作					
20. 我们幼儿园能提供多媒体设备进行教学					
21. 我们幼儿园经常有教研活动					
22. 我有很多机会参加培训,学习学前教育专业相关知识					
23. 在工作上园长给予幼儿教师很大的自主权					
24. 我很愿意听从园长的领导和安排					
25. 全园教师有机会参与讨论有关幼儿园发展的重大事务					
26. 园长会在工作上给予我指导					
27. 园长能客观、公正地评价我的工作					
28. 幼儿园评价和管理制度比较完善					
29. 我的工作能得到幼儿家长的认可					
30. 我的工作量不会影响我的私人生活					
31. 如果有教师外出培训,园长会组织所有教师听他分享					
32. 我可以胜任幼儿园的工作					
33. 我能够通过查阅专业书籍,解决工作中的问题和困难					

续表

题目	完全符合	基本符合	不确定	不太符合	完全不符合
34. 我会积极、主动参加幼儿园组织的线下或线上的培训					
35. 我每周至少参加一次教研活动					
36. 我在教研活动中可以收获新的知识和经验					
37. 我经常自主学习有关学前教育的理论知识					
38. 我平时喜欢广泛阅读各类书籍,开阔视野					
39. 我是一个乐于思考的人					
40. 我经常分析自己在专业上的优、劣势,以明确自己的发展方向					
41. 我经常在组织活动前思考自己的活动计划是否科学					
42. 活动后,我会把教学中的感想和体会及时记录下来,并进行总结和反思					
43. 我常常反思自己目前的工作状态并改进					
44. 我经常回忆幼儿一日生活流程并思考如何使之更满足幼儿需要					
45. 我的反思能力在不断提升					
46. 我了解五大领域的活动目标和内容,并能合理组织各种类型的活动					
47. 每次开展活动前,我都会写好活动教案					
48. 我即使事先不备课,也能组织幼儿活动					
49. 在开展活动时,我能很好地选择和处理活动内容					
50. 在开展活动时,我能很好地实施和运用教学方法					
51. 在开展活动时,我能很好地了解和掌握幼儿特点与需要					
52. 我经常在教学中使用多媒体设备					
53. 我能灵活运用不同教学组织形式(如集体教学、小组教学等)开展活动					
54. 我有自己的教学模式(如"传递—接受式""问题—探究式"等)					
55. 我能正确对待他人对我的教学评价					

续表

题目	完全符合	基本符合	不确定	不太符合	完全不符合
56. 我能处理好幼儿突发事件					
57. 我常常有上公开课的机会					
58. 我认为每天的工作很新鲜、很有挑战性					
59. 我组织活动时很有激情					
60. 我感到同事、幼儿都很喜欢我、信任我					
61. 在工作中遇到困难时，我可以得到领导和同事的支持与帮助					
62. 在工作中碰到不愉快的事情时，我可以冷静处理					
63. 我可以从工作中获得心理上的满足和愉悦					
64. 我很少在工作中感到压力					
65. 我每天的快乐很大部分源于班上的幼儿					
66. 在工作中遇到问题时，我能乐观、积极地去解决					
67. 我认为幼儿教师是快乐的职业					

感谢您的填写，祝生活愉快！